Die Bildungsarbeiter

Initiative Bildung

Herausgegeben von der
Gewerkschaft Erziehung und Wissenschaft

Band 2

Die Bildungsarbeiter

Situation - Selbstbild - Fremdbild

Herausgegeben von
Wolfgang Böttcher

Juventa V erlag
Weinheim und München 1996

Die Deutsche Bibliothek - CIP-Einheitsaufnahme

Die **Bildungsarbeiter** : Situation - Selbstbild - Fremdbild / hrsg. von Wolfgang Böttcher. - Weinheim ; München : Juventa-Verl., 1996
(Initiative Bildung ; Bd. 2)
ISBN 3-7799-1282-1
NE: Böttcher, Wolfgang [Hrsg.]; GT

Umschlaggestaltung: Atelier Warminski, 63654 Büdingen
Umschlagabbildung: M. C. Escher, Mann mit Kubus, 1958
Printed in Germany

ISBN 3-7799-1282-1

Inhalt

Wolfgang Böttcher

Im Bildungswesen arbeiten

Was wissen wir eigentlich über die Menschen, die im Bildungswesen arbeiten? Was hat die Forschung herausgefunden über Motive, Einstellungen, Alltags- und Berufstheorien, Probleme, Hoffnungen derjenigen, die in unterschiedlichen Arbeitsfeldern im Bildungwesen tätig sind? Eigentlich müßten doch diese Informationen systematisiert und fundiert aufgearbeitet leicht verfügbar sein den – keiner weiß wievielen – Amtsstuben, in denen Verwaltung und Politiker auf meist hochdotierten Posten für die Steuerung und Gestaltung des Bildungswesens verantwortlich zeichnen. Nun ja, kein Kommentar ...

Die Autorinnen und Autoren dieses Buches haben über die fast 1,5 Millionen Menschen geschrieben, die als Erzieherinnen, Lehrer, Wissenschaftlerinnen oder Erwachsenenbildner im Bildungswesen arbeiten. Wir haben sie als Expertinnen und Experten gefragt, was sie uns sagen können über die Bildungsarbeiter. Wir haben um kurze Gutachten gebeten, wir wollten also ganz bewußt auf einen übertriebenen Anspruch verzichten. Es ging uns darum, eine Übersicht über den Stand der Forschung zu erhalten. Die Gutachter waren gebeten worden, aus einer subjektiven Auswahl einschlägiger Forschungsarbeiten zentrale Befunde zu referieren und zu diskutieren. Insofern ist das vorliegende Buch eine erste Annäherung. Der einen Leserin wird hier oder dort eine wichtige Studie fehlen, der andere Leser wird an der ein oder anderen Stelle Details vermissen. Trotzdem glaube ich, daß wir mit den hier versammelten Beiträgen einen aktuellen und umfassenden Forschungsüberblick vorlegen können.

Die Beiträge, die hier zusammengestellt sind, weisen eine Vielzahl von Gemeinsamkeiten auf. Eine der Gemeinsamkeiten ist die Tatsache, daß es auch innerhalb der einzelnen Tätigkeitsfelder der Bildungsarbeiter eine große Vielfältigkeit und Unterschiedlichkeit im Hinblick auf Orientierung, Arbeitsweisen, Arbeitsbedingungen, Arbeitsverträge etc. gibt. Umso größer sind selbstverständlich die Unterschiede zwischen den Arbeitsfeldern selbst. Und dennoch: Alle Bildungsarbeiter scheinen an ein und demselben Konflikt zu leiden: Sie sind steigenden Erwartungen ausgesetzt bei sich gleichzeitig verschlechternden Rahmenbedingungen. Hinzukommt, daß die meisten von ihnen an sich selbst einen hohen pädagogischen Anspruch stellen, den sie in der Realität kaum einlösen können. Die aus meiner Sicht jedoch wichtigste gemeinsame Botschaft aller Beiträge ist die dringende Notwendigkeit, neue Leitbilder zu entwickeln. Die alten Selbst- und Fremdbeschreibungen der Bildungsarbeiter sind offensichtlich überholt.

Karin BEHER, Detlef KNAUER und Thomas RAUSCHENBACH berichten über das Berufsbild „ErzieherIn“. Einer ihrer Befunde ist besonders widersprüchlich im Konsequenzbereich: Trotz einer insgesamt positiven Einstellung ist die berufliche Unzufriedenheit sehr hoch. ErzieherInnen sehen ihre Arbeit als abwechslungsreich und sinnvoll an, fühlen sich aber gleichzeitig durch die schlechten Beschäftigungsbedingungen stark belastet. Auch das mangelnde Image des Berufes macht vielen von ihnen zu schaffen. Das Image, so die Autoren, läßt sich jedoch nicht ohne eine grundlegende Verbesserung der Situation in den Einrichtungen verändern.

Eine besonders schwierig zu lösenden Aufgabe hatte Peter FAULSTICH, der die Lage des Personals in der Erwachsenenbildung analysiert hat. Dies hängt u.a. mit ausgesprochen unscharfen Tätigkeits- und Berufsprofilen des Weiterbildungspersonals und mit sehr unterschiedlichen Beschäftigungsverhältnissen und Vertragslagen zusammen. Auch ist es nicht gelungen, dem Personal in der Erwachsenenbildung, so FAULSTICH, durch gemeinsame Ausbildungs- und Fortbildungsinhalte ein tragfähiges andragogisches Fundament zu geben. „Höchstens ansatzweise Professionalisierung“ lautet FAULSTICHs Fazit, das auch gleichzeitig den Titel seines Beitrages abgibt. Professionalisierung aber sei Voraussetzung dafür, die Chancen für Bildung zu erhalten.

RÜTZEL, FAßHAUER und ZIEHM Recherchen gelten dem Arbeitsfeld der Berufsschullehrerinnen und Berufsschullehrer weiß. Die

Autoren kommen zu dem Ergebnis, daß die Profession „Berufsschullehrerln“ noch ungenau umrissen ist. Dies läßt sich jedoch auch als Chance begreifen, so die Berufsschullehrenden es schaffen, ihr Selbstverständnis vor dem Hintergrund eines auch international hochgeachteten dualen Systems zu entwickeln.

Jürgen ENDERS Beitrag ist den Professoren und Professorinnen und dem wissenschaftlichen Mittelbau gewidmet. Er hebt u.a. große fachspezifische und individuelle Unterschiede im Tätigkeitsspektrum sowie eine Kluft zwischen Professorenschaft und dem Mittelbau, im Hinblick auf fast alle Orientierungen und Einstellungen hervor. Kein Wunder, führt man sich die außerordentlich prekäre Einstellungssituation der deutschen Mittelbauangehörigen vor Augen: Nur etwa ein Fünftel von ihnen ist unbefristet beschäftigt. Hinzu kommt, daß sie wenig Chancen zum beruflichen Aufstieg haben.

Die Überlegungen, die Ewald TERHART einschlägigen Lehrerforschungen entnimmt, würden zu einigen gravierenden Änderungen im Zuschnitt des Lehrerberufs und der Lehrerausbildung führen. Seine Untersuchung wie auch alle von ihm herangezogenen Studien zeigen, daß es so nicht weitergehen kann: Die Reformbedürftigkeit des Lehrerberufs ist unbestritten. TERHART befürchtet jedoch, daß die Lehrerfrage angesichts einer sich weiter verschlechternden Haushaltslage der Länder auch weiterhin nach dem quantitativen Muster des „mehr oder weniger vom gleichen“ behandelt werden wird. Eine solche Politik, die mit Kürzungen die Effizienz zu steigern meint, werde sich jedoch, so der Autor, mittel- und langfristig in sozialer, kultureller und wirtschaftlicher Hinsicht bitter rächen.

Über die unterschiedlichen Orientierungen und Leitbilder von Lehrern in Ost und West berichtet Peter HÜBNER. Der Autor hat in einer empirischen Untersuchung Berliner Lehrer und Lehrerinnen befragt und stellt z.T. erhebliche Differenzen in den berufskulturellen Orientierungen der West- und Ostberliner Lehrer fest. Das innere Zusammenwachsen des Berliner Schulsystems sei dadurch dauerhaft behindert.

Die Gewerkschaft Erziehung und Wissenschaft hatte mit Hilfe ihrer Mitgliederzeitung *Erziehung und Wissenschaft* (E&W) die Bildungsarbeiter befragt, die sie organisiert. Frauke GÜTZKOW und Steffen WELZEL fassen die Befunde aus diesen Befragungen zusammen. Stärker als andere Befragungen stellen die GEW-Umfragen ab auf die Reformbereitschaft der Bildungsarbeiter. Es ist klar, wer eine Innovation unserer Bildungsorganisation anstrebt, kann das nicht ohne die Menschen tun, die dort arbeiten.

Es lohnt sich, die einzelnen Beiträge unter der Leitfrage „Ist Reform möglich?" zu lesen. Es lohnt sich, obwohl wir zu keinem klaren Ergebnis kommen. Hier stimmt wieder einmal das Bild, das uns hilft, den Pessimisten vom Optimisten zu unterscheiden: Ist das Glas nun halb voll oder ist es halb leer? Ich glaube, nach der Lektüre der Kurzgutachten, daß Reform möglich ist – was ich danach aber endgültig weiß, ist: Reform ist dringend nötig.

Für die interessanten Diskussionen über die Kurzgutachten und das Herstellen von Kontakten zu Experten danke ich meinen Kolleginnen und Kollegen Mechthild Bayer, Bernhard Eibeck, Frauke Gützkow, Norbert Hocke, Kurt Kiesel und Gerd Köhler.

Karin Beher, Detlef Knauer, Thomas Rauschenbach

Beruf: ErzieherIn

Daten, Studien und Selbstbilder – zur Situation der ErzieherInnen in Kindertageseinrichtungen und in Heimen

Hinter dem Qualifikationsprofil „ErzieherIn" verbirgt sich der älteste sozialpädagogische Frauenberuf innerhalb der Sozialen Arbeit und der Jugendhilfe. Zugleich bilden ErzieherInnen auch heute noch die größte Beschäftigtengruppe in der Jugendhilfe. Trotz ihrer langen Geschichte und ihrer quantitativen Bedeutung in den verschiedenen sozialpädagogischen Handlungsfeldern fand die ErzieherInnenarbeit bislang wenig Beachtung in der Öffentlichkeit. In den letzten Jahren sind jedoch eine Reihe von Studien veröffentlicht worden, die den Beruf, die Arbeit und den Alltag von ErzieherInnen in verschiedenen Bereichen der Jugendhilfe beschreiben und problematisieren: Welches Image hat der Beruf beispielsweise in der Öffentlichkeit und bei den ErzieherInnen selbst? Welche Ziele verfolgen die Beschäftigten in ihrer pädagogischen Tätigkeit mit Kindern und Jugendlichen? Welche Bestandteile ihrer Arbeit empfinden sie als abwechslungsreich, zufriedenstellend oder belastend? Und wie kommt es, daß so viele ErzieherInnen bereits nach wenigen Jahren ihren Beruf aufgeben? Wo sehen sie als ArbeitnehmerInnen Chancen und Ansatzpunkte für Verbesserungen?

Nachfolgend soll ein Überblick über diese aktuellen Studien gegeben und wesentliche Befunde zum Berufsbild zusammengetragen werden, um sich dadurch einen Gesamteindruck zur Lage dieser für die Jugendhilfe so zentralen Beschäftigtengruppe zu verschaffen.

1. ErzieherInnen in der Jugendhilfe

Die Personalfrage in der Jugendhilfe und hier insbesondere für die Berufsgruppe der ErzieherInnen ist bislang – zumindest in der politischen Öffentlichkeit – nur unzugänglich erörtert worden. Die mangelnde Auseinandersetzung mit dem ErzieherInnenberuf dürfte auch damit zusammenhängen, daß es sich um eine klassische Frauendomäne handelt. So hat der Männeranteil unter den ErzieherInnen bis heute niemals die 7%-Hürde übersprungen.

Als typischer Frauenberuf teilt die ErzieherInnentätigkeit die Merkmale sozialer Frauenarbeit: Die Nähe zur Hausarbeit und Familie, die gesellschaftliche Unterbewertung, die unklaren Qualifikationsanforderungen und die Verunsicherung im beruflichen Selbstverständnis. So erscheint auch beim ErzieherInnenberuf der Zusammenhang zwischen Fachkraft und Fachlichkeit, von Qualifizierung und Qualifikation noch immer begründungsbedürftig: Geschlechtsspezifisch zugeschriebene, persönlich und beruflich definierte Kompetenzen vermischen sich, Erfahrungsqualifikationen treten an die Stelle von Ausbildung und professioneller Berufsauffassung (vgl. auch RABE-KLEBERG 1993). Infolgedessen hat die unmittelbare pädagogische Arbeit mit Kindern in verschiedenen Bereichen der Jugendhilfe weiterhin landläufig den Stellenwert einer „Jederfrausqualifikation" und wird demzufolge zwar als durchaus anstrengende und respektable, aber nicht besonders voraussetzungsreiche Tätigkeit angesehen (vgl. GÜNTHER/BERGLER 1992), so daß der ErzieherInnenberuf im Licht der klassischen Professionen geradezu als „Un-Beruf" (ebd., S. III) gelten kann. Nach wie vor sind die Akzeptanz und das Image des Berufs in der Öffentlichkeit vergleichsweise gering, eine Meinung, die im Selbstbild 8 von 10 befragten ErzieherInnen teilen (vgl. DER VERGESSENE BERUF 1990). In der Selbsteinschätzung der Betroffenen finden ihr Engagement und ihre beruflichen Leistungen keine entsprechende gesellschaftliche Anerkennung (vgl. KAHLE/DIPPELHOFER-STIEHM 1994, S. 118).

Die mangelnde Auseinandersetzung mit dem „vergessenen Beruf" und die Unterbewertung der ErzieherInnenarbeit sind jedoch nicht so recht verständlich, da die staatlich anerkannten ErzieherInnen immerhin die zentrale Berufsgruppe in der Jugendhilfe darstellen. Unter den verschiedenen Beschäftigtengruppen bilden sie mit einem Anteil von 40% am Personal die größte Einzelberufsgruppe und das zentrale Fachkräftepotential in der Jugendhilfe. Mit einem Anstieg von rund 55.000 auf 132.000 ErzieherInnen allein zwischen 1974 und 1990 haben sie erheblich zur Expansion dieses Bereichs beigetragen, der in den letzten 25 Jahren enorme personelle Wachstumsraten aufzuweisen hatte. Dabei ist die Jugendhilfe auch im Vergleich zu anderen Feldern Sozialer Arbeit mit zuletzt 330.000 erwerbstätigen Personen in den alten Bundesländern der größte Teilarbeitsmarkt innerhalb der sozialen Berufe. Gleichzeitig gehören ErzieherInnen auch innerhalb des gesamten Teilarbeitsmarktes für soziale Berufe zur größten Beschäftigungsgruppe: Addiert man die fast 120.000 ErzieherInnen in den neuen Ländern hinzu, so dürfte innerhalb der sozialen Berufe in der Bundesrepublik ca. jede vierte erwerbstätige Person eine ausgebildete ErzieherIn sein (vgl. RAUSCHENBACH/BEHER/ KNAUER 1995, S. 114ff).

Doch ungeachtet ihrer quantitativen Vormachtstellung stünde das Berufsbild der „ErzieherIn" auch heute noch nicht auf der Tagesordnung, wenn nicht zwischenzeitlich externe Faktoren eine differenzierte Auseinandersetzung mit dem Qualifikationsprofil notwendig gemacht hätten:

- Dies gilt – wie insbesondere die Diskussion um Umfang und Qualität von Kindertageseinrichtungen verdeutlicht hat – zum Beispiel im Hinblick auf die bedarfsdeckende Rekrutierbarkeit des Personals, ein Thema, das angesichts eines in den 80er Jahren gut gefüllten Reservoirs an arbeitslos gemeldeten ErzieherInnen lange Zeit ad acta geschoben werden konnte. Seit Mitte der 80er Jahre sind die bis damals ansteigenden und hohen Arbeitslosenziffern jedoch rückläufig, während zugleich die Zahl der erwerbstätigen ErzieherInnen gewachsen ist, so daß die Personalreserve arbeitsloser ErzieherInnen zunehmend abgeschöpft wurde. Tendenziell droht deshalb – zumindest in Kindertageseinrichtungen im Westen – eher ein Mangel an Fachkräften bzw., wie bereits prognostiziert wurde, ein „Erziehernotstand", sofern nicht gegenläufige Entwicklungen (s.u.) die momentan günstige Lage der Berufsgruppe auf dem Arbeitsmarkt konterkarieren (vgl. DERSCHAU 1993; RAUSCHENBACH/BEHER/KNAUER 1995).
- Durch die zunehmenden Schwierigkeiten der Träger, qualifizierte Fachkräfte zu finden, wurde gleichzeitig ein altbekann-

tes Phänomen des ErzieherInnenberufs und der Arbeit in verschiedenen Berufsfeldern der Jugendhilfe wieder aktuell: die hohe Fluktuation des Personals in den Einrichtungen und die insgesamt geringe Verweildauer der Beschäftigten im Beruf, zwei Seiten der gleichen Medaille, die nunmehr aus der Perspektive der Wiedergewinnung ehemaliger ErzieherInnen für den Beruf erörtert werden.

- Mit dem verstärkten Ausbau des Kindergartenbereichs rückte auch das Problem der Finanzierbarkeit des hierfür benötigten Personals in den Vordergrund, da mit dem wachsenden Ausbau des Versorgungssystems enorme Folgekosten verbunden sind, die unter dem Aspekt der Kostenminimierung durch den Abbau personeller Standards zu einer verstärkten Deregulierung und Entfachlichung des Arbeitsmarktes Kindertageseinrichtungen führen könnten. Anzeichen hierfür ist etwa die seit 1992 bestehende „Vereinbarung über die Voraussetzungen der Eignung der in Tageseinrichtungen für Kinder tätigen Kräfte" in Nordrhein-Westfalen, derzufolge als sog. „Ergänzungskräfte" auch Personen *ohne formale Qualifikation* angestellt werden dürfen (vgl. ausführlich RAUSCHENBACH 1994). Ein Indiz ist aber auch die wieder wachsende Bedeutung der Kinderpflegeausbildung sowie die Einführung neuer Kurzzeitqualifizierungen im Bereich der Sozialpflege, wobei mittelfristig die Gefahr besteht, daß staatlich anerkannte ErzieherInnen zu Gunsten dieser geringer qualifizierten und preiswerteren Beschäftigtengruppen im verstärkten Umfang aus dem Arbeitsfeld zurückgedrängt werden.

- Akuter Diskussionsbedarf über das Berufsbild resultiert auch aus den seit den 70er Jahren deutlich gestiegenen fachlichen Anforderungen mit Blick auf die Kompetenz von ErzieherInnen und eine zeitgemäße und qualitativ hochwertige Jugendhilfe. Sie stellen ErzieherInnen in ihrer pädagogischen Arbeit mit Kindern und Jugendlichen vor neue Herausforderungen, wobei vor allem in der Heimerziehung die Grenzen der Verwendbarkeit dieser Berufsgruppe deutlich ins Blickfeld gerückt wird.

- Aus den allgemein veränderten Erfordernissen an Fachlichkeits- und Professionalisierung in den pädagogischen und sozialen Diensten bzw. in den sozialen und sozialpädagogischen Berufen wird u.a. auch die Forderung nach einer Ausbildungsreform abgeleitet. Zugespitzt formuliert: Die ErzieherInnenausbildung an den Fachschulen für Sozialpädagogik hat mit den sich seit den 70er Jahren vollziehenden Entwicklungen in der Jugendhilfe nur unzureichend Schritt halten können. Nicht allein aufgrund der wachsenden Anforderungen in der Jugendhilfe, sondern auch im Sinne einer offensiven Weiterentwicklung der einzelnen Arbeitsfelder, mehren sich die Zweifel, ob aufgrund der hochgradig schulförmig organisierten Ausbildung an Fachschulen für Sozialpädagogik, die notwendigen fachlichen und sozialen Fähigkeiten und Fertigkeiten für die spätere ErzieherInnenarbeit vermittelt werden können.

Die Personalfrage könnte sich also mehr und mehr zu einem quantitativen und qualitativen Nadelöhr bei der Gestaltung sozialpädagogischer Dienste entwickeln: quantitativ mit Blick auf die Rekrutierbarkeit des Personals und dessen Finanzierbarkeit, qualitativ im Sinne sozialpädagogischer Fachlichkeit und schließlich familien- und sozialpolitisch als wichtige Komponente eines pädagogisch akzeptierten und bedürfnisorientierten öffentlichen Angebotssystem. Und hier ist und bleibt es vorerst der ErzieherInnenberuf, dem bei dieser Aufgabe eine Schlüsselposition zukommt.

2. Neuere Untersuchungen und Studien zum ErzieherInnenberuf

Nachdem die Diskussion nach einer Phase in den 70er Jahren über den ErzieherInnenberuf lange Zeit nur auf geringe wissenschaftliche und öffentliche Resonanz stieß, änderte sich dies Ende der 80er Jahre. Seitdem sind eine Reihe von Fachartikeln, Studien und Untersuchungen zur Berufssituation von ErzieherInnen veröffentlicht worden, in denen das Berufsbild zunehmend in einem kritischen und problematischen Licht gesehen wird: So verursachen – um nur einige aktuelle Titel aufzuführen – „Unzufriedenheit und neue Belastung von Erzieherinnen..." (vgl. KRENZ 1993) „Das Problem Erzieherfluktuation" (vgl. GLEICH 1993) in Tageseinrichtungen für Kinder; so wird für die Beschäftigten in diesem

Bereich das Ettikett „DER VERGESSENE BERUF“ verwandt; oder so wird anders formuliert: „Erzieherin werden ist nicht schwer – Erzieherin sein manchmal sehr“ (vgl. LEHNER 1990). Auch für die Heimerziehung läßt sich ein ähnlich negativer Befund feststellen: Während SPECK (1984) fragt, ob „Heimerziehung – Ein Dauerproblem?“ ist, und SCHOCH (1989), ob „Heimerziehung als Durchgangsberuf?“ anzusehen ist, sieht MITRANSKY (1990) die „Belastung von Erziehern“ und provoziert DALFERTH (1995) mit der These „Erziehen als Episode“ und beklagt den Verlust einer langfristigen Berufsperspektive.

Gemeinsam ist den skizzierten Studien, daß sie die Lage der Beschäftigten in verschiedenen Arbeitsfeldern und die Rahmenbedingungen, unter denen sich die pädagogische Arbeit mit Kindern und Jugendlichen vollzieht, zu erfassen suchen. Aus Sicht des betroffenen Personals wird der Arbeitsplatz Jugendhilfe wissenschaftlich beleuchtet, der Berufsalltag und die Arbeitszufriedenheit von ErzieherInnen thematisiert sowie teilweise durch Elternbefragungen abgerundet. Einige ausgewählte Untersuchungen zu den Berufsfeldern „Kindertageseinrichtungen“ und der „Heimerziehung“ sollen hier – stellvertretend für weitere – kurz vorgestellt werden:

- Als eine der ersten Initiativen führte die Zeitschrift „kindergarten heute“ 1990 eine schriftliche Umfrage zur Situation der Fachkräfte in Tageseinrichtungen für Kinder durch, die auf ein ungeheures Echo stieß. Es beteiligten sich bundesweit fast 7.000 LeserInnen, unter ihnen rund 75% ErzieherInnen und 13% KinderpflegerInnen. Die Ergebnisse, die unter dem Titel „DER VERGESSENE BERUF“ in der Zeitschrift veröffentlicht wurden, ermöglichen – ohne den Anspruch der Repräsentativität – einen guten Einblick in die Arbeitsbedingungen in Kindertageseinrichtungen und spiegeln wesentliche Tendenzen wider (vgl. DER VERGESSENE BERUF 1990).

- Auf anderer Ebene und mit verlagerter Stoßrichtung veröffentlichte die BUNDESARBEITSGEMEINSCHAFT DER LANDESJUGENDÄMTER UND ÜBERÖRTLICHEN ERZIEHUNGSBEHÖRDEN (BAG) im Juni 1990 auf der Grundlage einer Mitgliederbefragung zum zukünftigen Einstellungsbedarf eine „Stellungnahme zur Entwicklung des Erzieherberufs bis zum Jahre 2000“. Dabei problematisierte die BAG das Berufsbild „ErzieherIn“ und formulierte Empfehlungen zur Weiterentwicklung des Berufs, um ähnliche personelle Notstände wie im Pflegebereich zu vermeiden und die Verweildauer im Beruf zu erhöhen.

- Zum selben Zeitpunkt befragte BAMBERG ErzieherInnen und Eltern in Berlin zur alltäglichen Arbeits- und Betreuungssituation in Kindertageseinrichtungen, um „die Praxis und die Wirkungen der Kita-Realität auf die Arbeitsmotivation der Erzieherinnen und die Zufriedenheit und Mitwirkungsbereitschaft der Eltern" zu beleuchten (BAMBERG u.a. 1993, S. 9). Wie BAMBERG als wichtigstes Ergebnis festhält, leidet die Arbeitszufriedenheit in den Einrichtungen unter klar zu benennenden Defiziten, obwohl zufriedenstellende Arbeitsbedingungen in den Einrichtungen zusammen mit der Anerkennung der Arbeit durch Kinder, Eltern und die Umwelt, grundlegend sind für das Selbstbewußtsein und die Motivation zur längeren Verweildauer der ErzieherInnen im Beruf und für eine gute Betreuung (vgl. ebd., S. 10).[1]

- Speziell mit der Kinderkrippe als Frauenarbeitsplatz setzten sich ANDRES/DIPPELHOFER-STIEHM (1991) im Rahmen eines Projektes „Berufssituation und berufliche Alltagserfahrung von Berliner KrippenbetreuerInnen" auseinander. Aus 34 Krippen in fünf Berliner Bezirken befragten sie von Oktober bis Dezember 1988 je zwei BetreuerInnen auf der Grundlage eines standardisierten schriftlichen Fragebogens. Unter den insgesamt 65 befragten Frauen waren 44% ErzieherInnen. Zusätzlich wurden mit einem besonderen Kurzinstrument alle EinrichtungsleiterInnen um Auskunft gebeten. Mit der Untersuchung war nicht der Anspruch auf Repräsentativität verbunden, sondern sie hatte – da kaum Arbeiten zur Krippe vorlagen – ausdrücklich explorativen Charakter. Wie die Resultate zur Qualifikation und die berufsbezogenen Vorstellungen der Befragten u.a. ergaben, ist die Krippe als Institution und Arbeitsfeld im Wandel hin zu einer ernstzunehmenden pädagogischen Einrichtung, wobei die strukturellen Bedingungen, die Räumlichkeiten und die Personalsituation diesen Veränderungen oftmals nicht genügend Rechnung tragen (vgl. ebd., S. 80).

---

1 Für die Befragung wurden nur landeseigene Kindertageseinrichtungen, die in Berlin überwiegen, ausgewählt und knapp 300 Fragebögen an die ErzieherInnen und rund 240 an die Eltern verteilt. Die Rücklaufquote betrug 50% bei der ErzieherInnen- und 34% bei der Elternbefragung.

- Eine der bekanntesten Publikationen zu dieser Thematik ist die Studie von GLEICH (1993), der sich speziell mit dem Problemkreis der ErzieherInnenfluktuation beschäftigt hat. GLEICH befragte 1992 insgesamt 640 erwerbstätige und ehemalige ErzieherInnen in und aus katholischen Kindergärten, Kindertagesstätten und Kinderhorten in Nordrhein-Westfalen nach ihren individuellen Vorstellungen, Einstellungen und Lebensplänen. Dabei berücksichtigte er die Bereiche Berufszugang und -motivation, die Arbeitsbedingungen und Schwierigkeiten der Beschäftigten in den Einrichtungen, die individuellen Lebensbedingungen und Lebensziele, die sozialen Beziehungen und Orientierungen innerhalb und außerhalb des Berufes, die berufliche Zukunft der Befragten sowie Möglichkeiten und Maßnahmen zur Verbesserung der Berufssituation.[2] Die Studie kennzeichnet sich als weitgehend repräsentativ für alle katholischen Einrichtungen Nordrhein-Westfalens.

- 1992/1993 wurde von DIPPELHOFER-STIEM/KAHLE (1995) eine mehrperspektivische Untersuchung zur ErzieherIn im evangelischen Kindergarten durchgeführt. Die Untersuchung umfaßte einen Zeitraum von 2 Jahren und konzentrierte sich auf evangelische Einrichtungen in Niedersachsen. Im Rahmen eines subjektorientierten Ansatzes sollten die Betroffenen selbst zu Wort kommen, ihr pädagogisches Handeln einordnen und Belastungen und positive Momente darlegen. Im Mittelpunkt stand demzufolge die Befragung von 471 ErzieherInnen, die in 127 von der Landeskirche Hannover getragenen Kindergärten tätig sind. Die Elternbefragung bezog sich auf 3 Institutionen, in denen 106 Eltern schriftlich befragt wurden. Zusätzlich wurden ausführliche Interviews mit 9 FachberaterInnen geführt und – um auch die Trägerperspektive zu berücksichtigen – 13 schriftliche Dokumente inhaltsanalytisch aufgearbeitet. Obwohl es sich nicht um eine Repräsentativstudie handelt, gehen KAHLE/DIPPELHOFER-STIEHM (1994) da-

---

2 Als Erhebungsinstrument wurde ein Fragebogen mit überwiegend geschlossenen und – im Bereich der Lösungsvorschläge – einigen offenen Fragen entwikelt, mit dem 296 ErzieherInnen in katholischen Kindergärten, Kindertagesstätten und Kinderhorten in Nordrhein-Westfalen (Gruppe A) und 344 ErzieherInnen, die ehemals in solchen Einrichtungen tätig waren (Gruppe B) befragt wurden. Die Auswahl der Einrichtungen erfolgte per Zufallsverfahren auf der Grundlage der vorhandenen Adressenbestände der Nordrhein-Westfälischen Diözesan-Caritasverbände. Die Rücklaufquote betrug 68,7%.

von aus, daß sie die Situation in vielen evangelischen Kindergärten im wesentlichen kennzeichnet.

- Im Gegensatz zu den bisher aufgeführten Untersuchungen, bei denen Beschäftigte in Tageseinrichtungen für Kinder befragt worden sind, handelt es sich bei der Untersuchung der GEWERKSCHAFT ERZIEHUNG UND WISSENSCHAFT (vgl. GEW 1994) um eine Befragung von in der Jugendhilfe tätigen MitarbeiterInnen, an der sich jedoch mehrheitlich ErzieherInnen aus dem Arbeitsfeld Kindertageseinrichtungen beteiligt haben. Grundlage der Erhebung war ein standardisierter Fragebogen, der 1994 in der bundesweiten Zeitschrift „Erziehung und Wissenschaft" veröffentlicht worden ist. Aus dem Landesverband Ost der GEW wurden 554 Fragebögen und aus dem Westen 328 in die Redaktion zurückgeschickt. Damit handelt es sich neben BAMBERG u.a. (1993), der ebenfalls die Situation in den Ost-Berliner Einrichtungen zu erfassen suchte, um die einzige der bisher vorgestellten Untersuchungen, die Informationen zur Situation des Erziehungspersonals in Ostdeutschland bietet. Bilanzierend kommt die GEW zu dem Befund, daß ErzieherInnen mehrheitlich der Meinung sind, daß die Voraussetzungen für die Erfüllung ihrer inhaltlichen Berufsansprüche immer weniger gegeben sind.

- Berufsfeldübergreifend ist die von GÜNTHER/BERGLER (1992) veröffentlichte Studie zum Arbeitsplatz „Stationäre Jugendhilfe" angelegt. Die in Baden-Württemberg in den Jahren 1989/90 durchgeführte Untersuchung berücksichtigt als vergleichende Berufsfeldanalyse neben der voll- und teilstationären Gruppenbetreuung auch die berufliche Situation der pädagogischen MitarbeiterInnen in Tageseinrichtungen für Kinder und in Geschäftsstellen der Wohlfahrtsverbände und anderer Organisationen. Um Auskunft gebeten wurden 66 Einrichtungen mit über 1.000 Befragten, so daß die Ergebnisse „erstmals Repräsentativität für die untersuchte Region beanspruchen", und die Studie darüber hinaus „die Situation in den westlichen Bundesländern insgesamt recht gut widerspiegelt" (ebd., S. IV).

- MITRANSKYs (1990) Untersuchung ist dagegen unter methodischen und Repräsentativitätsgesichtspunkten kaum auf die gesamte Heimerziehung übertragbar. Zudem dürfte die von ihm beschriebene Situation in der Heimerziehung und die erhobenen Daten, die aus den Jahren 1982/83 stammen, mittlerweile in vielen Punkten überholt sein. Er ordnet seine Untersuchung der Tradition von Arbeitsplatz- und Belastungsstudien aus der Arbeitspsychologie zu, die bestimmte Berufe zum Forschungsgegenstand haben (vgl. ebd., S. 9). Ziel der Studie ist die „Beschreibung und Analyse des Belastungs- und Streßerlebens bei Heimerziehern sowohl in quantitativer als auch in qualitativer Art" (ebd., S. 141), wobei nicht statistische Repräsentativität im Vordergrund steht, „sondern (...) eine deskriptive Repräsentanz erlebter Belastungen von Erziehern im Handlungsfeld Heimerziehung sowie (...) Bewältigungsstrategien in schwierigen Situationen" (ebd., S. 141). Die Untersuchung beschränkt sich auf 29 Erziehungsheime unterschiedlicher Träger in Schleswig-Holstein, in denen 526 Fragebögen an die MitarbeiterInnen verteilt wurden, leidet aber an einer geringen Rücklaufquote von nur 13,5%.

- 1989 veröffentlichte SCHOCH eine theoretische und empirische Studie zur Personalfluktuation in der Heimerziehung, in der er zum Ergebnis kommt, daß sich HeimerzieherInnen im Hinblick auf Berufswechsel und -aufgabe nicht von anderen Berufsgruppen (wie LehrerInnen und Pflegeberufe) unterscheiden (vgl. SCHOCH 1989). Auffällig ist jedoch die hohe Fluktuation im Heimbereich, für die SCHOCH vor allem das Alter und die Berufserfahrung vor Beginn der HeimerzieherInnenausbildung sowie die Erwartungen vor Stellenantritt verantwortlich macht. Die vermuteten Befunde wurden in einer Längsschnittuntersuchung an Deutsch-Schweizerischen Heimerzieherschulen überprüft, in deren Zusammenhang zwischen 1984 und 1987 230 HeimerzieherInnen befragt worden waren.
- Und schließlich legte STAHLMANN (1993) eine Studie vor, in der er auf der Grundlage von Biographie- und Lebenslaufforschung sowie den Erkenntnissen der neueren Sozialisationsforschung die berufliche Situation von HeimerzieherInnen untersucht hat. Dabei zeigt er die zunehmenden Schwierigkeiten im Berufsfeld Heimerziehung auf, die geprägt sind durch widersprüchliche Anforderungen von realen beruflichen Strukturen und idealen Leitbildern. Am Beispiel von 3 ausführlichen Einzelinterviews und einer Gruppendiskussion mit ErzieherInnen verdeutlicht STAHLMANN, daß der Prozeß der

subjektiven Auseinandersetzung von HeimerzieherInnen mit den beruflichen Strukturen und Inhalten zunehmend schwieriger wird.

Die hier vorgestellten 11 Studien und Untersuchungen beschäftigen sich mit der Arbeits- und Berufssituation des Personals in den beiden Haupteinsatzfeldern von ErzieherInnen – den Kindertageseinrichtungen und der Heimerziehung. Die Skizzierung der Arbeitssituation beruht dabei überwiegend auf der Einschätzung der MitarbeiterInnen über ihre Rolle und Funktion, ihr Engagement und ihre Probleme in den Einrichtungen. Damit bieten diese Studien zwar nicht unbedingt repräsentative, so doch aber immerhin wesentliche Anhaltspunkte zum Berufsbild „ErzieherIn".

3. Der ErzieherInnenberuf

Im ErzieherInnenberuf spiegeln sich – wie kaum in einem anderen Beruf – der soziale Wandel und die Entwicklungsprobleme einer modernen Gesellschaft, die über Kinder und Eltern in die Einrichtungen getragen werden (vgl. GLEICH 1993, S. 3). ErzieherInnen erleben beispielsweise in Kindertageseinrichtungen in ihrer erzieherischen Arbeit hautnah die sich verändernden Kinder- und Jugendwelten, die vielfältigen Familienformen und -konstellationen, die unterschiedlichen Lebensentwürfe und sozialen Lebenslagen, die heute die Situation von Familien prägen. Sie kennen – nicht zuletzt aus eigener Erfahrung – die Schwierigkeiten vieler Frauen, Beruf und Familie zu vereinbaren, die schier unlösbaren Betreuungsdefizite alleinerziehender Elternteile, Armut und Arbeitslosigkeit, die Sorge vieler ausländischer Familien in einer ausgrenzenden Umwelt und die hiermit verbundenenden Ängste und Unsicherheiten.

Die Erwartungen an die Beschäftigten, die im Spannungsfeld zwischen den gestiegenen fachlichen Anforderungen in der Jugendhilfe, etwa an eine zeitgemäße, bedarfsgerechte und qualitativ hochwertige Kindertagesbetreuung, Elternwünschen und Trägerinteressen agieren, sind hoch. Angesichts des enorm erhöhten Anspruchs an die Kompetenz heutiger ErzieherInnen – Stichworte hierzu sind die Integration behinderter Kinder, multikulturelle und geschlechtsspezifische Erziehung, Kenntnisse im Bereich der Erwachsenenbildung, Öffnung der Institution zum Wohnumfeld, Interessenvertretung usw. – werden immer wieder Stimmen laut, die das Qualifikationsprofil im Hinblick auf die beruflichen Erfordernisse und Veränderungen der 90er Jahre für unzulänglich halten und eine Anpassung der Ausbildungsqualität in Umfang und Niveau fordern (vgl. RAUSCHENBACH/BEHER/KNAUER 1995, S. 31 und S. 127ff).

Die Genese des Qualifikationsprofils der „staatlich anerkannten ErzieherIn" in seiner heutigen Form läßt sich, obwohl die Wurzeln der Ausbildung weit in das letzte Jahrhundert reichen, auf das Ende der 60er Jahre datieren: Mit dem Beschluß der Kultusministerkonferenz (KMK) von 1967 in der Fassung von 1969 wurden die Grundlagen für eine breit qualifizierende Fachkraftausbildung in der Jugendhilfe geschaffen und die damals bestehenden Teilausbildungen zur KindergärtnerIn/HortnerIn und zur HeimerzieherIn zum neuen Berufsbild „ErzieherIn" zusammengefaßt. Die Ausbildung sollte an Fachschulen für Sozialpädagogik unter primär praktischen Aspekten für die erzieherische Tätigkeit mit Kindern und Jugendlichen qualifizieren und den AbsolventInnen den gleichberechtigten Zugang zu den Arbeitsfeldern „Tageseinrichtungen für Kinder", „Heimerziehung" und „Jugendarbeit" eröffnen (vgl. ebd., S. 177).

Seitdem hat es über die Angleichung von Länderdisparitäten hinaus keine *grundlegende* bundesweite Abstimmung über Ausbildungsfragen und eine Neuorganisation der Ausbildung mehr gegeben, obwohl dem Bildungsgang und der Fachschule für Sozialpädagogik nachhaltige Ausbildungs- und Professionalisierungsdefizite bescheinigt werden. Wesentlich mitverantwortlich für die prekäre Lage der Ausbildung ist die bildungsföderalistisch zerklüftete und unübersichtliche Ausbildungslandschaft mit unterschiedlichen Zuständigkeiten und bildungspolitischen Prioritäten, die eine Vielfalt von länderspezifischen Ausbildungskonzepten zur Folge hat. Darin spiegeln sich die gravierenden Ausbildungsunterschiede zwischen 16 Bundesländern in dem Sammelsurium beruflicher Zugangsvoraussetzungen zur hochverschulten ErzieherInnenausbildung ebenso wie in einer unterschiedlich langen Ausbildungsdauer. Die Folge ist eine gewisse Beliebigkeit des Qualifikationsprofils im Bundesvergleich, die sich auch an der Höhenlage der Fachschule für Sozialpädagogik in der Ausbildungspyramide und der statusmäßigen Einordnung der ErzieherInnenausbildung ablesen läßt. Das diffuse Ausbildungsprofil fördert die bereits skizzierte Vermischung beruflicher und persönlicher Kompetenzen, die gleichzeitig zu Schwierigkeiten beim Aufbau beruflicher Identität beiträgt und sich im Selbst- und Fremdbild von ErzieherInnen widerspiegelt (vgl. ebd., S. 177f).

Obgleich ErzieherInnen durch ihre Qualifikation befähigt werden sollen, in verschiedenen sozialpädagogischen Bereichen tätig zu sein, ist die tatsächliche Repräsentanz der Berufsgruppe in den diversen Arbeitsfeldern auffällig ungleich. Fast 30 Jahre nach der Entscheidung der KMK für eine breit angelegte ErzieherInnenausbildung konzentriert sich diese Beschäftigtengruppe vor allem auf zwei Arbeitsfelder, in denen insgesamt 9 von 10 erwerbstätigen ErzieherInnen arbeiten: Mit 80% liegt das berufliche Zentrum eindeutig im Sektor Tageseinrichtungen für Kinder; rund 10% haben daneben einen Arbeitsplatz in der Heimerziehung, die übrigen verteilen sich auf andere Aufgabenbereiche der Jugendhilfe. Damit sind für ErzieherInnen im Horizont des Arbeitsmarktes *alle anderen Arbeitsfelder* und Einrichtungsarten vergleichsweise *bedeutungslos* geworden (vgl. ebd., S. 64).

Dies zeigt sich auch, wenn man sich die prozentualen Anteile der ErzieherInnen am Gesamtpersonal des jeweiligen Feldes vor Augen führt: Während ihr Anteil am Personal in den Kindertageseinrichtungen kontinuierlich gestiegen ist, stagniert ihr Anteil in den übrigen Beschäftigungsfeldern. Auch absolut betrachtet wird deutlich, daß ungeachtet der Steigerung in Kindertageseinrichtungen in den restlichen Feldern die Zahl der ErzieherInnen zwischen 1982 und 1990 zusammen nur um knapp 3.000 bzw. gut 10% zugenommen hat (bei einem Anstieg des Gesamtpersonals in diesen Feldern um knapp 20.000). Damit läßt sich für die ErzieherInnen in der Jugendhilfe eine im Grunde genommen zwiespältige Bilanz ziehen: Die erfolgreiche Plazierung der ErzieherInnen auf dem Teilarbeitsmarkt Kindertageseinrichtungen verdeckt den relativen Bedeutungsverlust in den anderen Arbeitsfeldern der Jugendhilfe. Die Wachstumsphase dieses Arbeitsfeldes könnte dazu führen, daß die mit einem Anteil von 80% aller ErzieherInnen in der Jugendhilfe ohnehin schon starke Konzentration auf dieses Arbeitsfeld sich noch weiter zuspitzt. Damit verbunden wäre allerdings die Gefahr einer gedanklichen und realen Verengung der Berufsperspektive für ErzieherInnen mit Sackgassencharakter. Die ErzieherIn würde somit buchstäblich wieder zur „KindergärtnerIn“ (ebd., S. 64f).

Die ungleichgewichtige Verteilung der ErzieherInnen steht dabei in engem Zusammenhang mit der Entwicklung, dem Umfang und der spezifischen Struktur und den besonderen fachlichen Anforderungen der unterschiedlichen Arbeitsfelder. So hat sich die Heimerziehung seit den 70er Jahren – in weit stärkerem Maße als Tageseinrichtungen für Kinder – gewandelt, sind dementsprechend die Ansprüche an die Qualifikationen der MitarbeiterInnen gestiegen, wobei fachliche Zweifel am Qualifikationsprofil der staatlich anerkannten ErzieherIn nicht mehr zu überhören sind und bevorzugt akademisch ausgebildetes Personal eingestellt wird. Damit besteht für das Berufsbild „ErzieherIn“ die Gefahr, daß es zunehmend „von oben“, also von den hochschulausgebildeten, diplomierten SozialpädagogInnen verdrängt wird (vgl. ebd.).

Für die beiden Beschäftigungsdomänen „Kindertageseinrichtungen“ und „Heimerziehung“ sollen in den folgenden Ausführungen aktuelle Daten, Befunde und Selbsteinschätzungen von ErzieherInnen zusammengefaßt werden, um wesentliche Arbeits- und Berufsprobleme dieser Berufsgruppe in ihren wichtigsten Teilarbeitsmärkten aufzuzeigen.

3.1 Die Arbeits- und Berufssituation in Tageseinrichtungen für Kinder

Kindertageseinrichtungen stellen mit Abstand den größten und mit 185.000 Beschäftigen auch den personalintensivsten Bereich der Jugendhilfe dar, sei es in Form der traditionell voneinander abgrenzbaren Einrichtungen Kindergarten, Hort und Krippe oder sei es als übergreifend organisierte altersgemischte Gruppen. Sie sind neben und nach der Schule mittlerweile die wichtigste öffentliche pädagogische Einrichtung und zugleich das einzige Feld der Jugendhilfe, das zumindest tendenziell von allen Kindern durchlaufen wird (vgl. RAUSCHENBACH/BEHER/KNAUER 1995, S. 31 und S. 71ff).

Tageseinrichtungen für Kinder sind in den 70er und 80er Jahren – gemessen am Personalbestand, der Einrichtungszahl und des

Platzangebots – nahezu kontinuierlich gewachsen. Und in Anbetracht der noch nicht abgeschlossenen Umsetzung des Rechtsanspruchs auf einen Kindergartenplatz ist diesbezüglich mit einer weiteren Expansion in den alten Bundesländern zu rechnen. Unbestritten haben auch in Tageseinrichtungen für Kinder erhebliche Prozesse der Verberuflichung und Verfachlichung, und z.T. auch der Akademisierung und Professionalisierung stattgefunden, die Kluft zu anderen Feldern, z.B. der Heimerziehung, ist jedoch unübersehbar, wie sich u.a. an der Akademisierungsquote ablesen läßt. Statt dessen hat sich das Arbeitsfeld Kindertageseinrichtung immer mehr zu einer Domäne der ErzieherInnen entwikkelt, deren Personalanteil unter den verschiedenen Beschäftigtengruppen der alten Bundesländer von rund 39% (1974) auf zuletzt 57% (1990) gestiegen ist. Im Kindergarten, der unter den verschiedenen Angebotsformen eindeutig dominiert, liegt ihr Anteil sogar bei zwei Dritteln. Wie die aktuelle Entwicklung belegt, sind allerdings Veränderungen dieses seit 1994 anhaltenden Trends keineswegs ausgeschlossen. Angesichts des kostenintensiven Ausbaus des Kindergartenbereichs sind sie jedoch eher in Richtung des Abbaus pädagogischer und personeller Standards zu vermuten und könnten eine „Dequalifizierung" und „Deregulierung" dieses Teilarbeitsmarktes nach sich ziehen (vgl. ebd., S. 82f).

Zur Einschätzung der Arbeits- und Berufssituation soll die Sichtweise des Personals aus Kindertageseinrichtungen einbezogen und deshalb auf die Befragungsdaten der bereits oben vorgestellten Studien zurückgegriffen werden. Die Befunde beziehen sich in der Regel auf die alten Bundesländer, nur in der GEW-Untersuchung (1994) werden auch die ostdeutschen Bundesländer berücksichtigt.

3.1.1 Der Arbeitsplatz „Kindertageseinrichtung" in der Selbsteinschätzung von ErzieherInnen

Fachkräfte aus Tageseinrichtungen für Kinder haben überwiegend ein positives Berufsbild. Dieser Befund spiegelt sich u.a. in der Berufswahlentscheidung. Die Argumente für die *Berufswahl* beziehen sich dabei vor allem auf Merkmale der beruflich-fachlichen Tätigkeit wie Sinngehalt der Arbeit, Vielseitigkeit der Aufgaben und Anstöße für die eigene Persönlichkeitsentwicklung (vgl. GÜNTHER/BERGLER 1992, S. 76f). Diesen Befund untermauert GLEICH, der als Berufswahlmotive mit hoher Bedeutung die Wertevorstellungen „Liebe zu Kindern", „Kreativität", „Selbständigkeit", „Selbstentfaltung" und „Spontaneität" ermittelt (vgl. GLEICH 1993, S. 24f). Vergleichsweise selten stützt sich die positive Einstellung zum ErzieherInnenberuf auf die Arbeitsbedingungen im Berufsfeld Tageseinrichtungen für Kinder (vgl. GÜNTHER/BERGLER 1992, S. 76f).

Dabei stimmten die aufgeführten Berufswahlmotive mit den Gründen für die Wahl des konkreten Arbeitsplatzes im wesentlichen überein. So stehen Faktoren wie „eigene Fähigkeiten einsetzen, ein interessanter Arbeitsbereich, ein angenehmes Arbeitsklima oder eine vernünftige Konzeption" am Anfang der Rangfolge (GLEICH 1993, S. 24). Untergeordnet sind dagegen Aspekte wie „Lage der Einrichtung, die finanziellen Bedingungen oder Urlaubsregelungen" (ebd.).

Im Gegensatz zu den Berufswahlmotiven und zur Einstellung zum ErzieherInnenberuf bringen die Resultate zur *beruflichen Gesamtzufriedenheit* ein erhebliches Potential an Unzufriedenheit zum Ausdruck. Zwar sind knapp 80% der Befragten mit ihrer Arbeit trotz einiger Probleme zufrieden und nur 21% unzufrieden; unter den Unzufriedenen waren aber immerhin 12% so verdrossen, daß sie immer häufiger ans aufhören denken (vgl. GEW 1994, 3.1). Auch weist das befragte Personal aus Kindertageseinrichtungen nach der vergleichenden Berufsfeldanalyse von GÜNTHER/BERGLER (1992) unter den vier einbezogenen Arbeitsfeldern der Jugendhilfe (Tageseinrichtungen für Kinder, Vollstationäre Gruppenbetreuung, Teilstationäre Betreuungsformen und Tätigkeit in Organisationen und Verbänden) den höchsten Grad an Unzufriedenheit auf (vgl. ebd., S. 77).

Eine differenziertere Analyse der Arbeitszufriedenheit verdeutlicht, daß diese unter klar zu benennenden Defiziten leidet. So werden in allen Studien relativ übereinstimmend eine Reihe von Belastungsmomenten für ErzieherInnen identifiziert, denen die Befragten jedoch – auch in Abhängigkeit von der jeweiligen Fragestellung – unterschiedliches Gewicht beimessen *(vgl. Abbildung 1)*. Die negative Einschätzung der Arbeits- und Berufssituation bezieht sich dabei vor allem auf drei Bereiche, in denen sich ErzieherInnen belastet fühlen: (1) die Arbeits- und Beschäf-

Abbildung 1:	**Belastungsfaktoren und Arbeitsbedingungen in Kindertageseinrichtungen aus Sicht der ErzieherInnen**
Es nannten a) Hauptbelastungsfaktoren am Arbeitsplatz:[1]	
41%	die Gruppenstärke
41%	die schlechte/unzureichende Ausstattung des Arbeitsplatzes
32%	zu kleine Räume
32%	die große Anzahl schwieriger Kinder
28%	die fehlende Vor- und Nachbereitungszeit
18%	Probleme mit Vorgesetzten
b) als unzureichendste Arbeitsbedingungen:[2]	
81%	Möglichkeiten zur Vor- und Nachbereitung
74%	Möglichkeiten zur Fortbildung
70%	Gruppengröße
67%	Personalschlüssel
Quelle:	[1] GEW (1994); [2] BAMBERG u.a. (1993, S. 25)

tigungsbedingungen in den Kindertageseinrichtungen, (2) die fachlichen Anforderungen in der pädagogischen Arbeit und (3) die physischen und pychischen Belastungen.

(1) *Die Arbeits- und Beschäftigungsbedingungen in den Kindertageseinrichtungen:* In allen vorgestellten Untersuchungen waren die befragten MitarbeiterInnen mit den institutionellen und organisatorischen Rahmenbedingungen in den verschiedenen Formen von Tageseinrichtungen in hohem Maße unzufrieden (vgl. beispielsweise BAMBERG u.a. 1993; DER VERGESSENE BERUF 1990; GEW 1994; GÜNTHER/BERGLER 1992). Dabei problematisierten die Fachkräfte vor allem

- die Gruppenstärke;
- den Personalschlüssel mit zu wenig Fachkräften;
- die Regelung der Verfügungszeiten zur Vor- und Nachbereitung der Arbeit;[3]

3 So hatten 35% der Befragten in der Kiga-Heute-Untersuchung weniger als 3 Stunden, 11% genau 3 Stunden und 12% 4 Stunden Verfügungszeit pro Woche, d.h.: insgesamt 58% der Befragten hatten weniger als 5 Stunden zur Vor- und Nachbereitung ihrer Arbeit pro Woche, also nicht einmal 1 Stunde pro Tag (vgl. DER VERGESSENE BERUF 1990).

- die mangelnde Freistellung von der Gruppenarbeit bei Leitungstätigkeit;[4]
- die in einigen Bundesländern praktizierten sogenannten Wechselgruppen;[5]
- die mangelnde Ausstattung vieler Einrichtungen und fehlende bzw. zu kleine Räume;
- die unzureichende Bezahlung;
- die unterdurchschnittlichen zusätzlichen sozialen Leistungen des Arbeitgebers (z.B. bei der Bezahlung von Überstunden, bei Hilfen zur Wohnraumbeschaffung, bei der Gewährung von Arbeitgeberkrediten und bei den Betreuungsmöglichkeiten für die eigenen Kinder);
- die Arbeitszeit und Überstunden;[6]
- die Interessenvertretung;
- die fehlenden Supervisionsangebote;[7]
- die Begleitung durch die Fachberatung und Unterstützung durch fachkundige Träger;
- die defizitären Fort- und Weiterbildungsmöglichkeiten sowie
- die unzureichenden Aufstiegs- und Beförderungsmöglichkeiten.

(2) *Die fachlichen Anforderungen in der pädagogischen Arbeit*: Ein weiterer relevanter Problembereich lag für die befragten ErzieherInnen in den zunehmend anspruchsvoller und komplexer werdenden Bestandteilen ihrer Tätigkeit, wobei die zu beobachtenden Überforderungsphänomene auch mit den unzureichenden

---

4 Nur 21% der befragten LeiterInnen waren von der Gruppenleitung freigestellt, 79% haben gleichzeitig die Gruppenleitung (vgl. DER VERGESSENE BERUF 1990).

5 In Wechselgruppen sind ErzieherInnen mit unterschiedlichen Gruppen und Kindern am Vor- und Nachmittag konfrontiert. Insofern müssen sie sich mit einer erhöhten Zahl von Kindern auseinandersetzen, wobei für die individuelle Zuwendung und Beschäftigung mit dem einzelnen Kind oft schlicht die Zeit fehlt.

6 So leisteten drei von vier Befragten unregelmäßig, weitere 20% sogar regelmäßig Überstunden (vgl. KAHLE/DIPPELHOFER-STIEHM 1994).

7 So haben 75% der ErzieherInnen noch nie an einer Supervision teilgenommen (vgl. DER VERGESSENE BERUF 1990).

Arbeitsbedingungen zusammenhängen. Explizit aufgeführt wurden in diesem Kontext:

- die wachsenden Arbeitsbelastungen durch verhaltensauffällige und erziehungsschwierige Kinder;[8]
- die steigenden Probleme in Familien und
- die Zusammenarbeit mit den Eltern, wobei sich die befragten ErzieherInnen vor allem durch die hohen Erwartungen und bei Konflikten belastet fühlten.[9]

(3) *Die physische und psychischen Arbeitsbelastungen*: Ein großer Teil des befragten Personals klagte über gesundheitliche Beeinträchtigungen durch die Arbeit in Kindertageseinrichtungen, wobei sich die einzelnen Belastungsmomente jeweils addieren. Das Spektrum der Beschwerden reichte von Auswirkungen auf das persönliche Wohlempfinden durch Anspannung und Zeitdruck (auch im Freizeitbereich), über Nervosität bis hin zu Rükkenschmerzen (vgl. DER VERGESSENE BERUF 1990; KAHLE/DIPPELHOFER-STIEHM 1994). Drastisch sind in diesem Zusammenhang die Befunde von BAMBERG u.a. (1993): Bis auf 3% klagten alle befragten ErzieherInnen unter arbeitsbedingten Gesundheitsbeeinträchtigungen. Als häufigste gesundheitliche Beschwerden nannten zwei Drittel der ErzieherInnen Rückenschmerzen durch ständiges Bücken, Heben und Tragen – vor allem der kleinen Krippenkinder – und Sitzen in gebückter Haltung auf Kinderstühlen sowie Nervosität, gefolgt von Kopfschmerzen (61%) und häufigen Erkältungen (53%) (vgl. BAMBERG ebd., S. 44f).

Die aufgeführten Faktoren stellen hierbei nur eine Auswahl der von den MitarbeiterInnen artikulierten Probleme ihrer Arbeits- und Berufssituation dar. So tragen auch das Betriebsklima, das Verhältnis zu Vorgesetzten und KollegInnen wesentlich zur Zufriedenheit bzw. Unzufriedenheit des Personals in Tageseinrichtungen für Kinder bei. Wie deutlich geworden sein dürfte, besteht

---

8 Diese Meinung teilten beispielsweise rund 89% der befragten ErzieherInnen in dem Artikel DER VERGESSENE BERUF (1990).

9 So beklagten 67% der ErzieherInnen der Kiga-Heute-Untersuchung die hohen Elternerwartungen (vgl. DER VERGESSENE BERUF 1990). Zu ähnlichen Ergebnissen kommen KAHLE/DIPPELHOFER-STIEHM (1994) für evangelische Kindergärten, in denen sich jede zweite ErzieherIn durch die Zusammenarbeit mit den Eltern belastet fühlte. Jede dritte ErzieherIn reagierte bei Problemen mit den Eltern hilflos.

insbesondere bei den politischen, institutionellen und organisatorischen Rahmenbedingungen ein akuter Handlungsbedarf. Und dies nicht zuletzt aufgrund der hohen Fluktuation im ErzieherInnenberuf.

3.1.2 Verweildauer und Fluktuation

Wie bei anderen sozialen Frauenberufen auf ähnlichem Qualifikationsniveau ist auch im ErzieherInnenberuf die Verweildauer im erlernten Beruf relativ gering, die Fluktuation in den Einrichtungen durch Stellen- und Berufswechsel bzw. -aufgabe vergleichsweise hoch, wobei es für die Akzeptanz und das Image eines Berufs von Relevanz sein kann, wie lange die Berufstätigen innerhalb ihres angestammten Arbeitsmarktes verweilen.

Die hohe Fluktuation in einem Arbeitsfeld läßt sich auf verschiedene Faktoren zurückführen, sei es auf akute Arbeitsplatzunzufriedenheit, sei es auf instabile Beschäftigungsverhältnisse wie ABM oder andere befristete Arbeitsstellen, oder sei es auf das spezifische Erwerbsverhalten von Frauen, die z.B. aufgrund familiärer Verpflichtungen häufig ganz oder vorübergehend aus dem Berufsleben ausscheiden. Dabei ist eine hohe Personalfluktuation selbstverständlich volkswirtschaftlich und bildungsökonomisch wenig erstrebenswert. Zugleich erhöhen sich durch häufigen MitarbeiterInnenwechsel die einrichtungsinternen Organisationsprobleme (vgl. RAUSCHENBACH/BEHER/KNAUER 1995, S. 65f).

Obwohl laut Jugendhilfestatistik eine gewisse Altershomogenisierung der erwerbstätigen ErzieherInnen in der Jugendhilfe zu konstatieren ist, die auf eine sich erhöhende Verweildauer hinweisen könnte (vgl. ebd., S. 63), stellt die geringe Verweildauer im ErzieherInnenberuf weiterhin ein Problem dar. Dies vermitteln folgende theoretisch entwickelten oder empirisch gewonnenen Befunde:

- So hat RAUSCHENBACH auf der Basis der Jugendhilfestatistik versucht, die Verweildauer von ErzieherInnen im Beruf mit Hilfe hypothetischer Modellrechungen zu erfassen, wonach die durchschnittliche Verweildauer der überhaupt jemals berufstätig gewordenen ErzieherInnen weniger als 8 Jahre beträgt (vgl. hierzu ausführlich ebd., S. 66ff).

- DERSCHAU (1993) kommt unter Bezug auf die Auszubildenden und die Jugendhilfestatistik zu dem Schluß, daß erstens deutlich mehr als ein Drittel der ausgebildeten ErzieherInnen während der ersten 5 Berufsjahre bereits wieder ausscheidet, daß zweitens die durchschnittliche Verweildauer wohl zwischen 10 und 13 Jahren liegt und daß drittens die Schwundquote bei den über 40jährigen eher gering sein dürfte (vgl. DERSCHAU 1993, S. 109f; RAUSCHENBACH/BEHER/KNAUER 1995, S. 68f).
- Nach der vergleichenden Berufsfeldanalyse von GÜNTHER/BERGLER (1992) betrug die Gesamtbeschäftigungsdauer der durch die Befragung erfaßten Fachkräfte in Kindertageseinrichtungen durchschnittlich rund 8 Jahre und lag damit um fast 2 Jahre höher als in voll- und teilstationären Betreuungsformen (vgl. ebd., S. 80).

Diese ausgewählten Befunde dokumentieren zumindest tendenziell, daß sich das „Normalarbeitsverhältnis" einer (weiblichen) ErzieherIn eher einem Durchgangsberuf als einer lebenslangen Tätigkeit annähert. Die ErzieherInnen selbst gingen – nach ihrer Einschätzung befragt – mehrheitlich davon aus, daß der ErzieherInnenberuf im Gegensatz zum Modell der vorübergehenden Erwerbstätigkeit ein Lebensberuf sei, und zwar ungeachtet dessen, ob beschäftigte oder ehemalige MitarbeiterInnen um Auskunft gebeten worden waren (vgl. GLEICH 1993, S. 54). Obwohl auch in anderen Studien die Mehrheit des befragten Personals weiterhin im Beruf arbeiten wollte, müssen diese Ergebnisse jedoch auch im Hinblick auf die nach wie vor geringe Verweildauer differenziert werden:

- Eine relativ hohe Entschiedenheit zur Stellenaufgabe ermittelt – bei sehr allgemeiner Fragestellung – GLEICH (1993) für MitarbeiterInnen aus katholischen Einrichtungen in Nordrhein-Westfalen: 9% des Fachkräfte waren fest, 16% sehr oft und 38% ab und zu entschlossen, ihre Stelle aufzugeben. Damit haben rund 2/3 der befragten ErzieherInnen mehr oder weniger stark mit dem Gedanken gespielt, ihren Arbeitsplatz aufzugeben; nur 38% verneinten die Tendenz zur Stellenaufgabe (vgl. ebd., S. 12f).
- Noch eindeutiger fielen die Ergebnisse bei Fragen nach der beruflichen Zukunft im höheren Lebensalter aus: So konnten

sich 24% der Befragten in der Kiga-heute-Untersuchung nicht vorstellen, zwischen 41 und 50 Jahren noch in ihrem Beruf zu arbeiten, und nur 11% meinten, daß sie auch über das 50. Lebensjahr hinaus im ErzieherInnenberuf tätig sein werden (vgl. DER VERGESSENE BERUF 1990). Auch unter den Berliner ErzieherInnen konnte sich so gut wie niemand (93%) vorstellen, die Arbeit in der Kindertageseinrichtung bis zum Ruhestand auszuüben (vgl. BAMBERG u.a. 1993, S. 47). Insbesondere ältere ErzieherInnen leiden unter der anstrengenden Arbeit und stehen deshalb vor der Alternative: aussteigen, umsteigen oder aushalten? (vgl. DER VERGESSENE BERUF 1990).

- Viele ErzieherInnen in evangelischen Kindergärten erwogen im Hinblick auf ihre berufliche Zukunft und ihre weitere Lebensplanung eine berufsnahe Weiterqualifizierung. Für die Fachkräfte war eine Umorientierung, sofern sie mit diesem Gedanken gespielt haben, nur für ein ihrer pädagogischen Qualifikation entsprechendes Arbeitsfeld (z.B. Heim, Hort) denkbar (vgl. KAHLE/DIPPELHOFER-STIEHM 1994). GÜNTHER/BERGLER (1992) ermittelten, daß diejenigen Fachkräfte (66%), die einen Tätigkeitswechsel beabsichtigten, zu rund 61% im sozialpflegerischen Arbeitsgebiet und hier vor allem in heil-/ sonderpädagogischen und unterschiedlichen therapeutischen Feldern arbeiten möchten. Bei weitergehenden Veränderungswünschen wurden klare Präferenzen für den handwerklich-technischen und künstlerisch-gestaltenden Bereich artikuliert (vgl. ebd., S. 85f).

Bei der Suche nach den Gründen für die beabsichtigte oder tatsächliche Berufsaufgabe zeigt sich der enge Zusammenhang mit den Arbeits- und Beschäftigungsbedingungen in Kindertageseinrichtungen und zur individuellen Lebenssituation der Befragten: So benannten – nach GLEICH – die noch erwerbstätigen MitarbeiterInnen die Bezahlung, die psychischen Belastungen ihrer Tätigkeit und einen anstehenden Wohnortswechsel als ausschlaggebend für die Berufsaufgabe. Für bereits ausgestiegene ErzieherInnen standen dagegen familiäre Gründe, wiederum psychische Belastungen und fehlende Betreuungsmöglichkeiten der eigenen Kinder im Vordergrund. Eine differenziertere Betrachtung der Gründe für die Stellenaufgabe ergab bei den ehemaligen MitarbeiterInnen fünf unterscheidbare Bereiche:

1. das soziale Klima in Tageseinrichtungen für Kinder (z.B. negative Urteile über die Zusammenarbeit mit KollegInnen, das Verhältnis zur Leitung und der Leitungsstil, Probleme mit dem Träger);
2. Gefühle der individuellen Überforderung wie hohe psychische und physische Belastungen;
3. äußere strukturelle Bedingungen (z.B. die soziale Herkunft der zu betreuenden Kinder, übermäßige Verwaltungsarbeiten, Wohnortswechsel);
4. negativ beurteilte Karrierechancen (Unterforderung, fehlende Weiterbildungsmöglichkeiten, unzureichende Vergütung);
5. die Doppelbelastung aus Beruf/Familie (mit ungünstigen Arbeitszeitregelungen, fehlenden Kinderbetreuungsmöglichkeiten; vgl. ebd., S. 30f und S. 62ff).

Notwendig scheint es diesbezüglich jedoch nicht, nach einzelnen Ursachen für die hohe Fluktuation zu suchen, sondern von einer Vermengung von Gründen auszugehen. Bei der Suche nach Lösungsansätzen müssen die unterschiedlichen Lebenskonzepte von Frauen berücksichtigt werden. Hierbei sind die genannten Faktoren einige ausgewählte Indikatoren eines komplexen Gesamtzusammenhangs (vgl. ebd., S. 33f): „Belastungen auf der einen Seite, Verbesserungschancen und/oder Alternativen auf der anderen Seite, zwischen diesen Polen fällt letztlich die Fluktuationsentscheidung“ (ebd., S. 61).

3.2 Die Arbeits- und Berufssituation in der Heimerziehung

Noch stärker als das Arbeitsfeld Kindertageseinrichtungen hat die Heimerziehung ihr Gesicht verändert. Neben den traditionellen Kinder- und Jugendheimen oder den Großheimen der ehemaligen Anstalts- und Fürsorgeerziehung gibt es mittlerweile ein differenziertes Angebot an Innen- und Außenwohngruppen, Klein- und Kleinstheimen, Tagesgruppen, intensiver sozialpädagogischer Einzelbetreuung und ähnliches. Auch innerhalb der Heimerziehung sind die ErzieherInnen als größte Berufsgruppe (30%) noch vergleichsweise stark vertreten, wobei ihr Anteil im

Gegensatz zu den SozialarbeiterInnen und SozialpädagogInnen der Fachhochschulen und Universitäten seit 1982 nicht mehr gestiegen ist. Vorsichtig formuliert, könnte dies ein Indikator für den langsamen Rückzug dieser Berufsgruppe aus der Heimerziehung darstellen.

Die Beschreibung und Analyse des Berufsbildes der Beschäftigten in der Heimerziehung stellt sich im Vergleich zu den KollegInnen in Kindertageseinrichtungen zunächst einmal als ein Definitionsproblem dar, wird doch in nahezu allen Untersuchungen über „Heimerzieher" nicht genügend zwischen den einzelnen Fachkräften entsprechend ihren unterschiedlichen Qualifikationen und Ausbildungsabschlüssen differenziert. Anders als im Arbeitsfeld Kindertageseinrichtungen, in dem die überwiegende Mehrheit des Personals einen Abschluß als „staatlich anerkannte ErzieherIn" hat und bei dem in entsprechenden Untersuchungen auch nahezu ausschließlich „staatlich anerkannte ErzieherInnen" befragt wurden, stellt sich die personelle Zusammensetzung in den Befragungen zur Heimerziehung weitaus heterogener dar. Mit gut einem Drittel des gesamten Personals stellen zwar auch hier die AbsolventInnen mit einem Fachschulabschluß „ErzieherIn" den größten Teil aller Beschäftigten, doch sind daneben in erheblich stärkerem Maße als in Kindertageseinrichtungen MitarbeiterInnen in allen Variationen und auf allen Qualifikationsstufen des Bildungssystems zu finden: Zivildienstleistende, PraktikantInnen und Ungelernte arbeiten als vollverantwortliche und in den Schichtdienst integrierte Kräfte neben den an Berufsfachschulen ausgebildeten KinderpflegerInnen und den akademisch qualifizierten SozialpädagogInnen/-arbeiterInnen mit einem FH-Abschluß sowie schließlich den universitär ausgebildeten Diplom-PädagogInnen und Diplom-PsychologInnen. Daneben finden sich eine Reihe von therapeutisch (oft als Zusatzqualifikation erworbene Abschlüsse) ausgebildeten MitarbeiterInnen wie HeilpädagogInnen oder speziell nur für den Heimbereich qualifizierten KollegInnen (besonders in Baden-Württemberg).

Diese Vielfalt in der MitarbeiterInnenstruktur läßt die Frage aufkommen, „inwieweit der Beruf der Heimerzieherin überhaupt ein Beruf ist", da es „eine direkte Entsprechung zwischen Qualifikation und Arbeitsfeld" (STAHLMANN 1993, S. 42) wie zum Beispiel beim Arzt oder Psychotherapeuten nicht gibt. „Mit dem

Wandel der Institution Heim und ihrer gesellschaftlichen Bedeutung hat sich auch der Beruf bzw. das Berufsbild verändert", so daß es „*den* Beruf der Heimerzieherin (...) nicht mehr zu geben" scheint (ebd.; Hervorh. im Original). Allerdings hat es *den* Beruf des Heimerziehers auch noch nie gegeben.

Mag es für die Mehrheit der in der Heimerziehung Beschäftigten auch kaum Unterschiede in den Hauptbelastungsfaktoren wie Arbeitszeit und Schichtdienst, hohe psychische und physische Belastung etc. geben, so ist doch zu vermuten, daß ein Zusammenhang zwischen der Art der Verarbeitung der Belastungen und dem unterschiedlichen Grad des professionellen Umgangs damit besteht. Darüber hinaus ergeben sich bei „psychischer Sättigung", wie GÜNTHER/BERGLER (1992, S. 8) treffend und blumig einen Alternativbegriff für *Burnout* verwenden, unterschiedliche Optionen für die einzelnen Berufsgruppen. Kommt für ErzieherInnen allenfalls noch ein Wechsel in den nicht minder belastenden Bereich der Kindertageseinrichtungen (Kindergarten oder Hort) oder der offenen Jugendarbeit in Frage – beides Bereiche, die gerade für ältere MitarbeiterInnen keine ausreichende Perspektive bis zum Berufsende bieten –, eröffnen sich ihren auf höherem Niveau und fachlich breiter ausgebildeten KollegInnen mit einem Abschluß in Sozialpädagogik/-arbeit (FH) oder den Diplom-PädagogInnen (Uni) noch andere Alternativen: beispielsweise als ReferentInnen bei Verbänden oder in der öffentlichen Sozialverwaltung. Ein Umstieg aus der Heimerziehung in andere Arbeitsfelder ist für ErzieherInnen darüber hinaus zumeist unattraktiv, da dies – aufgrund von Schichtdienst etc. – mit spürbaren finanziellen Einbußen verbunden ist.

Unbestreitbar hat es innerhalb der Jugendhilfe in den letzten zwanzig Jahren einen enormen Professionalisierungsschub gegeben, von dem die Heimerziehung wohl mit am meisten profitiert hat, liegt doch hier inzwischen der Akademikeranteil bei nahezu 30% (vgl. RAUSCHENBACH 1990; RAUSCHENBACH/BEHER/KNAUER 1995). Gleichzeitig hat aber die „Berufsflucht" und Fluktuation anscheinend eher zu- als abgenommen. SCHOCH (1990, S. 99) ermittelt eine durchschnittliche Verweildauer im Berufsfeld von 3 Jahren, wogegen die bereits 1982/83 durchgeführte Studie von MITRANSKY (1990, S. 161) einen durchschnittlichen Bleibewert von 6,4 Jahren ausweist. Auch GÜN-

THER/BERGLER (1992) untermauern eindrucksvoll, daß nicht einmal die Hälfte der Fachkräfte in der Heimerziehung (46%) 5 Jahre und länger in diesem Berufsfeld bleiben, so daß von DALFERTH (1995) die Berufstätigkeit im Heim nur noch als „Episode" bezeichnet wird.

Ursachen für eine zunehmende Fluktuationsquote gerade bei jungen HeimerzieherInnen in der ersten Phase der Berufstätigkeit, sieht DALFERTH (1995, S. 208f) in zunehmenden Individualisierungsprozessen und im „Abhandenkommen allgemeingültiger identitätsstiftender Leitbilder". Darüber hinaus trage eine abnehmende oder sogar gänzlich fehlende gesellschaftliche Anerkennung zu der Entwicklung einer negativen beruflichen Identität bei (vgl. ebd., S. 210). Konsequenterweise müsse von den Trägern endlich zur Kenntnis genommen werden, daß der alte, an caritativen Leitbildern und traditionellen Arbeitsorientierungen ausgerichte Typus der ErzieherIn und SozialpädagogIn so gut wie nicht mehr existiert. An dessen Stelle ist eine an individueller Selbstverwirklichung ausgerichtete Lebensorientierung in der Arbeit getreten, die immer mehr „die Rahmenbedingungen in der Heimerziehung als zu ungünstig erlebt, um sie mit der eigenen Biographie, der eigenen Lebensplanung in Einklang bringen zu können" (ebd., S. 210). Anzeichen hierfür sind u.a. der dramatische Rückgang von Ordenskräften in den katholischen Einrichtungen der Caritas, aber auch der zunehmende Anteil von ErzieherInnen, die die Heimgruppe nicht mehr als Ersatz für eigene Kinderlosigkeit betrachten (vgl. RAUSCHENBACH 1992).

Von einer ähnlichen Grundannahme geht auch STAHLMANN (1993) aus, der auf der Grundlage von Biographie-/Lebenslaufforschung und Erkenntnissen der neueren Sozialisationsforschung die berufliche Situation von HeimerzieherInnen untersucht. Er zeigt die zunehmenden Schwierigkeiten im Berufsfeld Heimerziehung auf, die geprägt sind durch widersprüchliche Anforderungen von realen beruflichen Strukturen und idealen Leitbildern. Anhand von Interviews mit ErzieherInnen wird gezeigt, daß der Prozeß der subjektiven Auseinandersetzung von HeimerzieherInnen mit den beruflichen Strukturen und Inhalten zunehmend schwieriger wird.

Als besonders problematisch wird von den in der Heimerziehung Arbeitenden immer wieder die Schwierigkeit genannt, Beruf und

Privatleben zu trennen (vgl. hierzu exemplarisch STAHLMANN 1993, S. 93 und MITRANSKY 1990). Werden die Grenzen der Belastbarkeit überschritten, so kann es zu einer Überforderungssituation für die HeimerzieherInnen kommen. Mögliche Folgen sind beispielsweise Resignation gegenüber dem Erziehungsalltag aufgrund des Gefühls, kaum Veränderungsmöglichkeiten zu haben, Versagensgefühle und vermeintliche Perspektivlosigkeit, Aufreiben in organisatorische Routinetätigkeiten, um dem eigenen Leistungsanspruch am Arbeitsplatz zu genügen, häufiger Wechsel des Arbeitsplatzes, Widmung der vorhandenen Zeit weniger der Gruppe als vielmehr dem Einzelnen, Verlagerung noch verbliebener Hoffnungen auf psychologische, gruppendynamische oder verhaltenstherapeutische Arbeitsansätze. Als allgemeine Belastungsfaktoren der Tätigkeit im Heim gelten die Arbeitszeit bzw. Arbeitszeitregelungen, Schichtdienst, Informationsprobleme zwischen den einzelnen MitarbeiterInnen bei Schichtdienst und Dienstübergabe, Teamarbeit, begrenzte Fortbildungsmöglichkeiten (vgl. MITRANSKY 1990, S. 92ff). Sowohl bei MITRANSKY (1990) als auch bei STAHLMANN (1993) und GÜNTHER/BERGLER (1992) ist über die Hälfte der untersuchten HeimerzieherInnen 30 Jahre und jünger. Dies könnte darauf hindeuten, daß mit zunehmendem Alter die ErzieherInnentätigkeit im Heim als so belastend empfunden wird, daß der Dienst in der Gruppe als nicht mehr zumutbar erscheint (vgl. MITRANSKY 1990, S. 149).

Zur augenblicklichen beruflichen Situation befragt äußern nur 4,2% der Befragten, im Gegensatz zu 95,8%, daß sie den Beruf wechseln möchten. Allerdings möchten 15,5% das Berufsfeld wechseln und 16,9% die Einrichtung (vgl. ebd., S. 166). Hier gilt also: Je enger der Kreis gezogen wird, auf den sich die Aussagen beziehen (Beruf, Berufsfeld, Einrichtungssituation), desto ausgeprägter ist die Unzufriedenheit und damit die Fluktuationsbereitschaft. Als den Erziehungsalltag besonders kennzeichnende belastende Merkmale werden 1. der disziplinarische Bereich (Ermahnen und Disziplinieren bei Regelverstößen und Normenverletzungen, Überprüfen von Anordnungen), 2. der Gruppenbereich (Veränderung der Gruppenstruktur, Motivieren der Kinder und Jugendlichen, Genügen der Aufsichtspflicht), 3. der Bereich der Arbeitszeit mit Schichtdienst und Auswirkungen der Arbeitszeit auf die erzieherische Arbeit und auf den Privatbereich genannt (vgl. ebd., S. 178ff und S. 314ff).

Belastungssituationen resultieren aber auch aus der Zusammenarbeit mit anderen Personen innerhalb und außerhalb des Heimes, sei es die Teamarbeit oder die Elternarbeit, seien es die Außenkontakte in der Zusammenarbeit mit der Schule oder mit den Behörden. Zu den belastenden Merkmalen im planerischen und konzeptionellen Bereich der Erziehungsarbeit gehört die Strukturierung der Erziehungsarbeit mit Entwicklungsberichten, Erziehungsplänen, Darstellung und Begründung, Mitwirkung bei Zielen und Inhalten. Ebenfalls weist MITRANSKY auf belastende Auswirkungen im psychischen, physischen und verhaltensmäßigen Bereich hin (vgl. ebd., S. 314ff).

STAHLMANN (1993, S. 171f) nähert sich dem Problem der Belastungserfahrungen mit der Beschreibung von Grenzsituationen und deren Bedeutung für die berufliche Sozialisation: „Die Konfrontation mit Problemfeldern wie Schichtdienst, Gewalterfahrungen, Teamarbeit, das Ausbalancieren der Ansprüche von Beruf und Privatleben, Nähe und Distanz stellen immer größere Anforderungen an die Mitarbeiterinnen in den Einrichtungen, die immer schwerer auszuhalten sind". Aber STAHLMANN hält es für falsch, die Fluktuation von MitarbeiterInnen zu beklagen, sondern plädiert dafür, anzuerkennen, daß „die Tätigkeit in der Heimerziehung integraler Bestandteil der Berufsbiographien vieler Kolleginnen ist und mit einer bestimmten subjektiven Bedeutung innerhalb dieser verknüpft ist" (ebd.).

Der „erschreckend hohe(n) berufliche(n) Unzufriedenheit und Perspektivlosigkeit der Erzieherinnen" (GÜNTHER/BERGLER 1992, S. V) und dem „vergleichsweise niedrigen Prestige in der Öffentlichkeit" (ebd.) muß, so das Fazit der Studie, dringend Einhalt geboten werden. „Soll Tätigkeit in der Heimerziehung nicht dauerhaft zum Zwei-/Drei-Jahres-Berufseinmündungsjob degenerieren, dann sind organisatorische-strukturelle Veränderungen im Sinne einer systematischen Personalpflege und Entwicklung dringend notwendig" (ebd.). Oder anders gesagt: In den sozialen Berufen und hier besonders in der Heimerziehung gilt es verstärkt, „Lebens- und Karriereplanung statt 'Burning out' zu betreiben" (vgl. OLLINGER/SEILER 1990).

Dabei hat der Vergleich mehrerer Studien zur Arbeitssituation in Kindertageseinrichtungen und in der Heimerziehung gezeigt, daß die institutionellen und organisatorischen Bedingungen wie Arbeitszeit, Schichtdienst und Hierarchie, sich widersprechende berufliche und private Anforderungen, Rollenkonflikte, physische und psychische Belastungen als Dauerprobleme von ErzieherInnen entscheidend zur Unzufriedenheit, zum Entstehen von Burnout-Symptomen beitragen und damit letztendlich auch die Hauptgründe sind, aus dem ErzieherInnenberuf auszusteigen.

Differenzierte Untersuchungen für die neuen Bundesländer stehen noch aus. Hier dürfte es momentan auch noch relativ schwierig sein, vergleichbares Datenmaterial überhaupt zu erheben, da der Ausbau von nach westlichen Maßstäben vergleichbaren Institutionen der Heimerziehung und einer entsprechenden MitarbeiterInnenstruktur zwar im vollen Gange ist, aber noch lange nicht abgeschlossen sein wird (vgl. BUNDESMINISTERIUM FÜR FAMILIEN, SENIOREN, FRAUEN UND JUGEND 1994).

4. ErzieherInnen in der ostdeutschen Jugendhilfe

Im Gegensatz zum berufsfeldübergreifend angelegten ErzieherInnenberuf der Bundesrepublik gab es in der DDR für die Arbeitsfelder Krippe, Kindergarten, Hort, Heimerziehung und Jugendarbeit jeweils eigenständige Fachkraftprofile. Zudem war die gesellschaftliche und politische Bedeutung der Erziehungs- und Sozialberufe insgesamt ungleich höher als in der Bundesrepublik. Es bestanden in allen Berufen direkte Möglichkeiten eines Aufstiegs zur nächsthöheren Ebene (allerdings nur auf Empfehlung von „oben"), so daß die im Westen vielzitierte berufliche Sackgasse in der DDR nicht in gleicher Weise existierte. So waren beispielsweise die Qualifikationsprofile für das Fachpersonal in Tageseinrichtungen für Kinder – KindergärtnerIn, KrippenerzieherIn und HorterzieherIn/UnterstufenlehrerIn – aufgrund des gesellschaftlich höheren Stellenwerts von Bildung, Erziehung und Frauenarbeit und somit des öffentlichen Versorgungssystem mit relativ großem Sozialprestige verbundene Wunschberufe mit lebenslanger Perspektive.[10] Damit zählen ErzieherInnen aus den

10 In der DDR gab es keine Jugendhilfe im bundesrepulikanischen Sinne. Kindergarten und Hort wurden dem Bildungswesen, der Krippenbereich dem

neuen Bundesländern zu den großen Imageverlierern, da sie mit der Deutschen Einheit erhebliche Prestigeverluste ihres Berufs in Kauf nehmen mußten. Im Unterschied zu den GrundschullehrerInnen haben sie eine statusmäßige und tarifliche Abwertung erfahren, die im Zusammenhang mit den „beruflichen und privaten Erfahrungen des gesellschaftlichen Umbruchs" (DEUTSCHES JUGENDINSTITUT 1993, S. 2) und den vielfältigen inhaltlich-konzeptionellen Veränderungen in den Einrichtungen und bei den Trägerstrukturen erheblich zur beruflichen Verunsicherung dieser Berufgruppe in den neuen Ländern beigetragen haben (vgl. GALUSKE/RAUSCHENBACH 1994; RAUSCHENBACH/BEHER/KNAUER 1995).

Hauptverantwortlich für die weiterhin zu konstatierenden beruflichen Ängste ist jedoch die prekäre Arbeitsmarkt- und Beschäftigungssituation der ErzieherInnen in den neuen Bundesländern. Zwar war ausgehend vom quantitativ vorbildlichen Versorgungssystem an Krippen, Kindergärten und Horten der DDR zu Beginn der 90er Jahre mit 176.000 Personen – davon 146.000 pädagogisches Personal – ein erstaunlich hoher Anfangsbestand an Personal in den Tageseinrichtungen für Kinder (Krippe, Kindergarten, Hort) in den neuen Bundesländern festzustellen, der seit diesem Zeitpunkt jedoch drastisch reduziert worden ist, wobei unter dem Aspekt der Sozialverträglichkeit vor allem jüngere KollegInnen entlassen wurden. Ein Stillstand des Personalabbaus ist bei einer weiterhin geringen Geburtenrate insbesondere im Krippen- und Hortbereich noch nicht abzusehen (vgl. RAUSCHENBACH/BEHER/KNAUER 1995).

Im Unterschied zum Westen schlagen sich berufliche Unsicherheit und Unzufriedenheit von ErzieherInnen im Osten nicht in einer erhöhten Personalfluktuation in den Einrichtungen nieder, sondern äußern sich eher in Motivationsdefiziten mit Blick auf eine zukunftsorientierte Weiterentwicklung der Arbeit in Tageseinrichtungen für Kinder, also der konzeptionellen Umgestaltung und Modernisierung der pädagogischen Arbeit, wobei auch der Beschäftigungsabbau zu Lasten jüngerer MitarbeiterInnen Auswirkungen auf die Personalstruktur und die pädagogische Arbeit in Kindertageseinrichtungen hat (vgl. ebd.).

Gesundheitswesen zugerechnet. Die Heimerziehung war Bestandteil der öffentlichen Fürsorge.

Hierzu ermittelte BAMBERG (1995) in Gesprächen mit Verantwortlichen aus Jugendämtern und Einrichtungen, mit FachberaterInnen und ErzieherInnen aus 6 der 11 östlichen Berliner Stadtbezirke, daß vor allem jüngere KollegInnen und ErzieherInnen in Einrichtungen, die sich intensiv mit der Situation nach der Wende auseinandergesetzt haben, weitaus innovativer eingestellt sind. Dabei werden in rund einem Drittel der Einrichtungen die neuen pädagogischen Gestaltungsfreiheiten voll, in weiteren 33% ansatzweise ausgeschöpft. In den restlichen Einrichtungen „wirken sich die Übergangsprobleme personell und institutionell offenbar lähmend aus, Notwendigkeiten einer veränderten Arbeit unter veränderten Bedingungen werden nicht gesehen oder bleiben aus anderen Gründen ohne konstruktive Konsequenz" (BAMBERG 1995, S. 82).

Zur Stimmungslage unter dem ostdeutschen Personal liegen durchweg Befunde vor, bei denen die drohende Arbeitslosigkeit thematisch bestimmend ist. Die allgemeine berufliche Verunsicherung, aber auch die Angst vor dem Verlust des Arbeitsplatzes haben die Situation im Osten nach der Vereinigung in einem Umfang gekennzeichnet (vgl. Ebert 1994, S. 15f), daß viele Beschäftigte „die Gesamtentwicklung in ihrem Berufsfeld als Verschlechterung erleben" (DEUTSCHES JUGENDINSTITUT 1993, S. 2). Die Sorge um den Bestand der Einrichtungen überschattet vor allem im Krippen- und Hortbereich auch weiterhin die Arbeitssituation der ErzieherInnen (vgl. BAMBERG 1995).

Wird jedoch konkret nach der Einstellung der MitarbeiterInnen zu ihrer erzieherischen Arbeit gefragt, so erstaunt zunächst folgender Befund, den die GEWERKSCHAFT ERZIEHUNG UND WISSENSCHAFT ermittelte (vgl. GEW 1994): 87% der 554 Befragten aus dem Landesverband Ost waren mit ihrer Arbeit zufrieden. Im Landesverband West betrug die Quote der Zufriedenen dagegen nur 65% (n= 328). Unter den 13% unzufriedenen MitarbeiterInnen im Osten (33% im Westen) waren nur 6% (22% in den alten Bundesländern) so unzufrieden, daß sie immer häufiger ans Aufhören denken/dachten, wobei sich auch in diesen Ergebnissen die ungünstige Lage und die insgesamt fehlenden Alternativen auf dem Arbeitsmarkt Ost spiegeln.

Zugleich empfinden die ErzieherInnen nach der Wende durchaus positive Veränderungen. Anhaltspunkte hierfür liefert wiederum

BAMBERG (1995). So beurteilten die Befragten die Zusammenarbeit mit der fachlichen Verwaltung, die eher durch Beratung und Kooperation statt Bevormundung und Kontrolle geprägt ist, die vielfältigen Fortbildungsangebote, Tagungen und die inhaltliche Auseinandersetzungen sowie die gößeren Handlungsspielräume bei der Arbeit mit den Kindern und im Wohnumfeld als günstig (vgl. ebd., S. 83) Und schließlich beurteilten viele MitarbeiterInnen die breit qualifizierende ErzieherInnenausbildung als vorteilhaft, mit der für sie im Gegensatz zur dreigeteilten DDR-Ausbildung, Kompetenzzuwächse und eine Erweiterung des pädagogischen Aktionsradius verbunden sind (vgl. BAMBERG u.a. 1993, S. 59).

Kritisiert wurden dagegen die erheblichen Instandsetzungs- und Renovierungsprobleme in den Einrichtungen, die Zusammenarbeit mit den Eltern und ihre Einbeziehung in die neue Mitverantwortlichkeit, die nach einer kurzen Interessensphase wieder abgeflacht ist (vgl. ebd., S. 56ff). Ansonsten gleichen – wie wiederum aus der bereits angeführten GEW-Untersuchung hervorging – die Belastungsfaktoren in den ostdeutschen Einrichtungen im wesentlichen den mangelhaften Rahmenbedingungen, unter denen auch ihre westdeutschen KollegInnen zu leiden haben (vgl. GEW 1994).

Allerdings ist die Verbundenheit mit dem ErzieherInnenberuf in den neuen Bundesländern höher als im Westen: 84% der Befragten im Osten möchten im Vergleich zu 52% im Westen ihren Beruf auch in Zukunft ausüben (vgl. GEW 1994). Im Gegensatz zu westdeutschen ErzieherInnen war der Wunsch nach Teilzeitarbeit verschwindend gering, wobei die meisten der teilzeitarbeitenden KollegInnen wieder zur Vollzeitarbeitform zurückkehren wollten und die Gründe hierfür wohl zunächst in der schlechteren Bezahlung nach Osttarif und einer höheren Arbeitslosigkeit der Männer zu suchen sind (vgl. BAMBERG u.a. 1993, S. 64). Sie entsprechen aber auch der DDR-Tradition, in der die Beschäftigungsverhältnisse durch den beruflichen Vollzeitarbeitsplatz geprägt waren. Lebenslange Vollzeiterwerbstätigkeit galt in der DDR auch für Frauen als selbstverständlich.

In den neuen Bundesländern kann die Lage der ErzieherInnen und der Tageseinrichtungen für Kinder nicht mehr getrennt von den anderen Arbeitsfeldern der Jugendhilfe und den Angehörigen anderer sozialer Berufe gesehen werden. Während die traditionellen Arbeitsfelder für ErzieherInnen von einem drastischen Personalabbau gekennzeichnet sind, besteht in anderen Bereichen der Jugendhilfe wie der Jugendarbeit, der Jugendberufshilfe oder dem Allgemeinen Sozialen Dienst nach wie vor – neben der dringend notwendigen Entfristung vieler ABM-Stellen – ein *zusätzlicher* Personalbedarf, der allerdings nicht annähernd den Umfang erreichen kann, der in den Tageseinrichtungen insgesamt an Personal abzubauen ist (vgl. RAUSCHENBACH/BEHER/KNAUER 1995).

5. Zukunft des ErzieherInnenberufs – Bilanz und Ausblick

Bilanzierend bleibt festzuhalten, daß eine differenzierte Auseinandersetzung mit dem Qualifikationsprofil „staatlich anerkannte ErzieherIn“ unumgänglich ist, wenn sich die Personalfrage nicht als quantitatives und qualitatives Nadelöhr bei der zukünftigen Entwicklung der Jugendhilfe erweisen soll. Trotz der unbestritten hohen Erwartungen und Anforderungen an die Kompetenz der ErzieherInnen im Beruf weisen die Fachschule für Sozialpädagogik und der Bildungsgang, dessen grundlegende Reform seit fast 30 Jahren aussteht, gravierende Ausbildungs- und Professionalisierungsdefizite auf, die letztendlich mitverantwortlich sind für die Konturenlosigkeit des Qualifikationsprofils und die hieraus resultierende Verunsicherung im beruflichen Selbstverständnis der ErzieherInnen. Auch aus dieser Perspektive können sich ErzieherInnen als die größte Berufsgruppe und als ältestes Qualifikationsprofil in der Jugendhilfe nicht länger davor verschließen, daß es seit langem unbeachtete und unterschätzte Entwicklungen oberhalb und unterhalb der Fachschule gibt. Sie können dazu führen, daß ErzieherInnen von zwei Seiten ersetzt und verdrängt werden: auf der Leitungs-, Gestaltungs- und Definitionsebene zunehmend *„von oben“*, also von den hochschulausgebildeten, diplomierten SozialpädagogInnen – dies ist außerhalb der Kindertageseinrichtungen schon seit längerem beobachtbar – und auf der Ebene durchschnittlicher Gruppendienste und routinisierbarer Tätigkeiten gleichsam *„von unten“*, also von Kinder- und SozialpflegerInnen sowie anderen, kurzzeitausgebildeten Zweit- und Ergänzungskräften.

Die Lage auf dem Arbeitsmarkt ist für die ErzieherInnen im Westen in Anbetracht des Rechtsanspruchs auf einen Kindergartenplatz ab 1996 (oder später) und des damit verbundenen, kurzfristig noch deutlich nach oben zeigenden Personalbedarfs vergleichsweise erfreulich. Der zur Umsetzung des Rechtsanspruchs erforderliche zusätzliche Fachkraftbedarf kann unter sozialpädagogischen Aspekten allerdings nur angemessen realisiert werden, wenn zahlenmäßig relevante Teile der großen Menge ehemals ausgebildeter, aber derzeit nicht einschlägig erwerbstätiger ErzieherInnen mit attraktiven Wiedereinstiegsangeboten zur Berufsrückkehr geworben werden. Die in diesem Kontext zu konstatierende, nach wie vor geringe Verweildauer von ErzieherInnen im Beruf, bei denen vielfach die gesamte Ausbildungsphase kaum länger ist als die Berufsphase, ist volks- und betriebswirtschaftlich sowie berufspolitisch und fachlich kontraproduktiv. Diesem Dilemma kann nur durch eine Steigerung der Attraktivität des ErzieherInnenberufs wirkungsvoll entgegengesteuert werden, sei es durch bessere Bezahlung, durch verbesserte Möglichkeiten der Weiterqualifizierung und des beruflichen Aufstiegs oder sei es durch eine bessere, aufgabengerechtere Ausbildung. Hierbei muß auch die derzeitige Höhenlage der Fachschule für Sozialpädagogik innerhalb der Ausbildungspyramide mit Blick auf eine Höherqualizierung neu zur Disposition gestellt werden.

Wenn mit der Realisierung des Rechtsanspruchs auf einen Kindergartenplatz der unabweisbar hohe Personalbedarf zum Stillstand kommt, ist erneut mit strukturellen Arbeitsmarktproblemen von ErzieherInnen im Westen zu rechnen, die durch die Verengung des Berufsfeldes auf den Kindergarten und den „Rückzug" aus der Heimerziehung noch verschärft werden könnten.

In den neuen Bundesländern wird aufgrund der dramatisch gesunkenen und vorerst zumindest stagnierenden Geburtenentwicklung auch in den nächsten Jahren mit einem weiteren Stellenabbau im Bereich der Kindertageseinrichtungen zu rechnen sein, der auch nur bedingt mit flächendeckenden Teilzeitbeschäftigungsverhältnissen aufgefangen werden kann. Um der massiven Verunsicherung und zunehmenden sozialen Ausgrenzung der ErzieherInnen in den neuen Bundesländern entgegenzuwirken, ist eine gezielte Fort- und Weiterbildung des Fachpersonals in den Kindertageseinrichtungen dringend erforderlich, um damit auch eine Umorientierung in andere Bereiche der Jugendhilfe mit erkennbarem Fachkräftebedarf zu befördern.

Bei der problemorientierten Beschreibung des Berufsbildes ist oft nur schwer zu unterscheiden, ob es sich um die Schwierigkeiten der Berufsgruppe oder um die spezifischen Strukturdefizite der jeweiligen Arbeitsfelder – hier Tageseinrichtungen für Kinder und Heimerziehung – handelt bzw. inwieweit diese beiden Determinanten zusammenwirken. Unabhängig davon, hat jedoch insbesondere der Vergleich von mehreren Studien zur Arbeits- und Berufssituation von ErzieherInnen gezeigt, daß die politischen Vorgaben, zum Beispiel zur Personalausstattung und -struktur in Kindertageseinrichtungen sowie die institutionellen und organisatorischen Rahmenbedingungen, eine professionelle pädagogische Arbeit eher konterkarieren als fördern. Deshalb ist es nicht weiter erstaunlich, daß unter den Beschäftigten trotz einer insgesamt positiven Einstellung zum ErzieherInnenberuf ein hohes Unzufriedenheitspotential auszumachen ist.

Obwohl die ErzieherInnenarbeit selbst als abwechslungsreich und sinnvoll bewertet wird, fühlen sich die ErzieherInnen durch die Beschäftigungsbedingungen im hohen Maße belastet, was nicht ohne Auswirkungen auf die pädagogische Arbeit und die Verweildauer im Beruf bleibt. Ohne eine grundlegende Verbesserung der Situation in den Einrichtungen wird sich auch das Image des ErzieherInnenberufs nicht nachhaltig verbessern. Und dazu gehört auch eine aufgabengerechte und statuserhöhende Ausbildung und eine im Horizont vergleichbarer Berufsgruppen angemessene Bezahlung der Arbeit.

Literatur

AFET: Personalentwicklung in Einrichtungen und Behörden der Erziehungshilfe. Bericht über die Fachtagung der Arbeitsgemeinschaft für Erziehungshilfe vom 5. bis 7. Juli in Hannover. Neue Schriftenreihe Heft 45 (1990).

Andres, B./Dippelhofer-Stiem, B.: Die Kinderkrippe – Diskurs über einen „typischen" Frauenarbeitsplatz. Empirische Anhaltspunkte zur beruflichen Situation, Alltagserfahrung und fachlichem Selbstverständnis von Krippenmitarbeiterinnen. Bielefeld 1991.

Bamberg, H.D.: Kita-Alltag in Berlin. Zu einer Bestandsaufnahme aus der Sicht von Erzieherinnen und Eltern. In: Soziale Arbeit (1995) Heft 3, S. 79-85.

Bamberg, H.D. u.a.: Kitas in Berlin. Der Betreuungsalltag in Kindertagesstätten im Spiegel von Erzieherinnen und Eltern. Berlin 1993.

Blandow, J.: Entwicklung der Heimerziehung in der früheren BRD. Strukturelle und historische Besonderheiten – Reformprozesse – gegenwärtige Situation. In: Jugendhilfe, 29. Jg. (1991) Heft 3, S. 114-120.

Bürger, U./Lening, K./Seidenstücker, B.: Heimunterbringungsentwicklung in der Bundesrepublik Deutschland. Theoretischer Zugang, Datenlage und Hypothesen. Institut für Sozialarbeit und Sozialpädagogik: Frankfurt am Main 1994.

Bundesarbeitsgemeinschaft der Landesjugendämter und überörtlichen Erziehungsbehörden: Stellungnahme zur Entwicklung des Erzieherberufes bis zum Jahr 2000 – Beschluß in der 68. Arbeitstagung vom 25.-27.04.1990 in Hamburg.

Bundesministerium für Familien, Senioren, Frauen und Jugend: Neunter Jugendbericht. Bericht über die Situation der Kinder und Jugendlichen und der Entwicklung der Jugendhilfe in den neuen Bundesländern. Bonn 1994.

Dalferth, M.: Erziehen als Episode? Über den Verlust einer langfristigen Berufsperspektive. In: Jugendwohl, 76. Jg. (1995) Heft 5, S. 204-213.

Der vergessene Beruf: Die Situation der Fachkräfte in Tageseinrichtungen für Kinder. Sonderdruck aus „Kindergarten heute" (1990) Heft 4. Freiburg 1990.

Derschau, D. v.: Die Entwicklung des Bedarfs von ErzieherInnen in der Jugendhilfe. Überlegungen angesichts eines drohenden „Erziehernotstandes". In: Nachrichtendienst des Deutschen Vereins für öffentliche und private Fürsorge, 73. Jg. (1993) Heft 3, S. 109-113.

Deutsches Jugendinstitut: Tageseinrichtungen für Kinder: Informationen – Erfahrungen – Analysen. Zahlenspiegel. München 1993a.

Deutsches Jugendinstitut: Projekt „Qualifizierung von Erzieherinnen in den neuen Bundesländern". Berichte aus regionalen Arbeitskreisen in Mecklenburg-Vorpommern und Sachsen. München 1993b.

Dewe, B./Ferchhoff, W./Radtke, F.-O. (Hrsg.): Erziehen als Profession. Zur Logik professionellen Handelns in pädagogischen Feldern. Opladen 1992.

Dippelhofer-Stiem, B./Kahle, I.: Die Erzieherin im evangelischen Kindergarten. Empirische Analysen zum professionellen Selbstbild des pädagogischen Personals, zur Sicht der Kirche und zu den Erwartungen der Eltern. Bielefeld 1995.

Ebert, S.: Zur beruflichen Situation der Erzieherinnen in Deutschland: Bestandsaufnahme und Perspektiven. Eine Denkschrift. Schriftenreihe des Pestalozzi-Fröbel-Verbands: München und Wien 1994.

Fischer, H.: Identität in der Erzieherausbildung. Ansätze einer handlungstheoretischen Ausbildungsdidaktik. Düsseldorf 1980.

Forschungsgruppe K.E.I.N: Kindergärtnerinnen – Qualifikation und Selbstbild. Weinheim 1978.

Galuske, M./Rauschenbach, Th.: Jugendhilfe Ost. Entwicklung, aktuelle Lage und Zukunft eines Arbeitsfeldes. Weinheim und München 1994.

GEW (Gewerkschaft Erziehung und Wissenschaft): E&W-Umfrage: Arbeitsbedingungen ErzieherInnen. Tabellenbände Ost und West (unveröffentlichtes Manuskript). Frankfurt am Main 1994.

Gleich, J.: Das Problem Erzieherfluktuation. Band 10 der Schriftenreihe des Diözesan-Caritasverbandes. Köln 1993.

Günther, R./Bergler, U.: Arbeitsplatz Stationäre Jugendhilfe. Ergebnisse einer vergleichenden Berufsfeldanalyse und Maßnahmenvorschläge für MitarbeiterInnen im Gruppendienst. Frankfurt am Main 1992.

Kahle, I./Dippelhofer-Stiem, B.: Empirische Analysen zur pädagogischen Arbeit im Kindergarten. In: Zeitschrift für Frauenforschung, 12. Jg. (1994) Heft 1 u. 2, S. 111-122.

Krenz, A.: Unzufriedenheit und neue Belastung von Erzieherinnen in schleswig-holsteinischen Kindergärten. Ergebnisse und Hintergründe einer breit angelegten Befragung. In: Unsere Jugend, 45 Jg. (1993), S. 200-209.

Lehner, I.: Erzieherin werden ist nicht schwer – Erzieherin sein manchmal sehr! 10 Thesen zu Erwartungen und Anforderungen an einen Beruf. In: TPS (1990) Heft 2, S. 61-64.

Mitransky, U.: Belastung von Erziehern. Qualitative und quantitative arbeitspsychologische Untersuchung der psychischen und physischen Belastung von Heimerziehern. Europäische Hochschulschriften, Reihe 11, Pädagogik, Band 407, Frankfurt am Main 1990.

Müller-Kohlenberg, H.: Das Berufsbild des Heimerziehers. Weinheim und Basel 1972.

Ollinger, E.-R./Seiler, J.: Lebens- und Karriereplanung statt „Burning out". In: AFET (1990), S. 143-149.

Pausewang, F.: Jetzt ist es Zeit, die nötigen Veränderungen durchzusetzen. Vom Wandel des Berufsbildes der Erzieherin. In: TPS (1990) Heft 2, S. 58-60.

Planungsgruppe Petra: Was leistet Heimerziehung? Ergebnisse einer empirischen Untersuchung. Regensburg 1988.

Rabe-Kleberg, U.: Verantwortlichkeit und Macht. Ein Beitrag zum Verhältnis von Geschlecht und Beruf angesichts der Krise traditioneller Frauenberufe. Bielefeld 1993.

Rauschenbach, Th.: Personal in der Jugendhilfe – Bilanz und Perspektiven. In: AFET (1990), S. 15-50.

Rauschenbach, Th.: Wieviel Fachlichkeit benötigt die Heimerziehung? Zum Wandel des Personals in Jugendhilfe und Heimerziehung: In: Peters/Trede (Hrsg.): Strategien gegen Ausgrenzung. Politik, Pädagogik und Praxis der Erziehungshilfen in den 90er Jahren. Frankfurt am Main 1992, S. 202-240.

Rauschenbach, Th.: Zur Ausbildung des Personals in Tageseinrichtungen. In: Landesjugendamt Westfalen-Lippe (Hrsg.): Gesetz über Tageseinrichtungen für Kinder – GTK NW. Einführung in die Praxis. Stuttgart u.a. 1994, 2. Aufl., S. 202-209.

Rauschenbach, Th./Beher, K./Knauer, D.: Die Erzieherin – Ausbildung und Arbeitsmarkt. Weinheim und München 1995.

Schoch, J.: Heimerziehung als Durchgangsberuf? Eine theoretische und empirische Studie zur Personalfluktuation in der Heimerziehung. Weinheim und München 1989.

Spautz, M.: Burnout bei Erzieherinnen. Exegese zu einem schwierigen Begriff. In: Christ und Bildung (1995) Heft 4, S. 112-114.

Stahlmann, M.: Die berufliche Sozialisation in der Heimerziehung. Erziehende im Spannungsfeld von Grenzsituationen, Leitbildern und Berufsbiographie. Bern u.a 1993.

Tietze, W./Roßbach, H.G./Roitsch, K.: Betreuungsangebote für Kinder im vorschulischen Alter. Ergebnisse einer Befragung von Jugendämtern in den alten Bundesländern. Schriftenreihe des Bundesministeriums für Frauen und Jugend, Band 14. Stuttgart u.a 1993.

Wolf, K. (Hrsg.): Entwicklungen in der Heimerziehung, Münster 1993.

Zern, H.: Zum Selbst- und Fremdbild bei angehenden Erziehern. In: Unsere Jugend 32. Jg. (1980) Heft 4, S. 156-159.

Peter Faulstich

Höchstens ansatzweise Professionalisierung

Zur Lage des Personals in der Erwachsenenbildung

Vorbemerkung

Obwohl die Diskussion über die Professionalisierung des Personals in der Erwachsenenbildung auch für die Bundesrepublik Deutschland schon eine lange Historie hat, besteht kein Konsens, worüber und von wem geredet wird. So vielfältig sind die Tätigkeitsbereiche und Einsatzfelder, in denen Weiterbildung geschieht. Zwar hat sich mittlerweile eingebürgert, Weiterbildung – nach der Definition des Deutschen Bildungsrates von 1970 – als Fortsetzung oder Wiederaufnahme organisierten Lernens nach Abschluß einer unterschiedlich ausgedehnten Ausbildungsphase und in der Regel nach Aufnahme einer Erwerbs- oder Familientätigkeit zu bezeichnen. Allerdings muß sofort mitgedacht werden, daß die Bereichsgrenzen keineswegs trennscharf gezogen werden können, wenn man z.B. arbeitsplatznahe Aktivitäten, den Einbezug der Medien, Familientätigkeiten oder gewerkschaftliche und kirchliche Veranstaltungen in den Blick nimmt. Es gibt so etwas wie eine Unabgeschlossenheit und „Grenzenlosigkeit" der Weiterbildung, aus der weitreichende Probleme beim Versuch, die Lage des Personals zu klären, resultieren.

Die Intensivierung der Diskussion um Professionalisierung in der Bundesrepublik Deutschland ist relativ deutlich markiert durch den Vortrag von Wolfgang SCHULENBERG „Erwachsenenbildung als Beruf", den er 1969 anläßlich des Zweiten Niedersächsischen Volkshochschultages gehalten hat. Focus ist dabei, obwohl nicht explizit, die Volkshochschule als Tätigkeitsfeld für Erwachsenenbildner. Als 1987 die Kommission Erwachsenenbildung der

Deutschen Gesellschaft für Erziehungswissenschaft auf ihrer Jahrestagung nach dem „Ende der Professionalisierung“ fragte, hatte sich das Spektrum erweitert bis hin zu Aktivisten in neuen sozialen Bewegungen und Weiterbildungsreferenten für die Wirtschaft. Gleichzeitig mit dem in diesen beinahe 20 Jahren eingetretenen Bedeutungszuwachs und Umfangswachstum der Weiterbildung hat sich eine „Entgrenzung“ ergeben, welche kennzeichnend für diesen Bereich ist.

So hat Weiterbildung einerseits immer größeres Gewicht erhalten für die organisierte Weitergabe gesellschaftlicher Deutungen. Andererseits laufen Prozesse der Ausbreitung und Zerstreuung. Das System der Weiterbildung befindet sich in einem permanenten flexiblen Prozeß zwischen Verfestigen und Entschwinden. Dies haben wir als „mittlere Systematisierung“ gekennzeichnet, indem ein „besonderer“ Bereich Erwachsenenbildung gegenüber anderen gesellschaftlichen Tätigkeiten differenziert und strukturiert wird, gleichzeitig aber eine spezifische interne Struktur entsteht. Diese enthält ein größeres Maß an Vielfalt, an Spontaneität im institutionellen curricularen Wandel, an Möglichkeiten, unterschiedliche Interessen und Optionen von Lernenden aufzunehmen. Gleichzeitig setzt diese „Weichheit“ der Weiterbildung sie aber immer wieder Krisen und finanzbedingten Zugriffen aus, welche eine angemessene und langfristige Weiterentwicklung behindern und gleichzeitig zu Qualitätsproblemen sowie Beteiligungs-, Angebots- und Förderlücken führen.

Dies ist auch der Ausgangspunkt schon bei SCHULENBERG, wenn er – Franz PÖGGELER zitierend – „bestimmte Merkmale des Irregulären“ für das Tätigkeitsfeld konstatiert. Die „mittlere Systematisierung“ hat bisher höchstens zu einer ansatzweisen, eher sogar als marginal zu bezeichnenden Professionalisierung geführt. SCHULENBERGs Diagnose hat eine erstaunliche Aktualität: „Die Komplexität der modernen Erwachsenenbildung ist längst nicht mehr durch engagierte Impulsivität und durch Meisterschaft im Improvisieren des stets Irregulären zu bewältigen, so unentbehrlich dieser Arbeitsstil heute auch immer noch ist. Aber seine Tage sind gezählt, und das Feld wird von der regulären Administration übernommen werden, wenn es nicht gelingt, eine Profession der Erwachsenenbildung zu konstituieren, die bei aller wissenschaftlich fundierten Arbeitsteilung ein zur Profession gehörendes, artikuliertes Bewußtsein der gemeinsamen Aufgabe und Verantwortung verbindet und stärkt" (1972, S. 21).

Auch wenn man nicht mehr vom „Volksbildner" redet, sondern in Stellenanzeigen vor allem nach Coachs, Beratern und Trainern sucht, bleibt der Grad der Professionalisierung des Personals die Kernfrage, wenn man an einer verbesserten Qualität und weiteren Expansion der Erwachsenenbildung interessiert ist. Die Arbeits- und Berufssoziologie hat, um professionalisierte Arbeitstätigkeiten zu beschreiben, einige – mittlerweile eingefahrene – Merkmale herausgearbeitet:

- Professionalisierung: Es gibt eine Spezialisierung und Akademisierung von Berufswissen, das zu spezifischen, als vorauszusetzenden unterstellten Kompetenzen führt und den Status des Experten verleiht. Dieser ist in der Lage, im alltäglichen Arbeitshandeln abstrahierte Qualifikationen in konkreten Situationen angemessen anzuwenden und somit Autonomie zu entwickeln (vgl. Teil 4 dieser Expertise).

- Qualifizierung: Es gibt festgelegte Ausbildungs- und Fortbildungswege, welche den Zugang zum Expertenstatus sichern (Teil 5).

- Rekrutierung: Der Zugang zu beruflicher Tätigkeit ist an besondere Voraussetzungen geknüpft, welche mögliche Bewerberkreise einschränken und ein Mindestmaß an Homogenität sichern (Teil 6).

- Selbstverständnis: Professionelle Experten verfügen über spezifische Einkommens- und Aufstiegschancen, welche ihnen auch besonderes Sozialprestige verleihen. Auf dieser Grundlage entwickeln sie einen auf die Arbeitstätigkeiten bezogenen professionalisierungstypischen Ethos. Dem entspricht vielfach eine besonders motivierte Dienstgesinnung (Teil 7).

- Organisationen: Zur Interessenvertretung und -durchsetzung und zur kollegialen Binnenkontrolle entwickeln „professionals" Berufsverbände (Teil 8).

Wenn man den Grad der Professionalisierung in der Erwachsenenbildung untersuchen will, müssen also Professionalisierung, Qualifizierung, Rekrutierung, Selbstverständnis und Verbandstätigkeit betrachtet werden. Vorab ist es dazu aber notwendig zu klären, von welchen Tätigkeitsbündeln und Berufsbereichen man überhaupt redet (Teil 1), wie mögliche Beschäftigungsverträge und Vertragsregelungen aussehen (Teil 2) und welche quantitativen Indikatoren für die Tätigkeit in der Erwachsenenbildung anhand von Personalstatistiken zur Verfügung stehen (Teil 3).

1. Berufsbereiche und Tätigkeitsbündel

Die Tätigkeits- und Berufsprofile des Weiterbildungspersonals sind ausgesprochen unscharf. Es gibt für die zu betrachtenden Personenkreise und Funktionsfelder eine Vielzahl unterschiedlicher Bezeichnungen. Erwachsenenbildner ist der allgemeinste Sammelbegriff. Bezogen auf ähnliche Funktionen gibt es bei verschiedenen Institutionen einen unterschiedlichen Sprachgebrauch: In den Volkshochschulen redet man von hauptberuflichen Mitarbeitern, Leitern, Fachbereichsleitern, Studienleitern, Hausleitern; bei den Gewerkschaften kennt man vor allem Referenten und Teamer; bei konfessionellen Institutionen spricht man von Dozenten und Seminar- und Studienleitern; in der betrieblichen Weiterbildung beschäftigt man Trainer, Dozenten, Bildungsmanager und Qualifikationsberater.

Daneben gibt es noch zahlreiche Berufspositionen mit Spezialaufgaben, welche von Ausbildern, Meistern, Werkstattlehrern, Sozialarbeitern, Psychologen und Betriebswirten wahrgenommen werden. Es entstehen auch immer wieder neue Tätigkeitsbezeichnungen wie z.B. Weiterbildungslehrer, und andere Etiketten wie z.B. „Volksbildner“ verschwinden. Es gibt ein uneinheitliches Klassifikationssystem für das Personal, welches einerseits auf Funktionen und Aufgaben, andererseits auf Hierarchiepositionen abstellt.

Dieses Bild wird noch zusätzlich unscharf, wenn man die Tatsache einbezieht, daß einer kleinen Gruppe hauptberuflich tätiger Erwachsenenbildner eine weitaus größere Zahl nebenberuflicher, freiberuflicher oder ehrenamtlicher gegenüberstehen. Der Grad der Hauptberuflichkeit, d.h. derjenigen, die auf festen Stellen bei einem Anstellungsträger beschäftigt sind, ist nach wie vor äußerst gering. Dies gilt für fast alle Institutionen der Erwachsenenbildung. Es wird unterstellt, daß für den Gesamtbereich der bundesrepublikanischen Erwachsenenbildung 5% (JÜTTING 1987, S. 3) oder sogar nur 1% (KLEMM u.a. 1990, S. 207) der Tätigen fest angestellt sind. Besonders lehrende Aufgaben werden vorwiegend von Honorarkräften oder Ehrenamtlichen wahrgenommen.

Die Expansion des Weiterbildungsbereichs in den 80er Jahren hat die Hauptberuflichkeit nicht entscheidend vorangebracht. Dies ist einerseits der Finanzkrise des Staates, unternehmerischen Rekrutierungsstrategien und Instabilitäten des Weiterbildungssystems geschuldet. Es gab aber auch eine professions- bzw. disziplininterne Diskussion, welche die Professionalisierungsversuche im Hinblick auf einen erhöhten Verberuflichungsgrad infragegestellt hat, weil damit die Offenheit des Erwachsenenlernens gefährdet würde. Dieses Argument übersieht allerdings, daß die Erwachsenenbildung noch lange nicht den Grad von Systematisierung erreicht hat, bei welchem von drohender Verschulung oder Verstaatlichung die Rede sein könnte. Insofern führt der Mangel an Hauptberuflichkeit zu einer Instabilität der Programme und Kurse und zu Defiziten bezogen auf Zugangsmöglichkeiten und Qualität.

Für den Volkshochschulbereich wurden ganz frühzeitig ausführliche Listen von Arbeitstätigkeiten zusammengestellt (LÜKKEHE/OTTO 1973; TIETGENS 1988; PLANUNGSKOMMISSION ERWACHSENENBILDUNG UND WEITERBILDUNG DES KULTUSMINISTERS DES LANDES NORDRHEIN-WESTFALEN 1972). Erst später wurden entsprechende Schwerpunkte für die Berufsrollen des hauptberuflichen internen Weiterbildungspersonals entwickelt (ARNOLD/MÜLLER 1992). Die Arbeitsschwerpunkte des Personals in der Erwachsenenbildung reichen demnach von Verhandlungen mit Unternehmen und Behörden, Entwicklung von Seminarkonzeptionen, Beratung von Teilnehmenden, Kostenkalkulationen, Entwicklung von Unterlagen, Moderieren, Teamen, Bedarfserhebungen, Training und Beratung, curriculare und didaktische Planung, Administration, Seminar- und Programmplanung, Institutionenberatung, Evaluierung, Akquisition von Fördermitteln, Schreiben von Berichten bis zur Mitarbeit in Gremien.

Aus diesem Aktivitätsspektrum lassen sich Schwerpunkte für Tätigkeitsbündel identifizieren. Es geht erstens um planende/leitende Tätigkeiten, zweitens um Lehre und Unterricht, drittens um Beratung und viertens um Verwaltung. Diese Profile können institutionsspezifisch kombiniert werden. So sind im Volkshochschulbereich vor allem die Berufsrollen der Leiter, der hauptamtlich pädagogischen Mitarbeiter und der Kursleiter anzutreffen; die ersten beiden Positionen mittlerweile meist hauptberuflich, die lehrende und unterrichtende Tätigkeit meist neben- oder freiberuflich ausgeübt. Beim internen betrieblichen Weiterbildungspersonal gibt es die Typen der Bildungsmanager, der Seminarleiter und der Trainer (ARNOLD/MÜLLER 1992, S. 39). Damit besteht faktisch – obwohl im täglichen Umgang oft überspielt – eine deutliche Hierarchie in den Einrichtungen zwischen Verwaltungs- und Unterstützungspersonal (Sachbearbeitung, Schreibtätigkeiten, Anmeldung, Hausdienste, Küche usw.) und andragogischem Personal mit meistens akademischer Ausbildung. Diese Tätigkeiten sind dann doch wieder polarisiert zwischen Unterrichten und Lernen und Planen und Leiten.

Im Rahmen einer sich abzeichnenden Umstrukturierung des Weiterbildungssystems könnte sich dieses ändern. Da sich die Rahmenbedingungen sowohl betrieblicher als auch trägerbezogener Weiterbildungsaktivitäten entstabilisieren, entsteht eine deutliche Tendenz zur Deinstitutionalisierung und damit auch zur Entberuflichung. Es könnte sich die Paradoxie ergeben, daß die beiden Stränge der Professionalisierung auseinandertreten: Es gäbe dann immer weniger Hauptberuflichkeit im Sinne von festen Arbeitsverträgen und gleichzeitig das Erfordernis erhöhter Professionalität bezogen auf höchste Anforderungen an die Kompetenzen. Der neue Typ des Personals in der Weiterbildung ist absehbar nicht gekennzeichnet durch Beamtenstatus, nicht einmal durch Angestelltenverhältnis, sondern ist selbständiger Dienstleistender.

2. Beschäftigungsverhältnisse und Vertragslagen

Verglichen mit Lehrern oder gar Hochschullehrern waren die Erwachsenenbildner bezogen auf Einkommenshöhe und -sicherheit immer schon die Kellerkinder im Bildungsbereich. Nur ein Teil von Erwachsenenbildung findet in staatlicher Trägerschaft statt. Vor allem Lehrer des zweiten Bildungswegs, in Abendschulen und Kollegs, haben Beamtenstatus. Dies gilt im Volkshochschulbereich für einen Teil der Leiter und des hauptberuflichen Personals. Aber auch hier überwiegen bei den Hauptberuflichen Angestelltenverträge; Kursleiter sind – bis auf wenige Weiterbildungslehrer – Honorarkräfte.

Bei anderen Weiterbildungsträgern ist ein festes Angestelltenverhältnis meistens nicht üblich. Verträge sind oft auf Projekte bezogen befristet, beruhen auf AB-Maßnahmen oder sind aufgrund von wegfallendem Arbeitsumfang jederzeit kündbar. Tarifvertragliche Regelungen sind die Ausnahme. Ein Branchentarifvertrag für die Weiterbildungsträger besteht bisher nicht. Dies gilt auch für Beschäftigte kirchlicher und gewerkschaftlicher Einrichtungen.

Auch hier dominiert bei Lehrtätigkeiten der Einsatz von Honorarkräften. Dabei gibt es in verschiedenen Weiterbildungsbereichen die Tendenz zum „Hauptberuf: Nebenberufliche" (ZYBURA 1982, S. 117). So haben DIECKMANN u.a. bereits 1980 für die Berliner Volkshochschulen belegt, daß 29% aller Dozenten 5 und mehr Kurse wöchentlich geben und damit ca. 56% der unterrichtenden Tätigkeiten bestreiten. „Dies bedeutet, daß mehr als die Hälfte aller Volkshochschulkurse in Berlin von einer relativ kleinen Gruppe von Dozenten gegeben wird, die auch überwiegend von ihrer Volkshochschultätigkeit leben müssen" (ebd. 1980, S. 97).

3. Personalstatistik

Niemand weiß genau, wieviele Personen ihr Haupteinkommen in der Weiterbildung verdienen. Die statistischen Daten über die Personalstruktur sind noch lückenhafter als diejenigen über Angebote, Teilnahme und Institutionen. Eine Gesamtübersicht über die Zusammensetzung des Weiterbildungspersonals existiert nicht. Nur wenige große Institutionen verfügen über einen breiten Personalstamm, gleichzeitig sind die Aufgaben von Leitung, Planung, Lehre, Beratung und Verwaltung oft wenig differenziert. Nicht einmal die Zahl der tatsächlich hauptberuflichen Stellen ist insgesamt erfaßt. Von daher sind auch Angaben über den Professionalisierungsgrad äußerst riskant.

Lediglich die Volkshochschulen führen eine detaillierte Statistik, welche konkrete Aussagen über die Beschäftigungsverhältnisse zuläßt. 1993 gab es hier 713 hauptberuflich Leitende. Aus eigenen Mitteln wurden 1.798 hauptberuflich pädagogische Mitarbeitende mit vorwiegend planenden und 729 mit vorwiegend lehrenden Aufgaben finanziert. Zusätzlich wurden aus Fremdmitteln 1.157 Stellen bezahlt. Insgesamt gab es also 3.684 hauptberuflich pädagogische Mitarbeitende. Dazu kamen insgesamt 3.710 Beschäftigte in der Verwaltung. Die Anzahl der „freien" Mitarbeitenden als Kursleiterinnen und -leiter betrug 1993 für das gesamte Bundesgebiet 180.000. Der Anteil der Lehrerinnen und Lehrer betrug in den alten Bundesländern 20,9% (davon 10% arbeitslose) und in den neuen Bundesländern 51,6% (davon 20% arbeitslose).

Bezogen auf die Personalsituation in anderen Weiterbildungsbereichen ist man auf einige Schlaglichter angewiesen. Relativ verläßliche Zahlen gibt es für den „zweiten Bildungsweg" mit ungefähr 3.700 Lehrkräften.

Belegbar sind auch die Beschäftigtenzahlen bei einigen großen Weiterbildungsunternehmen. So beschäftigte der „Internationale Bund" 1992 etwa 7.000 Festangestellte und 14.000 Honorarkräfte, die „Gesellschaft für berufsbezogene Ausbildung"(mittlerweile in Konkurs gegangen) 1.400 Festangestellte, die Gesellschaften des Berufsförderungswerkes des DGB „BFW" 2866 Festangestellte und etwa 3.000 Honorarkräfte, das Bildungswerk der DAG und die Deutsche Angestelltenakademie 3.345 Festangestellte und 5.893 Honorarkräfte. Dabei hat der Status des „Festangestellten" bei diesen Institutionen einen anderen Charakter, da die Arbeitsverträge mit dem öffentlichen Dienst viel schneller kündbar sind. Umgekehrt ist deshalb auch bei solchen Trägern der „beruflichen Bildung" der Grad der Hauptberuflichkeit höher.

Punktuelle Daten über Personal in der Erwachsenenbildung gibt es sonst hauptsächlich noch aufgrund der Erhebungen in einzelnen Bundesländern. In unserer Weiterbildungsumfrage '89 haben wir für Hessen eine Gesamtzahl der hauptberuflich Mitarbeitenden von 4.275 Personen erfaßt. Dies gilt für einen Erhebungsumfang von 463 Institutionen. An diesen waren gleichzeitig 33.390 „Nebenberufliche" beschäftigt. Dabei ist auch deutlich geworden, daß der Professionalisierungsgrad institutionenspezifisch unterschiedlich ist. Eine deutliche Ausnahme bilden z.B. die Fachhochschulen und der zweite Bildungsweg, während in fast allen anderen Bereichen die Aktivitäten stark von Honorarkräften – besonders bei Kirchen und Gewerkschaften auch von ehrenamtlichen Mitarbeitenden – getragen werden. Ähnliche Ergebnisse haben wir in der Weiterbildungsumfrage '94 für Schleswig-Holstein belegt. Aus diesen Erhebungen ergibt sich im Unterschied zu den Angaben bei KLEMM u.a. und JÜTTING eine Hauptberuflichkeitsquote von mehr als 10%.

In der Umfrage bei 339 Weiterbildungsinstitutionen im Lande Bremen, die von der Strukturkommission Weiterbildung im Jahre 1993 veranlaßt worden ist, wurden bei 86 Institutionen insgesamt 1.446 hauptberuflich Mitarbeitende genannt. Dem stehen etwa 5.860 Nebenberufliche gegenüber. Während die Nebenberuflichen fast ausschließlich unterrichtende Aufgaben wahrnehmen, bestehen für die Hauptberuflichen Mischaufgaben etwa zur Hälfte mit dem Schwerpunkt Unterricht, einem Viertel Verwaltungstätigkeiten, einem Achtel Programmplanung, einem Dreißigstel Leitung. Der Rest der Tätigkeiten verteilt sich auf andere Aufgaben.

Nur wenige Angaben liegen zur Situation von Frauen als Beschäftigte in der in der Weiterbildung vor. Einige Aufschlüsse bietet die VHS-Statististik. In einer Untersuchung aller 571 vom Kultusministerium anerkannten Einrichtungen in Nordrhein-Westfalen hat Birgit MEYER-EHLERT (1994) den geschlechtsspezifisch unterschiedlichen beruflichen Status belegt. Von den erfaßten 1.056 hauptberuflich pädagogisch Mitarbeitenden waren (1992) 52,7% Frauen und 47,3% Männer. Davon arbeiteten jedoch die Männer zu 91,9% in Vollzeit, aber nur 67,1% der Frauen, d.h. nur jeder zehnte Mann, aber jede dritte Frau stehen in einem Teilzeitarbeitsverhältnis. Frauen sind nach dieser Erhebung doppelt so oft wie Männer befristet beschäftigt.

Die in den landesbezogenen Weiterbildungsumfragen erhobenen Zahlen sind äußerst vorsichtig zu gebrauchen. Sie beruhen auf einmaligen Fragebogenerhebungen, welche sowohl bezogen auf die Konstruktion als auch auf Klassifikation nur in Ansätzen vergleichbare Antworten ergeben. Sie können höchstens Indikatoren für die tatsächliche Personalstruktur liefern und eine systematische Statistik nicht ersetzen. Wenn wir trotzdem – wissenschaftlich äußerst riskant – auf der Grundlage unserer Erhebungen in Hessen, Schleswig-Holstein und Bremen auf das Bundesgebiet hochrechnen, kommen wir auf eine – über den Daumen gepeilte – Gesamtzahl von etwa 80.000 – 100.000 Personen, welche ihr Haupteinkommen in der Weiterbildung verdienen. Dies sind aber nur zum Teil gesicherte Dauerarbeitsverhältnisse. Die Unsicherheiten der Arbeitssituation des Weiterbildungspersonals führt dann auch zu einer hohen Instabilität der Angebotsstrukturen.

4. Professionalisierung

Die Entwicklung einer Professionalisierung des Personals ist gekoppelt mit der „Besonderung" und Systematisierung der Erwachsenenbildung selbst. Horst SIEBERT hat vorgeschlagen, drei Entwicklungsphasen zu unterscheiden, die jedoch nicht chronologisch nacheinander abgelaufen sind, sondern sich stark überlappen (SIEBERT 1973, S. 202):

1. Im Prozeß der Differenzierung von Erwachsenenbildung als gesellschaftliches Partialsystem werden die Arbeitstätigkeiten zunächst fast ausschließlich nebenamtlich, nebenberuflich oder ehrenamtlich organisiert. Besondere Berufsqualifikationen außer allgemeinen Charaktereigenschaften erscheinen nicht erforderlich.

Wiltrud GIESEKE hat einige Beispiele für Anforderungen an die „Volksbildner" in der Weimarer Republik zusammengestellt. So hat z.B. Johannes TEWS „Zweimal 10 Gebote für Vortragende und für Leitende von Volksbildungsvereinen" vorgeschlagen. Gefordert wird, seine Wissenschaft oder seine Kunst in voller Klarheit und Vollendung zu beherrschen, Mitteilungsbedürfnis und Mitteilungsgeschick, die Sprache des Volkes zu sprechen, stille Feierlichkeit, tiefere seelische Wirkungen, Ausschluß von Werbung für Lebens- und Staatsauffassungen und für Weltanschauungen, sorgsame Vorbereitung, Kenntnis von dem zu erwartenden Zuhörerkreise, Teilnahme an freundlicher Geselligkeit, frühzeitiger Versand der Ankündigungen, rechtzeitige Vorbereitung, neue Vortragstoffe, entsprechendes Äußeres; dafür sollen die Träger der Volksbildungsarbeit die Vortragenden entsprechend behandeln und bezahlen (TEWS 1932 Nachdruck 181, S. 192ff).

In der „neuen Richtung" der Volksbildung während der Weimarer

Republik formulieren z.B. ROSENSTOCK oder FLITNER Vorbehalte gegenüber einer beamtenmäßigen Lehrerposition. Die Aufgaben des Volksbildners sind vor allen Dingen Selbsterziehung und Verantwortung.

Trotzdem ist während dieser Zeit die „Schule für Volksbildung und Volksforschung" geplant worden, in der nach den Plänen von Eduard WEITSCH Erwachsenenbildner wie in einem Internat ausgebildet werden sollten. 1931 beklagt WEITSCH in „Auslese und Ausbildung des Lehrernachwuchses in der Erwachsenenbildung", daß dafür nicht genügend gesorgt werde. Er stellt vor allem auf die Anforderung ab, die Selbsttätigkeit der Teilnehmer zu unterstützen, ihre gesellschaftliche Herkunft zu beachten und ihre Urteilsfähigkeit zu sichern.

2. Horst SIEBERT sieht in einer zweiten Phase eine Verberuflichung der Erwachsenenbildung seit Beginn der 60er Jahre. Vermehrt werden Tätigkeiten in der Erwachsenenbildung hauptberuflich ausgeübt, ohne daß allerdings systematisierte Ausbildungsgänge oder ein strukturiertes Berufsfeld existierte. „Erwachsenenbildung wird als Zweit- oder Zeitberuf praktiziert, dessen Selbstverständnis, Sozialprestige und Qualifikationsstruktur ungeklärt sind" (SIEBERT 1973, S. 202). Die Heterogenität der Weiterbildner wird als Impuls für Dynamik und Innovation interpretiert.

Als kennzeichnend zitiert SIEBERT hierzu Franz PÖGGELER:

> „Als Beruf ausgeübt, muß Erwachsenenbildung als eine Art 'Zeitberuf' motiviert werden: Zunächst erst hat ein Erwachsener zu erweisen, daß er sich irgendwo im Leben durch einen bestimmten Beruf ... bewährt hat, im Beruf wie im gesellschaftlichen Leben haben sich ihm Aufgaben der Menschenbildung gestellt, und nun ist in ihm das Interesse wachgeworden, Erwachsenenbildner zu werden, ganz gleich, ob er bisher als Jurist, als Wirtschaftler, als Publizist, als Techniker, als Priester oder was auch immer tätig war. Es gibt sicherlich Ausnahmefälle, in denen es möglich und glaubwürdig ist, daß ein junger Erwachsener nach dem Abitur direkt auf den Beruf des Erwachsenenbildners zusteuert; aber allein durch erziehungswissenschaftliches oder soziologisches Studium erlernt er ihn nicht. Dieser Beruf wird stets bestimmte Merkmale des Irregulären be-

halten, und ihn in Laufbahnvorschriften zu pressen, wäre absurd" (PÖGGELER zit. bei SIEBERT 1973, S. 203).

3. Ende der 60er, Anfang der 70er Jahre sieht Horst SIEBERT dann Anzeichen dafür, daß sich dieser Beruf zu einem „wissenschaftlichen Beruf" und zu einem „Erstberuf", mithin zu einer „Profession" entwickelt (ebd.).

Einen starken Anstoß hat das Professionalisierungskonzept – wie erwähnt – durch den 1969 gehaltenen und 1972 veröffentlichten Vortrag von SCHULENBERG erhalten: „Aber der Hauptberuf in der Erwachsenenbildung muß heute weit dringender als eigenständiger Beruf entwickelt werden. Hier liegt der überfällige nächste Schritt. Im Hauptberuf wird Erwachsenenbildung nicht primär das eigene Unterrichten bedeuten, sondern es wird im wesentlichen um Leiten, Beraten und Entwickeln gehen, um Innovation und Organisation von Lernprozessen... Erwachsenenbildung wird sich unter dem Druck der konkreten Notwendigkeiten realiter immer stärker als Hauptberuf durchsetzen" (SCHULENBERG 1972, S. 14f). Diese Prognose hat sich so nicht realisiert, zum einen, weil nicht die entsprechenden Stellen geschaffen worden sind, zum anderen, weil es nach wie vor einen Streit um die spezifische Kompetenz und das Ethos der Erwachsenenbildner gibt. Insofern durchläuft die Professionalisierungsdiskussion mittlerweile eine vierte und fünfte Phase.

4. Noch bevor die Verberuflichung in der Erwachsenenbildung hinreichend gegriffen hatte, gab es disziplinimmanent skeptische und antiprofessionelle Verlautbarungen. Angestoßen durch die Diskussion um Entschulung wurde die Warnung ausgegeben, daß ein solches Modell die Erwachsenenbildung lähmen würde (BERGMANN 1977, HOLZAPFEL 1975, DAUBER 1980).

In der Diskussion mit Hans TIETGENS im Rahmen der Jahrestagung 1987 der Kommission Weiterbildung hat Peter ALHEIT gegenübergestellt: Beruf als funktionalistische Rolle und Beruf als inhaltliche Ambition; modern ausgedrückt: Professionalisierung versus Professionalität (ALHEIT 1987, S. 26). Er pointiert: „Die nicht dementierbare 'Professionalisierung' in der Erwachsenenbildung hat uns von ihrer Professionalität entfernt" (ebd., S. 28).

5. Die kaum realisierte Professionalisierung hat in den 90er Jahren dazu geführt, daß die Träger der Erwachsenenbildung der ord-

nungspolitischen Grundsatzdebatte und der Forderung nach „mehr Markt in der Weiterbildung“ wenig entgegenzusetzen hatten. Der niedrige Sockel von Hauptberuflichkeit wird überschwemmt von einer Welle von Stellenanzeigen, welche nach Teamern, Dozenten und Coachs suchen. Spätestens an dieser Stelle wird deutlich, daß Professionalisierung in der Erwachsenenbildung Voraussetzung dafür ist, die Chancen für Bildung – durchaus im emphatischen Sinn – zu erhalten.

5. Qualifizierung

Es ist bisher nicht gelungen, dem Personal in der Erwachsenenbildung durch gemeinsame Ausbildungs- und Fortbildungsinhalte ein tragfähiges andragogisches Fundament zu geben. Die Zugangswege zum Tätigkeitsfeld sind nach wie vor sehr verzweigt. Diese Vielfalt entspricht einerseits der Vielzahl von Aufgaben, andererseits ist sie aber auch Ausdruck einer defizitären Situation, welche hinsichtlich Quantität, Qualität und Kontinuität der Einrichtungen und Angebote die Interessen potentieller Adressaten nur beschränkt ausfüllt. Um die Expansion des Weiterbildungsbereichs abzusichern, ist es auch notwendig, das Personal so zu qualifizieren, daß eine adäquate Aufgabenerfüllung wahrscheinlich ist.

Es hat sich eine Akademisierung hinsichtlich der Vorbildung durchgesetzt, allerdings durchaus von verschiedenen Disziplinen her. Außer Lehrern finden sich in der Erwachsenenbildung Betriebswirte, Wirtschaftswissenschaftler, Pädagogen, Psychologen, Soziologen, Ingenieurwissenschaftler, Rechtswissenschaftler und Naturwissenschaftler. Für eine verstärkte Professionalisierung müßten die Zugangsvoraussetzungen reguliert und die Qualifikationsanforderungen geklärt werden. Im Rahmen der Bildungsreformansätze in der Bundesrepublik Deutschland war es eine anerkannte Zielsetzung der Bildungspolitik, den Professionalisierungsgrad des Weiterbildungspersonals zu verstärken. So forderte z.B. die „Zweite Empfehlung der Kultusministerkonferenz Erwachsenenbildung“:

> „Auch in Zukunft wird für die Erwachsenenbildung die Tätigkeit nebenberuflicher Mitarbeiter unentbehrlich sein. Zur Erfüllung der künftigen Aufgaben braucht die Erwach-

senenbildung nun erheblich mehr hauptberufliche pädagogische Mitarbeiter".

„Die hauptberufliche Tätigkeit erfordert eine abgeschlossene, in der Regel wissenschaftliche Ausbildung; dafür bieten sich vornehmlich drei Studiengänge an:

a) ein Fachstudium, dem später ein zumindest zweisemestriges Zusatzstudium der Erziehungswissenschaft mit dem Schwerpunkt Erwachsenenbildung folgt;
b) ein Fachstudium in Verbindung mit einem Begleitstudium in Erziehungswissenschaft mit dem Schwerpunkt Erwachsenenbildung;
c) ein erziehungswissenschaftliches Studium mit dem Schwerpunkt Erwachsenenbildung in Verbindung mit dem Studium eines Fachs" (KONFERENZ DER KULTUSMINISTER DER LÄNDER, 4. März 1971).

Seit mehr als 25 Jahren gibt es die Möglichkeit, an den Hochschulen „Erwachsenenbildung" zu studieren. Auf der Grundlage der „Rahmenordnung für die Diplomprüfung in Erziehungswissenschaft", die von der Kultusministerkonferenz am 20.3.1969 beschlossen worden ist, haben etwa 40 Hochschulen in der Bundesrepublik Studiengänge zum Diplom-Pädagogen mit einem Schwerpunkt Erwachsenenbildung eingerichtet. Das Diplomstudium gliedert sich in Grund- und Hauptstudium. Die Inhaltsbereiche der Studienrichtungen „Erwachsenenbildung und außerschulische Jugendbildung" sind Theorie der Erwachsenenbildung, Theorie der außerschulischen Jugendbildung, geschichtliche und gesellschaftliche Voraussetzungen, Institution und Organisation (einschließlich der Entwicklungsländer), Didaktik und Methodik, rechtliche Grundlagen der Erwachsenenbildung und außerschulischen Jugendbildung. Von Anfang an ist die Studienrichtung Erwachsenenbildung auf erhebliche Vorbehalte vorgestoßen und als „akademisch", „praxisfern" und „realitätsfremd" kritisiert worden. Es wurde vor allem skeptisch eingewandt, daß sowohl Praxisbezug im Hinblick auf die anfallenden Funktionen fraglich sei, als auch die Fachkompetenz für lehrende Tätigkeiten fehle. Besonders die potentiellen Anstellungsträger zeigten eine deutliche Zurückhaltung bei der Rekrutierung. Die Diskussion um eine Revidierung der Studienrichtung Erwachsenenbildung im Rahmen der Diplom-Pädagogik drehte sich zunächst hauptsächlich um den Versuch einer Verbesserung der Berufschancen durch ein stärker praxisbezogenes Studium. Anregungen dazu wurden vor allem vom Arbeitskreis universitärer Erwachsenenbildung (AUE) und von der Sektion Erwachsenenbildung der Deutschen Gesellschaft von Erziehungswissenschaft vorgelegt. Grundansatz für die Ausbildung des „Diplom-Pädagogen“ ist der Versuch, eine Handlungskompetenz zu erwerben, welche eine erziehungswissenschaftliche Basiskompetenz mit der tätigkeitsfeldspezifischen Kompetenz des Erwachsenenbildners kombiniert.

Die Revidierung der Studienrichtung Erwachsenenbildung war auch Gegenstand der Empfehlungen der Studienreformkommission Pädagogik/Sozialpädagogik/Sozialarbeit und fand ihren Niederschlag in der neuen „Rahmenordnung für die Diplomprüfung im Studiengang Erziehungswissenschaft“ von 1989.

In der Begründung der Studienrichtung Erwachsenenbildung/Weiterbildung wird ausgeführt, daß die derzeitigen Arbeitsplätze und ihre absehbare Entwicklung vor allem eine Kompetenz zur Wahrnehmung von Organisations- und Personalführungsaufgaben sowie mindestens eine fachwissenschaftliche Lehrbefähigung oder die Befähigung zur Arbeit mit Zielgruppen verlangen.

Damit wird eine stärkere Ausrichtung auf das Tätigkeitsfeld versucht. Der Studiengang wird akzentuiert auf einen von drei Kompetenzbereichen: Erziehen, Beraten, Helfen; Unterrichten, Informieren, Wissen Vermitteln; oder Organisieren, Verwalten, Planen.

Mittlerweile ist die Tendenz zu einem deutlicheren Berufsfeldbezug wieder rückläufig, und die Flexibilität von Einsatzmöglichkeiten wird betont. Dies hat dazu geführt, daß bei der Einrichtung von einschlägigen Studiengängen in den „neuen Bundesländern“ vor allem das Modell Magister aufgebaut wird.

Außerdem hat sich an den Hochschulen auch die Möglichkeit des Zusatzstudiums etabliert. Es werden andragogische Kompetenzen neben oder nach einer anderen fachwissenschaftlichen Disziplin studiert. Nur in Ausnahmefällen gibt es Studienprogramme zum Weiterbildungslehrer.

Daneben gibt es an den Hochschulen auch Ansätze, die Qualifizierung der schon in der Erwachsenenbildung – sei es haupt-, sei es nebenberuflich – Tätigen zu betreiben. Solche Hochschulangebote für ein weiterbildendes Studium Weiterbildung ergänzen die Mitarbeiterfortbildung der Träger.

6. Rekrutierung

Aufgrund der Heterogenität des Weiterbildungsbereichs und der unterschiedlichen Funktionszuweisungen an das Weiterbildungspersonal gibt es auch keinen einheitlichen Zugang für die verschiedenen Aufgaben. Nach wie vor ist das Studium zum Diplom-Pädagogen nicht der „Königsweg" für Erwachsenenbildner. Dazu gibt es viel zuviele interne Probleme. Thomas RAUSCHENBACH skizziert die Entwicklung.

> „In kürzester Zeit, in rund fünf Jahren, waren die Studierendenzahlen in dieser neu geschaffenen Akademikerausbildung explosionsartig hochgeschnellt und konnten nur durch z.B. zunächst örtliche und später auch bundesweite Zulassungsbeschränkungen gestoppt werden. Von fast Null auf 25.000 Studierende in allerkürzester Zeit – das war eine so gewaltige Ausweitung, wie sie aus heutiger Sicht vermutlich nur mit dem vergleichbar ist, was sich im letzten Jahrzehnt im Fach Informatik abgespielt hat.
> Aufgrund dieser nicht einkalkulierten Entwicklung wurden damals alle guten Vorsätze über Bord geworfen, unausgegorene Prüfungsordnungen und Studienplätze allzu rasch aus dem Boden gestampft, mit Rumpfmannschaften und 'Ersatzspielern' vielerorts Studienplätze angeboten ... – die Abbrecherquoten der damaligen Zeit sind hierfür ein trauriger Beleg.
> Und während man sich im Lauf der Jahre an den Hochschulen auf die Situation einzustellen begann ..., verlagerten sich die Probleme der großen Menge und der zu lösenden inhaltlichen Fragen auf das Ende der Ausbildung, konkret: auf den Übergang in den Beruf. Wie eine Flutwelle wurden Ende der 70er Jahre die ersten großen Absolventenjahrgänge just zu dem Zeitpunkt auf den Arbeitsmarkt geschwemmt, als dieser die erste Blütephase seiner sozialstaatlichen Prosperität schon wieder hinter sich hatte.
> Damit stand die erste Generation von Diplom-PädagogInnen vor einer neu zu lösenden Aufgabe: der beruflichen

Plazierung als unbekannte und uneingeführte Ausbildung auf einem enger werdenden Arbeitsmarkt“ (RAUSCHENBACH 1993, S. 6).

Dies verstärkte das Übergewicht kritischer Stimmen und machte den Diplomstudiengang zu einem, wie HOMMERICH (1984) dies titulierte, „ungeliebten Kind der Bildungsreform“. Inzwischen werden pro Jahr mehr ErziehungswissenschaftlerInnen, vor allem Diplom-PädagogInnen, als etwa Diplom-PsychologInnen oder Diplom- und Magister-SoziologInnen ausgebildet (RAUSCHENBACH 1994, S. 282). Der Diplomstudiengang Pädagogik ist seit den späten 60er Jahren zum größten sozialwissenschaftlichen Hauptfachstudiengang aufgestiegen. „Es ist unstrittig, daß die Beschäftigungslage für diplomierte Erwachsenenbildner und JugendbildernInnen schwierig ist“ (SCHMIDT 1991, S. 50). Allerdings belegt die Statistik, daß die Arbeitsmarktprobleme von HauptfachpädagogInnen insgesamt keineswegs dramatisch größer waren als die in den benachbarten Fächern Psychologie und Soziologie. RAUSCHENBACH errechnet einen Risikofaktor als Relation zwischen dem einschlägigen Bestand an arbeitslos gemeldeten Personen im Vergleich zu den jährlichen Absolventen und ermittelt für die Erziehungswissenschaften z.B. für 1990 1,7, für die Psychologie 1,6, für die Soziologie 1,7.

Einschlägige Verbleibsstudien belegen die Art und Weise des Einmündungsprozesses (BAHNMÜLLER u.a. 1988; FLACKE u.a. 1989; TEICHLER/BUTTGEREIT 1992; zum Überblick KRÜDENER/SCHULZE 1993). Für die Betroffenen sind Übergangsarbeitslosigkeit, Unterbezahlung, Vertragsunsicherheit häufige Erfahrungen.

Schon frühzeitig wurden einschlägige Stellenangebote untersucht (PETERS-TATUSCH 1981). Die angeforderten Studienrichtungen reichen vom Diplomstudium mit dem Schwerpunkt Erwachsenenbildung bis zu den Natur- und Ingenieurwissenschaften. In der Trendanalyse Weiterbildungs-Stellenmarkt (SEIPEL 1994) wird zunächst festgehalten, daß die wichtigste Voraussetzung für eine Stelle im Weiterbildungsbereich ein abgeschlossenes Studium ist. Dies wurde in nahezu allen Stellenanzeigen erwähnt. In 16% der Fälle wird allgemein Studium gefordert. Spitzenreiter unter den Fächern ist BWL (20%), gefolgt von Soziologie (15%) und den Wirtschaftswissenschaften (14%).

Häufig wird auch ein Studium der Pädagogik gewünscht (13%), nicht ganz so häufig wird die Psychologie genannt (9%), noch vor den Rechtswissenschaften (7%) und den Ingenieurwissenschaften (5%) (SEIPEL 1994, S. 48).

In den ausgewerteten Anzeigen fand sich als Aufgabenbezeichnung hauptsächlich „Bildungsreferent" (20%) oder „Personalverantwortlicher" (20%). Die als „Trainer" gesuchten Weiterbildungsmitarbeiter machten 17% aus, jeweils 16% die „Personalentwickler" oder „Personalreferenten". Weniger gefragt waren Referenten (7%) oder Dozenten (4%).

Die Trendanalyse Weiterbildungs-Stellenmarkt konstruiert ein Idealprofil des Weiterbildners 1993: „Der Studie zufolge hätte der ca. 35 Jahre alte Bewerber mit abgeschlossenem BWL-Studium, Berufserfahrung im Personalbereich und umfassenden Englischkenntnissen gute Möglichkeiten. Beherrscht er zudem noch die Durchführung, Konzeption und Weiterentwicklung von Weiterbildungsmaßnahmen, ist er in der Lage, beratend in den Weiterbildungsprozeß einzugreifen, so hat er die besten Chancen auf dem Weiterbildungsmarkt!"

Nun ist deutlich zu unterstreichen, daß die Anzeigen nur ein Segment des Arbeitsmarktes für Erwachsenenbildner ausmachen. Sehr viele Stellen werden direkt besetzt. Sehr viele Positionen besonders bei den Verbänden werden, wenn überhaupt, nur intern ausgeschrieben und mit Personen besetzt, welche vorher schon bekannt waren. So findet sich z.B. bei JÜTTING (1992, S. 271) der Hinweis, daß 57% der hauptberuflich in der evangelischen Erwachsenenbildung Tätigen bereits vorher in anderer Weise in diesem Kontext gearbeitet haben. Insofern gibt es interne Karrieren von Ehrenamtlichkeit, Freiberuflichkeit, Nebenberuflichkeit, Teilzeitstellen bis zur festen Anstellung. Ein Großteil der Stellen gerade in der nichtkommerziellen Erwachsenenbildung wird nicht über den externen Arbeitsmarkt rekrutiert.

7. Selbstverständnis

Solche internen Selektionsstrategien unterstellen auch, daß ein hohes Maß an Identifikation mit der beschäftigenden Institution vorhanden ist. Für die Erwachsenenbildungsträger und -einrichtungen ist es wichtig, wie das Personal, das in den Institutionen arbeitet und sie trägt, sich selbst begreift und welche Zukunftsbilder es entwirft. Besonders wichtig dabei sind die hauptberuflichen Mitarbeiterinnen und Mitarbeiter. Das hauptberufliche, meist organisierende andragogische Personal in der Erwachsenenbildung hat unter anderem die Funktion, zwischen gesellschaftlichen Entwicklungen und Trägererwartungen einerseits sowie Einrichtungsgestaltung, Veranstaltungsplanung und -durchführung andererseits zu vermitteln (TIETGENS 1989, S. 90). Das Personal steht damit im Zentrum der Handlungsmöglichkeiten der Erwachsenenbildung, auch wenn es meist keineswegs direkt über die Mittel verfügt, die vorhandenen Spielräume adäquat eigenverantwortlich auszufüllen.

Aber auch die ehrenamtlichen, frei- oder nebenberuflich Beschäftigten, z.B. bei den Volkshochschulen die Kursleiter, prägen das Bild der Institution im direkten Kontakt mit den Teilnehmenden. Diese lernen die Leiter, Organisatoren und Programmplaner meist gar nicht kennen. Der unmittelbare Kontakt findet in der Veranstaltung, im Kurs, im Seminar statt. Insofern ist wesentlich, welches Selbstverständnis diese Mitarbeiterkreise haben. Dabei stößt man allerdings auf mindestens zwei Probleme: zum einen die Fluktuation, da zumindest ein Teil der Frei- und Nebenberuflichen vergleichsweise schnell wechselt. Zum anderen gibt es eine geringe Homogenität in dieser Gruppe. Dies gilt nicht nur für die sozialen Daten, sondern auch für die unterschiedlichen Tätigkeitsanforderungen, Qualifikationen und Einstellungen zu Bildung und Beruf.

Da insgesamt die vorgängigen Erfahrungen der Mitarbeitenden in der Erwachsenenbildung sehr unterschiedlich sind, sind einheitliche Verarbeitungsweisen gar nicht zu erwarten. In einer Längsschnittuntersuchung bei neu eingestellten Erwachsenenbildnern an Volkshochschulen in der Bundesrepublik ist Wiltrud GIESEKE dem institutionellen Sozialisationsprozeß in den ersten zweieinhalb Jahren nachgegangen (GIESEKE 1987). Dabei stellt sie eine Kontinuität in der Verschiedenheit fest bezogen auf Aneignung und Auseinandersetzung mit dem Berufsalltag. Es gibt keine gleichlaufende antizipatorische Sozialisation und auch keinen vereinheitlichenden Praxisschock. Als Ergebnis mehrerer

Auswertungsdurchgänge typisiert sie die gewählten Berufsstrategien nach vier Aneignungsmodi (S. 151):

- dem dominanten Modifizierungsmodus, charakterisiert insbesondere durch konsequente Zielorientierung und Anpassung an vorgegebene Bedingungen, Ausloten der Spielräume ohne Entmutigungstendenz, effektive Organisations- und Routinebewältigung,
- dem Spezifizierungsmodus, gekennzeichnet u.a. durch schnelles Erfassen des Wesentlichen und Ausschöpfen von Handlungsspielräumen auch hinsichtlich unbequemer politischer Thematik,
- dem Reduktionsmodus, erkennbar an nicht umgesetztem Wunschdenken, an der Übernahme der Planungsideen von Kursleitern, geringer Frustrationstoleranz, Inkaufnahme von Handlungsreduktion, Außerachtlassen von Erfolgserfahrungen für neue Initiativen,
- dem Reflektionsmodus, ausgezeichnet durch zügiges Angehen von Routinearbeiten, präzise Formulierung, Kritikfähigkeit gegenüber sich selbst und anderen, angemessene Aufgabenlösung, konsequentes Treffen von Entscheidungen und Verfolgen neuer Ziele, rationales Bearbeiten alternativer Arbeitsbereiche.

Die besonderen Anforderungen im Arbeitsfeld provozieren Auseinandersetzungen, welche „Stützpfeiler des beruflichen Habitus" (S. 227) bilden können. Die unterschiedlichen Aneignungsmodi stoßen auf ein Arbeitsfeld, das allgemein durch die Dualität von Pädagogik und Organisation gekennzeichnet ist. Daraus resultiert eine „paradoxe Situation ..., daß man sich in einer Weise engagieren muß, die über das übliche Maß beruflicher Beanspruchung hinausgeht, wenn man den beruflichen Anforderungen angemessen nachkommt und langfristig eine pädagogische Auslegung der Qualifikationsanforderungen für Fachbereichsleiter erhalten will" (S. 233f). Gleichzeitig gibt es identitätsstärkend wirkende Selbstverwirklichungschancen, wobei die Ausgestaltung eines Spielraums, also die Nutzung von Autonomie, Kompetenzen voraussetzt, welche die Basis für ein Professionsbewußtsein schaffen könnten. Allerdings hat das geforderte hohe Engagement oft keinen Rückhalt in einer gesicherten Profession und ist anfällig für Kritik.

Die Ambivalenz der Funktionen und Situationen mündet in ungeklärten Zukunftserwartungen. Die persönlichen Perspektiven von etwa 100 hauptberuflichen Mitarbeiterinnen und Mitarbeitern habe ich in einem Versuch dokumentiert, mithilfe von Szenariowriting, kurze Texte unter der Devise „Mein Tagesablauf im Jahr 2006“ zu schreiben. Auch hier zeigen sich sehr unterschiedliche Verarbeitungsweisen, welche in einer groben Typologie strukturiert werden können. Als Gruppen sind unterscheidbar:

- Überschwengliche: Es werden grundlegende Veränderungen sowohl bezogen auf Arbeitssituationen als auch für die ökologischen Fragen gesehen. Es könnte in Zukunft alles schöner werden.

- Zurückgezogene: Die persönlichen Perspektiven werden abgelöst von Arbeitsgesellschaften gesehen. Beschäftigung mit Musik, Literatur und Kunst tritt an deren Stelle. Soziale Kontakte werden außerhalb der Tätigkeit in der Erwachsenenbildung gesucht.

- Aus- und Umsteigende: Noch weiter gehen Personen, welche schon frühzeitig dem Arbeitsplatz den Rücken kehren wollten und andere Tätigkeiten suchen. „Aussteigende“ sehnen sich nach den Vorzügen des Ruhestandes. „Umsteigende“ wünschen sich ein anderes Tätigkeitsfeld, sei es als Berater, als Sportlehrer und ähnliches.

- Resignierte: In einigen Stellungnahmen scheint überwiegend Resignation durch. Veränderungsmöglichkeiten werden als immer geringer werdend eingeschätzt, und die Perspektive der Institution wird infragegestellt.

- Perspektivische: Immerhin die größte Gruppe sieht in der Erwachsenenbildung eine sinnvolle Zukunftsarbeit. Fast die Hälfte aller Texte beziehen sich positiv auf entsprechende Chancen. Gleichzeitig werden Anforderungen an die Arbeitsgestaltung, z.B. kürzere Arbeitszeit, veränderte Arbeitsorganisation und sinnvollen Technikeinsatz gestellt. Dadurch wird ein Spielraum für Muße erwartet, in dem sich die eigene Motivation und Kreativität entfalten kann.

- Modernisierer: Im Zusammenhang der Informationstechnik wird die Rolle des hauptberuflichen Personals als „Multifunktionsmanager mit PC-Netzwerk-Ausstattung“ und „Programmgestalter vor Ort“ gesehen. Es wird ein weiteres Eindringen apersonaler Medien in die Erwachsenenbildung erwartet.

- Ambivalente: Eine Reihe von Szenarien unterstreicht die Widersprüchlichkeit möglicher Zukünfte. Es wird einerseits eine Entlastungschance durch Technikeinsatz gesehen, andererseits die Gefahr einer medialen Abhängigkeit beschworen.

Bei aller Unterschiedlichkeit der Verarbeitungsweisen ist festzuhalten, daß die meisten Szenarien sich auf eine Weiterentwicklung der Arbeit in den Volkshochschulen beziehen und daß das hauptberufliche Personal sich mit seiner Tätigkeit in hohem Maße identifiziert. Bei aller Irritation leuchtet durch, daß die Mehrzahl dieser an Volkshochschulen Tätigen ihren Arbeitsplatz als attraktiv, sinnvoll und weiterentwickelbar ansieht.

Eine solche teils ambivalente, teils engagierte Grundeinstellung gibt es auch bei Frei- bzw. Nebenberuflichen. Jochen KADE hat mithilfe thematisch zentrierter offener Interviews eine Erhellung der Bedeutung, die ihre Tätigkeit für die Kursleiter hat, versucht (KADE 1989). Er dokumentiert ausführlich vier Einzelfälle, die er ausgewählt hat, um eine möglichst kontrastreiche Konstellation vorzustellen (18). Zusammenfassend wertet er die analysierten Fälle hinsichtlich des Berufsbezugs, der biographischen Bedeutung und der Bildungsvorstellungen aus.

Der Berufsbezug der Kursleiter zeigt vier Formen des Selbstverständnisses:

- Die Kursleitertätigkeit als Alternative zum traditionellen Beruf: Die Kursleitertätigkeit ist eine Antwort auf die Beschränkungen, die der Arbeitsmarkt der Verwirklichung ursprünglicher Berufswünsche setzt. Dabei stellt sie gleichzeitig eine zur traditionellen beruflichen Arbeit alternative Tätigkeit dar. Sie ist selbstbestimmt und unentfremdet. Sie bietet die Möglichkeit, einen ganzheitlichen Lebensanspruch zu verwirklichen.

- Die Kursleitertätigkeit als beruflicher Aufstieg: Beschränkungen der individuellen Entwicklung werden aufgebrochen, indem durch die Kursleitertätigkeit unabhängig von formell geregelten Berufen eine eigene Perspektive aufgebaut werden kann. Die Arbeit ermöglicht es, intellektuelle Interessen zu verwirklichen und über die Grenzen des erlernten Berufs hinauszugehen.

- Die Kursleitertätigkeit als beruflicher Schwebezustand: KursleiterIn zu sein erscheint als Suspendierung hauptberuflicher Arbeit. Sie stellt einen biographischen Schwebezustand dar, der den Zeitraum bis zum Wiedereintritt in einen „richtigen" Beruf überbrückt.

- Kursleitertätigkeit als Ergänzung zum Beruf: Die traditionelle Form der Nebenberuflichkeit bringt die Kursleitertätigkeit in die Nähe eines Hobbys. Es wird allerdings der volle Einsatz verlangt. Regelmäßige Fortbildung ist notwendig, um auf „dem laufenden" zu bleiben.

Die biographischen Hintergründe der dokumentierten Fälle sind sehr unterschiedlich, ebenso wie die in die Tätigkeit eingebrachten Bildungsvorstellungen. Jochen KADE führt aus, „daß die Kursleiter ein ausgeprägtes, wenn auch unterschiedliches, je besonderes Selbstbewußtsein im Laufe ihrer mehrjährigen Kursleiterpraxis entwickelt haben. Dies hat eine weitgehende Konsistenz und ist in hohem Maße stabil. Er sieht hier Ansätze für einen professionellen Habitus. Vor diesem Hintergrund und den spezifischen biographischen Konstellationen kann – so KADE – Professionalisierung also nicht heißen, daß ein andragogisches Selbst- und Handlungsbewußtsein erst noch erworben werden müßte: „Denn die Biographien der Kursleiter sind eine wesentliche Ressource, damit auch Bedingungen ihrer Tätigkeit, und zwar in motivationaler und qualifikatorischer Hinsicht" (S. 160).

8. Interessenorganisation

Bei Durchsicht der verschiedenen Materialien über das Selbstverständnis des Personals in der Erwachsenenbildung berührt merkwürdig, daß politische Interessen und Konflikte – jedenfalls als artikulierte Probleme – so gut wie keine Rolle spielen. Es ist erstaunlich, welch geringen Stellenwert das Personal in der Weiterbildung der Herstellung der Rahmenbedingungen für die eigene Arbeit zumißt. Dies könnte zum einen daran liegen, daß die Vereinzelung der Arbeitstätigkeiten jeweils individuelle Perspektiven in den Vordergrund drängen. Zum andern ist es aber auch möglich, daß solche Fragen von der Erwachsenenbildungsforschung gar nicht gestellt werden.

Es gibt einen Widerspruch zwischen der immer wieder zu findenden Aussage, daß die Beschäftigten im Weiterbildungsbereich hochmotiviert und engagiert seien. Für die Mehrheit ist ausschlaggebend, daß sie gerne mit Erwachsenen arbeiten und ein interessantes Arbeitsfeld haben. Gleichzeitig gibt es bisher wenige Initiativen zur Gestaltung der Arbeitsbedingungen.

Immerhin wurde in der Befragung der GEW (E&W 1994; vgl. GÜTZKOW/WELZEL in diesem Band) eine deutliche Mehrheit zu gewerkschaftlichen Initiativvorschlägen gefunden. Dabei stehen eindeutig die unmittelbaren Arbeitsverhältnisse im Vordergrund:

- stärkere Sicherung von Arbeitsverhältnissen für Mitarbeiter von Weiterbildungseinrichtungen (77%)
- mehr Kontinuität in der Finanzierung der Weiterbildung (76%)
- Erhöhung der öffentlichen Finanzmittel (72%)
- feste Bezahlung über einen allgemeinverbindlichen Tarifvertrag (71%).

Die Erwartungen an eine Interessenorganisation richten sich deshalb vor allem darauf, Beschäftigungsverhältnisse zu sichern und Arbeitsbedingungen zu verbessern. Die GEW hat mit vielen der von ihr aufgestellten Forderungen einen Großteil der Beschäftigten – zumindest der organisierten – hinter sich. Diese Zustimmung ist auch ein Indiz dafür, daß bei den Beschäftigten ein Bewußtsein für die strukturellen Mängel bzw. die Notwendigkeit umfassender Reformen im Weiterbildungsbereich vorhanden ist. Eine spezifische Organisation ist mit der „Bundesarbeitsgemeinschaft der Diplom-Pädagogen“ entstanden. Deren Ziele sind es, die Belange und Interessen von Diplom-Pädagogen und Diplom-Pädagoginnen in der Öffentlichkeit zu vertreten, das Qualifikationsprofil zu verdeutlichen, Analysen zur Studien- und Berufssituation anzuregen und zu unterstützen, Initiativen, die eine weitere Qualifizierung pädagogischer Arbeit im Erziehungs-, Bildungs- und Sozialwesen zum Ziel haben, zu unterstützen, den Informations- und Erfahrungsaustausch zwischen den Mitgliedern zu fördern. Die Bundesarbeitsgemeinschaft versucht damit eine „aktive Professionalisierung“ eines immer noch nicht selbstverständlichen Qualifikationsprofils, um so die Arbeitsmarktlage der Absolventen zu verbessern. Eine Kooperation mit gewerkschaftlichen Aktivitäten ist durchaus vorstellbar.

Kooperationschancen bestehen sicherlich auch zu den großen Verbänden der Erwachsenenbildung selbst, welche durch ihre weiterbildungspolitischen Initiativen Impulse für die Weiterentwicklung der Weiterbildung geben. Dies könnten z.B. die Kirchen sein, aber auch die Einrichtungen der Verbände und Parteien, wie z.B. der Arbeitskreis Deutscher Bildungsstätten.

In eine andere Richtung gehen allerdings immer wieder artikulierte Postulate nach der Gründung eines eigenständigen Berufsverbandes des Personals in der Erwachsenenbildung. Ein solcher Standesverband müßte sich notwendigerweise ein Profilbild zulegen, das konkurrierend mit gewerkschaftlichen Ansätzen wäre. Es ist allerdings nicht auszuschließen, daß solche Initiativen in Gang kommen, wenn die Gewerkschaften es versäumen, das nicht zu übersehende Organisationspotential in diesem Bereich an sich zu ziehen. Dazu müßte zwischen den einzelnen Gewerkschaften geklärt werden, wer die „Federführung" in diesem Bereich übernehmen soll. Die GEW hat mit dem Vorstandsbereich Berufliche Bildung und Weiterbildung dafür Voraussetzungen geschaffen. Im Rahmen einer Bildungsgewerkschaft wäre es auch möglich, daß die spezifischen Interessen des Weiterbildungsbereichs nicht verschwinden, sondern gemeinsam mit Lehrern, Hochschullehrern, Sozialpädagogen u.a. organisiert werden können.

Literatur

Arnold, R.: Betriebliche Weiterbildner – eine Zielgruppe wissenschaftlicher Weiterbildung? Berufsbildung in Wissenschaft und Praxis 17 (1989) Heft 3, S. 22-26.

Arnold, R.: Pädagogische Professionalisierung betrieblicher Bildungsarbeit. Frankfurt/M. u.a. 1983.

Arnold, R./Huge, W.: Was wissen wir über die betrieblichen Weiterbildner oder was glauben wir zu wissen? In: Arnold (Hrsg.): Taschenbuch der betrieblichen Bildungsarbeit. Hohengehren 1991, S. 213-223.

Arnold, R./Müller, H.-J.: Berufsrollen betrieblicher Weiterbildner. Berufsbildung in Wissenschaft und Praxis 21 (1992) Heft 5 , S. 36-41.

Bahnmüller, R. u.a.: Diplom-Pädagogen auf dem Arbeitsmarkt. Weinheim 1988.

Baltes, P.B./Hoffmann, A.E.: Berufsfelder des Diplompädagogen. Ein empirischer Beitrag zur Analyse pädagogischer Berufsfelder und ihrer Ausbildungserfordernisse. Heidelberg 1975.

Beck, U. u.a.: Soziologie der Arbeit und der Berufe. Reinbek 1980.

Bergmann, K./Frank, G. (Hrsg.): Handbuch für selbstbestimmtes Lernen. Reinbek 1977.

Brödel, R.: Diplomstudium und Professionalität für die Erwachsenenbildung. In: Literatur- und Forschungsreport Weiterbildung (1990), S. 22-29.

Daheim, H.: Zu einer Zwischenbilanz der soziologischen Berufsforschung. In: Schmidt/Braczyk/Knesebeck (Hrsg.): Materialien zur Industriesoziologie. (Sonderheft 24 der Kölner Zeitschrift für Soziologie und Sozialpsychologie). Opladen 1982, S. 372-384.

Dauber, H.: Selbstorganisation und Teilnehmerorientierung. In: Breloer u. a. (Hrsg.): Teilnehmerorientierung und Selbststeuerung in der Erwachsenenbildung. Braunschweig 1980, S. 113-176.

Dieckmann, B. u.a.: Nebenberufliche Kursleiter in den Volkshochschulen in Berlin (West). Hannover 1980.

Dinter, J./Becker, M.: Neuer Arbeitsplatz Weiterbildung. (Berlin-Forschung, 10. Ausschreibung). Berlin 1991.

Erziehung und Wissenschaft (E&W). Zeitschrift der GEW. Heft 10 (1994).

Faulstich, P.: Job, Jogging und Joghurt – Zukunftsbilder Hauptberuflicher an Volkshochschulen. In: Hessische Blätter für Volksbildung 44 (1994), S. 128-132.

Flacke, A.u.a.: Studium und Beruf Dortmunder Diplom-Pädagogen. Dortmund 1989.

Flitner, W.: Erwachsenenbildung. Paderborn 1982.

Fuhr, Th.: Kompetenzen und Ausbildung des Erwachsenenbildners. Eine Studie zur Professionalisierung der Erwachsenenbildung. Bad Heilbrunn 1991.

Gieseke, W.: Habitus von Erwachsenenbildnern. Eine qualitative Studie zur beruflichen Sozialisation. Oldenburg: BIS der Universität 1989.

Gieseke, W.: Professionalisierung und Probleme multidisziplinärer Zugriffe. In: Roth (Hrsg.): Pädagogik. Handbuch für Studium und Praxis. München 1991, S. 1108-1119.

Gieseke, W.: Vier Optionen für das Studium der Erwachsenenbildung. In: Literatur- und Forschungsreport Weiterbildung (1990), S. 30-38.

Gieseke-Schmelzle, W.: Fortbildung und Beratung von Mitarbeitern in der Erwachsenenbildung. Studienbrief für die Fernuniversität Hagen. Hagen 1981.

Harke, D./Volk-von Bialy, H.: Modellversuch Lernberatung. Fortbildung von Lehrpersonal in der beruflichen Erwachsenenbildung. 4 Bde. Bundesinstitut für Berufsbildung, Sonderveröffentlichung. Berlin/Bonn 1991.

Harney, K./Jütting, D./Koring, B.: Professionalisierung der Erwachsenenbildung. (Studien zur Erwachsenenbildung, Bd. 1). Frankfurt/M. 1987.

Hartmann, H./Hartmann, M.: Vom Elend der Experten: Zwischen Akademisierung und Deprofessionalisierung. Kölner Zeitschrift für Soziologie und Sozialpsychologie 34 (1982), S. 193-223.

Hofmann, L.M./Regnet, E. (Hrsg.): Innovative Weiterbildungskonzepte. Göttingen 1994.

Hohenrodter Bund (Hrsg.): Die Deutsche Schule für Volksforschung und Erwachsenenbildung. Das erste Jahr. Stuttgart 1927.

Holzapfel, G.: Professionalisierung und Weiterbildung bei Lehrern und Ausbildern. Eine explorative Studie über Lehrer und Ausbilderweiterbildung in Baden-Württemberg. Weinheim/Basel 1975.

Hommerich, C.: Der Diplompädagoge – ein ungeliebtes Kind der Bildungsreform. Frankfurt/M. 1984.

Jütting, D.H.: Die Mitarbeiterfrage in der Erwachsenenbildung. Ein Literatur- und Forschungsbericht. In: Harney/Jütting /Koring (Hrsg.): Professionalisierung der Erwachsenenbildung. Frankfurt/M. 1987, S. 1-58.

Kade, J.: Erwachsenenbildung und Identität. Eine empirische Studie zur Aneignung von Bildungsangeboten. Weinheim 1989.

Kade, S.: Handlungshermeneutik. Qualifizierung durch Fallarbeit. (Theorie und Praxis der Erwachsenenbildung). Bad Heilbrunn 1990.

Klemm, K. u.a.: Bildungsgesamtplan '90. Ein Rahmen für Reformen. Weinheim 1990.

Koring, B.: Erwachsenenbildung und Professionstheorie. Überlegungen im Anschluß an Oevermann. In: Harney/Jütting/Koring (Hrsg.): Professionalisierung der Erwachsenenbildung. Frankfurt/M. 1987, S. 358-400.

Koring, B.: Erziehungswissenschaft im Medium des Praxiskontakts. Folgen und Probleme aus professionstheoretischer Sicht. Zeitschrift für Sozialisationsforschung und Erziehungssoziologie (1990) Heft 1, S. 72-90.

Koring, B.: Professionalisierungsdiskussion und Professionalisierungsforschung in der Erwachsenenbildung. In: Literatur- und Forschungsreport Weiterbildung (1990), S. 10-21.

Krüdener, B./Schulze, J.: ...besser als ihr Ruf! Berufseinmündung und Beschäftigungssituation von Diplom-PädagogInnen. In: Der pädagogische Blick 1 (1993), S. 19-31.

Küchler, F. von, u.a.: Berufsbegleitende Fortbildung für das hauptberufliche pädagogische Personal an Volkshochschulen in den neuen Bundesländern. Frankfurt/M. 1994.

Langenbach, M.-L./Löwisch, D./Scherer, A.: Fortbildung zum Weiterbildungslehrer. Berlin 1990.

Lückehe, W./Otto, V.: Volkshochschule. Bonn 1973.

Mader, W.: Forschungen zur Erwachsenenbildung. Bremen 1980.

Meyer-Ehlert, B.: Frauen in der Weiterbildung. Opladen 1994.

Müller, K. R./Wittpoth, J./Knoll, J.: Formen des Studierens von Erwachsenenbildung. Bonn 1987.

Olk, Th.: Abschied vom Experten. Sozialarbeit auf dem Weg zu einer alternativen Professionalität. Weinheim/München 1986.

Peters, R.: Erwachsenenbildung als berufliche Tätigkeit: Laienbeschäftigung oder professionelle Arbeit? In: Gruber/Lenz (Hrsg.): Berufsfeld Erwachsenenbildung. Eine Orientierung. München/Wien 1991, S. 11-33.

Peters-Tatusch, R.: Anforderungen an die Berufstätigkeit in der Erwachsenenbildung/Weiterbildung. Hannover 1981.

Picht, W./Rosenstock, E.: Im Kampf um die Erwachsenenbildung 1912-1926. Leipzig 1926.

Plan einer Deutschen Schule für Volksforschung und Erwachsenenbildung. In: Hohenrodter Bund (Hrsg.): Die Deutsche Schule für Volksforschung und Erwachsenenbildung. Das erste Jahr. Stuttgart 1927, S. 14-29.

Planungskommission Erwachsenenbildung und Weiterbildung des Kultusministers des Landes Nordrhein-Westfalen: Erwachsenenbildung, Weiterbildung. Erster Bericht. (Strukturförderung im Bildungswesen des Landes Nordrhein-Westfalen, Heft 19) Ratingen u.a. 1972.

Rauschenbach, Th.: Diplom-PädagogInnen. Bilanz einer 20jährigen Akademisierungsgeschichte. In: Der pädagogische Blick 1 (1993), S. 5-18.

Rauschenbach, Th.: Ausbildung und Arbeitsmarkt für ErziehungswissenschaftlerInnen. In: Krüger/Rauschenbach (Hrsg.): Erziehungswissenschaft. Weinheim 1994, S. 275-294.

Reschenberg, I.: Erwachsenenbildner zwischen wissenschaftlich-professionellem Selbstverständnis und institutionellen Anpassungsanforderungen. (Bildung, Arbeit, Gesellschaft, Bd. 11). München/Wien 1992.

Schäffter, O.: Kollektive Adressaten der beruflichen Weiterbildung. Der Bedarf an einer erwachsenenpädagogischen Organisationstheorie. Hessische Blätter für Volksbildung 42 (1992) Heft 1, S. 33-39.

Schäffter, O./Küchler, F.v.: Pädagogische Fortbildung als Ansatz zur Organisationsentwicklung in Volkshochschulen. Hessische Blätter für Volksbildung 43 (1993) Heft 2, S. 109-117.

Schlutz, E./Siebert, H.: Ende der Professionalisierung? Bremen 1988.

Schmidt, G.: Mitarbeiterfortbildung. (Themenorientierte Dokumentation). Frankfurt/M. 1983.

Schmidt, M.: Seilschaften, Solidargemeinschaften – oder nur sozialer Begleitschutz ? In: päd. extra (1991), S. 50-54.

Schulenberg, W. u.a.: Zur Professionalisierung der Erwachsenenbildung. Braunschweig 1972.

Seipel, M.: Weiterbildungsszene Deutschland. Bonn 1994.

Siebert, H.: Professionalisierung der Erwachsenenbildung und Qualifizierung der Mitarbeiter. In: Hessische Blätter für Volksbildung (1973), S. 201-209.

Teichler, U./Buttgereit, M.: Hochschulabsolventen im Beruf. Bonn 1992.

Tews, J.: Geistespflege in der Volksgemeinschaft. Beiträge zur Förderung der freien Volksbildungsarbeit. Mit einem Essay von H. Dräger. (Schriften zur Erwachsenenbildung: Materialien zur Erwachsenenbildung). Stuttgart 1981.

Tietgens, H.: Leiter/Leiterin und pädagogischer Mitarbeiter/pädagogische Mitarbeiterin an Volkshochschulen. (Blätter zur Berufskunde, Bd. 3). Bielefeld 1988.

Tietgens, H.: Professionalität für die Erwachsenenbildung. In: Gieseke, W. u.a. (Hrsg.): Professionalität und Professionalisierung. Bad Heilbrunn 1988, S. 28-75.

Tietgens, H: Zur Zukunft des Studiums der Erwachsenenbildung. In: Zeitschrift für Pädagogik (1985), S. 597-612.

Vath, R: Der Beruf des Erwachsenenpädagogen. In: Siebert (Hrsg.): Taschenbuch der Weiterbildung. Baltmannsweiler 1979, S. 108-139.

Volkshochschule. Gutachten der Kommunalen Gemeinschaftsstelle für Verwaltungsvereinfachung (KGSt). (Schriftenreihe Bildungsplanung, Bd. 3). Bonn 1973 .

Weitsch, E.: Auslese und Ausbildung des Lehrernachwuchses in der Erwachsenenbildung. Freie Volksbildung, (1971) Heft 4, S. 239-266.

Weitsch, E.: Lehrerfrage der Volkshochschule. Freie Volksbildung (1926) Heft 1, S. 237-244.

Wittpoth, J.: Wissenschaftliche Rationalität und berufspraktische Erfahrung. (Theorie und Praxis der Erwachsenenbildung). Bad Heilbrunn 1987.

Ziep, K.-D.: Der Dozent in der Weiterbildung. Professionalisierung und Handlungskompetenzen. Weinheim 1990.

Zybura, H: Hauptberuf: Nebenberuflicher. In: Dahm u. a. (Hrsg.): Management und Verwaltung. (Werkstatt Weiterbildung 1). München 1982, S. 117-130.

Josef Rützel, Uwe Faßhauer, Stefan Ziehm

Arbeitssituation der BildungsarbeiterInnen in der Berufsbildung

1. Vorbemerkung

Herausgearbeitet werden soll in diesem Gutachten zur Arbeitssituation der BildungsarbeiterInnen in der Berufsbildung:

- welches professionelle Selbstverständnis über den Beruf vorhanden ist, an dem die Gewerkschaften organisationspolitisch ansetzen können,
- wie es sich bildungspolitisch auf die Interessen der jungen Erwachsenen in der Ausbildung auswirkt,
- welche Interessen bezüglich der Weiterentwicklung ihrer beruflichen Möglichkeiten sie sehen bzw. sie haben,
- welche gesellschaftspolitischen Themen für ihre Arbeit im Vordergrund stehen und
- wie sie ihr eigenes Arbeitsverhältnis einschätzen.

Das Haupthindernis bei der Bearbeitung der aufgeworfenen Fragen besteht darin, daß es nur einige wenige empirische Studien zur Arbeitssituation der Bildungsarbeiter in der Berufsbildung gibt. Dies gilt für alle im Gutachten zu bearbeitenden Fragen, insbesondere aber dafür, wie sich das professionelle Selbstverständnis auf die jungen Erwachsenen auswirkt und welche gesellschaftspolitischen Themen für ihre Arbeit im Vordergrund stehen. Die wissenschaftliche Diskussion zur Professionalisierung von BildungsarbeiterInnen in der beruflichen Bildung und zu deren professionellem Selbstverständnis führt (noch) ein Schattendasein.

In unserem Gutachten bearbeiten wir die gestellten Fragen, indem wir einen Überblick über den derzeitigen Forschungsstand zur Professionalisierung von BerufsschullehrerInnen geben. Untersucht werden das Selbstverständnis von BerufsschullehrerInnen, wie es in den letzten 10 bis 15 Jahren vorzufinden ist, Faktoren, die Veränderungen bewirken, und Anforderungen an ein modernes professionelles Selbstverständnis. Zunächst stellen wir wichtige empirische Studien zur Arbeitssituation der BerufsschullehrerInnen vor, deren Ergebnisse unter dem Aspekt der Professionalisierungsdebatte betrachtet werden. Im darauffolgenden Abschnitt stellen wir einen Zusammenhang zwischen dem Strukturwandel in Technologie und Arbeitswelt und der Professionalisierung der BerufsschullehrerInnen her. Herausgearbeitet wird, wie die Entwicklungen in der Arbeits- und Berufswelt auch auf den Beruf „BerufsschullehrerIn" zurückwirken. Alte Leitbilder des pädagogischen Berufes werden kritisiert und Anforderungen an ein modernes Verständnis von Professionalisierung formuliert. Anschließend folgt ein Fazit, in dem vor allem auch die Chancen der aktuellen Veränderungsprozesse zur Herausbildung eines professionellen Selbstverständnisses der BerufsschullehrerInnen benannt werden. Abschließend versuchen wir Hinweise (Empfehlungen) für die gewerkschaftliche Arbeit zu geben.

In unsere Analyse sind BerufsschullehrerInnen aller Fachrichtungen, also sowohl „GewerbelehrerInnen" als auch „Dipolm-HandelslehrerInnen" einbezogen, die an Berufsbildenden Schulen arbeiten bzw. diese Tätigkeit anstreben. Deren Tätigkeit erstreckt sich auf alle Formen der berufsbildenden Schulen, von der Teilzeitberufsschule über das BVJ/BGJ, Berufsfachschulen, die Fachoberschulen, Berufliche Gymnasien und Fachschulen. Die Sonderstellung der FachlehrerInnen konnte nur bedingt berücksichtigt werden. Ein Problem ist, daß sich durch die Differenzierung in der beruflichen Bildung und den Bedeutungszuwachs der beruflichen Weiterbildung die professionelle Tätigkeit der BerufspädagogInnen auch auf andere Bereiche und Institutionen ausgedehnt hat, was bei der Darlegung des professionellen Selbstverständnisses zu berücksichtigen wäre. Zu dieser Fragestellung liegen jedoch noch keine Analysen vor, sie kann deshalb nur bei der Beschreibung der sich wandelnden Anforderungen berücksichtigt werden. Außerdem werden mit dieser Fragestellung organisationspolitische Bedingungen tangiert.

Besonders schwierig ist es, Aussagen zur Situation der BerufsschullehrerInnen in den neuen Bundesländern zu treffen. Aufgrund der politischen Situation und der Einstellungspraxis der Länder wird die Debatte schwerpunktmäßig über Fragen von Verbeamtung und Einstufung geführt. Vermutlich waren die KollegInnen aufgrund ihrer spezifischen einphasigen Ausbildung (Abschluß: Diplomingenieurpädagoge/-in) und besonderen Stellung im Berufsbildungssystem der DDR einer gesellschaftlich anerkannten Profession näher als heute. Der Zusammenbruch der Industrie- und Arbeitsstrukturen nach 1990 und der heute besonders in den neuen Ländern stark expandierende Umschulungs- und Weiterbildungsmarkt stellen diesen Status dort aber genauso in Frage wie in der alten Bundesrepublik. Bis heute liegen keine Studien zur Situation der BerufsschullehrerInnen in den neuen Bundesländern vor. Im Zentrum der wissenschaftlichen Diskussion steht die Studiengestaltung. Unstrittig dürfte aber sein, daß die hier zu gebenden Perspektiven auf die zukünftige Profession „BerufsschullehrerIn" die Bildungsarbeitenden in allen Bundesländern gleichermaßen betreffen.

2. Empirische Studien zum professionellen Selbstverständnis der BerufsschullehrerInnen

Zum professionellen Selbstverständnis von BerufsschullehrerInnen gibt es nur wenige empirisch abgesicherte Studien. Das große Spektrum der verschiedenen Schulformen ist längst nicht abgedeckt, auch werden wichtige Differenzierungen wie zum Beispiel nach Geschlecht oder Schulformen nicht vorgenommen. Nach unseren Recherchen sind seit den 70er Jahren fünf größere Untersuchungen durchgeführt worden. Bemerkenswerterweise wurde zwischen dem Beginn der 80er und den frühen 90er Jahren nur ein größeres Projekt zu dieser Fragestellung abgeschlossen und veröffentlicht. Erst danach erhielt die Frage der Professionalisierung von BerufsschullehrerInnen wieder eine etwas größere Aufmerksamkeit. Diese offensichtliche Zurückhaltung dürfte in dem trotz gegenteiliger Aussagen immer noch geringen Stellenwert der beruflichen Bildung und der in ihr Tätigen begründet sein. Nur in Phasen, wie Anfang der 50er, der 70er und nun der 90er Jahre erfährt die Professionalisierung der BerufsschullehrerInnen eine gewisse Aufmerksamkeit, weil befürchtet wird, daß deren nicht mehr angemessene Qualifikation eine neuen Erfordernissen angepaßte Berufsbildung blockiert. Die durchgeführten Studien befragen entweder repräsentativ in einem Bundesland die BerufsschullehrerInnen einer oder einiger weniger Fachrichtungen nach wenigen Aspekten ihrer professionellen Tätigkeit oder es wird umgekehrt eine inhaltlich breitere Befragung auf einen kleinen Personenkreis beschränkt. Dies bedeutet eine Einschränkung der Reichweite und der Ergebnisse.

Im folgenden werden die wichtigsten Ergebnisse der fünf größeren Untersuchungen in chronologischer Reihenfolge vorgestellt. Sie werden durch Ergebnisse aus anderen kleineren Untersuchungen ergänzt und zu grundsätzlichen Aussagen verdichtet.

2.1 Die Alltagswirklichkeit des Berufsschullehrers

Das alltägliche Handeln der BerufsschullehrerInnen, ihr konkretes Verhalten in der Schule – und damit wohl auch ihr professionelles Selbstverständnis – sind sowohl subjektiver Ausdruck der Persönlichkeit als auch Resultat der Arbeitsbedingungen. Da diese nach Schulart, Fächern, Schülerpopulation und LehrerInnenpersönlichkeit stark differieren, ist der BerufsschullehrerInnen-Beruf wenig standardisierbar. Die dreijährige Untersuchung[1] von BAMMÉ und HOLLING ergab unter anderem die Erkenntnis, daß es einerseits nahezu grenzenlose Ansprüche und Anforderungen an die Lehrenden gibt, die sie sich auch selbst stellen. Andererseits sind diese in ihrer Gesamtheit objektiv unerfüllbar. Verstärkend wirkt das Fehlen äußerer Grenzen von LehrerInnen-Arbeit, wie zum Beispiel feste Zeiten oder abschließbare Projekte. Aus der Unerfüllbarkeit aller Ansprüche folgt eine empirisch feststellbare unbewußte und „naturwüchsige“ Schwerpunktsetzung im Handeln der BerufsschullehrerInnen, bei gleichzeitiger

1 Der Untersuchungszeit reicht von Frühjahr 1976 bis Herbst 1979.

Vernachlässigung anderer Gebiete. Diese Bewältigungsstrategie wird häufig mit einem schlechten Gewissen erkauft, dem Gefühl, als Pädagoge versagt zu haben. Die daraus resultierende psychische Belastung kann durch die bewußte Hinnahme der eigenen Begrenztheit gemildert werden. Die bewußte Anspruchsreduzierung führt zur Strategie der *„gezielten Gleichgültigkeit und Identifikation“*. Sie ist sowohl eine allgemeine als auch individuelle Strategie zur Bewältigung der Alltagswirklichkeit. Strukturen und Zwänge der Institution Schule wirken sehr viel sublimer als Arbeitsanweisungen und Kontrollen in anderen Berufen. Da dies von Studierenden zunächst nicht gesehen wird, starten viele mit überhöhten Erwartungen zum Beispiel an ihren individuellen Spielraum als einzelne BerufsschullehrerInnen. Sie sind dann entsprechend schnell resigniert, weil sie die unterschiedlichsten, zum Teil widersprüchlichen Anforderungen nicht in ihrem Handeln und in ihrer Persönlichkeit zusammenführen können. Widersprüchlichkeit scheint überhaupt ein Kennzeichen des Berufes „BerufsschullehrerIn“ zu sein. Zum einen sind da die Erwartungen an BerufsschullehrerInnen von verschiedensten Seiten, nicht mehr nur Fachwissensvermittler zu sein, die im Widerspruch zur fast ausschließlich auf Fachwissen basierenden Lehramtsausbildung stehen. Zum anderen widersprechen die Arbeitsbedingungen dem Selbstverständnis von pädagogischer Freiheit, da Lehrerarbeit auch entfremdete Lohnarbeit ist. So wirkt der Anspruch, „die ganze Gruppe durch die Prüfung zu kriegen“, gegen das Bemühen, eine Einzelbetreuung von SchülerInnen zu gewährleisten. Das Verhalten der BerufsschullehrerInnen ist widersprüchlich, denn einerseits müssen sie Individuelles bei SchülerInnen ignorieren, andererseits kommen sie ohne ein Mindestmaß an Entgegenkommen und Mitarbeit der einzelnen nicht aus. Um gegen den traditionellen Unterricht anarbeiten zu können, muß dieser aber erst einmal beherrscht werden, um sich mit guten Noten nach dem Referendariat Chancen auf eine volle Stelle zu sichern.

2.2 Berufliche Sozialisation im Referendariat

GIESBRECHT untersucht die Sozialisation durch und in den Lehrerberuf 1979 in NRW bei neueingestellten ReferendarInnen in den Fachrichtungen Wirtschaftswissenschaften und Metalltechnik/Maschinenbau (kurz: „Metaller") anhand von Berufs- und Erziehungseinstellungen. Die von ihm untersuchte Gruppe besteht aber zu einem erheblichen Teil aus FachhochschulabsolventInnen, die im Rahmen eines Sonderprogrammes zur Deckung des LehrerInnenbedarfs in kurzen Aufbaustudiengängen für das Lehramt qualifiziert wurden. Die Metaller verstehen sich eher als Ingenieure und Techniker und identifizieren sich stärker mit den Bezugswissenschaften ihrer Fachrichtung. Deutlich wird dies an ihrer Schwerpunktsetzung im Studium, in dem sie hochaffine Nebenfächer belegten, und in der durchgehend höheren Einschätzung der unterrichtlichen Relevanz des eigenen Fachwissens. Dagegen gibt es bei den WirtschaftswissenschaftlerInnen eine starke Minderheit, die sich über ihr kulturell-sozialwissenschaftliches Zweitfach definiert. Besonders bei Metallern sind die betriebspraktischen Erfahrungen konstitutiver Bestandteil ihres Selbstverständnisses als BerufsschullehrerInnen, ein Aspekt, der auch bei JENEWEIN untersucht wird (siehe 2.4). Viele von ihnen wollen, im Gegensatz zu den Diplomhandelslehrenden mit kulturell-sozialwissenschaftlichem Zweitfach, nur ungern im BVJ und BGJ Klassen unterrichten, also in solchen, die besonderes pädagogisches Engagement erfordern. Daß viele Lehrende mit diesen *Sonderformen* der Berufsschule, die für schulpflichtige Jugendliche ohne Ausbildungsverträge eingerichtet wurden, auch heute noch besondere Probleme haben, zeigt eine sehr viel neuere Befragung aus Rheinland Pfalz (vgl. 2.6).

GIESBRECHT fragte auch nach den Motiven zur Berufswahl. Nur ein Drittel nennt pädagogische Interessen als ausschlaggebend für die Entscheidung. Bei der Möglichkeit von Mehrfachnennungen kommen andere Untersuchungen dagegen auf 72% „wichtigste" und „zweitwichtigste" Begründung. Ein Fünftel nennt den bisherigen eigenen Berufs- und Ausbildungsgang als Hauptmotiv. Hier zeigen sich deutlich die Sondermaßnahmen für FH-AbsolventInnen zur Deckung des dringenden BerufsschullehrerInnen-Bedarfes. In dieser Gruppe finden sich auch Frauen, die der Männerkonkurrenz in der „freien" Wirtschaft auf diese Art ausweichen wollen. Heute wären hier wohl viele der „QuereinsteigerInnen" zu nennen, die aufgrund der relativ schlechten Einstellungschancen für Ingenieure in der Industrie auf die Lehramtsstudiengänge wechseln. Auch bei dieser Gruppe der „Pragmatiker" zeigt sich, daß schulpraktische Erfahrungen und der Umgang mit SchülerInnen soziale und pädagogische Kompetenzen und Interessen fördern (BRECHMACHER u.a. S.366). Die Freiheit der Arbeits- und Zeiteinteilung wird als drittwichtigstes Motiv genannt. Im Widerspruch zum verbreiteten Selbstverständnis führen nur sehr wenige Befragte fachwissenschaftliche Interessen an. Die Umsetzung politischer Vorstellungen und die Sicherheit des Beamtenstatus spielen offensichtlich in dieser Umfrage keine wesentliche Rolle. In den qualitativen Interviews nennen viele der Befragten „BerufsschullehrerIn" als einen normalen Beruf, allerdings mit spezifischen Vorteilen. In der Studie von BAMMÉ/HOLLING wurde die Bedeutung des Studiums als „Möglichkeit zur politischen Orientierung" von 85% der Mehrfachnennungen und 11% der Einzelnennungen gesehen. Noch häufiger wird es als „Möglichkeit zur persönlichen Entfaltung" 85% (39%) gewertet. Angela FORBERG führte ebenfalls eine, allerdings nicht repräsentative Befragung zur Motivation der Berufswahl durch. In ihrer Untersuchung von Berufsschullehrerinnen (sic!) der Fachrichtungen Metall, Elektro und Bau in Hessen im Rahmen einer Magisterarbeit wurde bei der Frage nach der Motivation das Beamtenverhältnis als zweitwichtigster Punkt genannt. Gleichzeitig wurde aber auf die starren hierarchischen Strukturen und den anfänglichen Kampf um Planstellen hingewiesen. Diese Strukturen führen auch zu einer relativ schnellen Resignation, etwas verändern zu wollen und zu einem Arrangieren mit der vorgefundenen Situation.

2.3 Modellversuch zur Entwicklung und Erprobung qualitativer und quantitativer Planungsverfahren in der Lehrerfortbildung

Diese Studie, die Hans HAENISCH und Herbert RECKMANN im Landesinstitut für Schule und Weiterbildung in NRW leitend betreuten, ist Teil eines umfangreichen Modellversuches, der den Bereich Lehrerarbeit und -fortbildung systematisch untersucht. Sie beschäftigt sich bei Lehrenden aller Schulformen mit Fortbildungsaktivitäten, Einstellungen zu LehrerInnenfortbildung, Zugangshindernissen, Informiertheit über Angebote, Motive und Themenwünsche. Die Ergebnisse werden für alle Schulformen gesondert ausgewiesen. Weiterbildungsbereitschaft und -möglichkeiten sind wichtige Elemente einer Professionalisierung von BerufsschullehrerInnen, deswegen seien einige Daten hier genannt.

Bei den *Fortbildungsaktivitäten* wurden Beteiligungsgrad, Zeitaufwand und Bewertung der verschiedenen Fortbildungsformen untersucht. Durchschnittlich investieren die Lehrenden 8,3 Tage pro Jahr[2] für nicht schulinterne LehrerInnenfortbildungen. Dies entspricht etwa dem Wert von 10 Tagen, der als realistisch machbar angesehen wurde, liegt aber unter dem als wünschenswert genannten Zeitraum von 12 Tagen. Nach Fächern aufgeschlüsselt werden in Mathematik und im gewerblich-technischen Bereich überdurchschnittlich viele, im Bereich Sozialpädagogik, Hauswirtschaft und Physik/Chemie besonders wenig Tage für externe Fortbildung investiert.

Bei der Frage nach *Einstellungen und Meinungen zu LehrerInnenfortbildung* ergeben sich im Vergleich zu anderen Schulformen sehr hohe Werte bei der Einsicht in die Notwendigkeit von Weiterbildung. Diese starke Weiterbildungsbereitschaft der BerufsschullehrerInnen wird auch in der Untersuchung des BIBB belegt, die wir unter 2.5 vorstellen. Gleichzeitig ist auch die Forderung nach Pflichtstundenermäßigung als Voraussetzung zur Teilnahme an LehrerInnenfortbildung besonders häufig zu hören. Vor allem KollegInnen aus dem gewerblich-technischen Bereich und männliche Kollegen im allgemeinen befürworten eine Ermäßigung. Bedeutsame *Zugangshindernisse* stellen die „Bedenken wegen zusätzlichen Unterrichtsausfalls für die SchülerInnen“ und „schlechte bzw. unzureichende Information über das Angebot“ dar. Vor allem bei Frauen kommen die großen Entfernungen der Veranstaltungsorte und das „frühe sich festlegen müssen“ als Probleme hinzu. Bei der *Motivation* zur Teilnahme an LehrerInnenfortbildung spielt wie bei den GymnasiallehrerInnen das Fachmotiv die Hauptrolle, 87% stufen es als „wichtig“ ein. An dritter Stelle stehen schon die Hilfen zur Umsetzung von Richtlinien und Lehrplänen, wohl eine Folge der Lehrplanumstellungen im berufsbildenden Bereich. Eine bemerkenswerte Differenz ergibt sich zwischen den Fächergruppen unter dem Aspekt der „Reflexion der Berufsrolle“ und der Aufarbeitung beruflicher Belastungen. Während dies im gewerblich-technischen und kauf-

2 Untersuchungszeitraum 1987-91.

männischen Bereich nur eine untergeordnete Rolle spielt, haben diese Motive in der Fächergruppe Deutsch, Religion, Sozialwissenschaften und im hauswirtschaftlichen Bereich höhere Priorität.

Abschließend wurden die BerufsschullehrerInnen nach Themen und Gegenständen befragt, die sie verstärkt in Fortbildungsmaßnahmen behandelt haben wollen. Die vorgelegten und ausgewerteten Fragen bezogen sich auf die Bereiche Unterrichtsplanung, und -methoden, Disziplin, Motivierung sowie Umgang mit SchülerInnen und Eltern, also Tätigkeiten, die innerhalb eines Faches ständig wiederkehrende Anforderungen darstellen. Da bei dieser Fragestellung nach den Themenwünschen fachwissenschaftliche und fachdidaktische Themen ausgeklammert waren, sie wurden gesondert ausgewertet[3], sind die Ergebnisse des Antwortblockes unter dem Aspekt des Selbstverständnisses wenig aussagekräftig.

2.4 Lehrerausbildung und Betriebspraxis

In seiner repräsentativen LehrerInnenbefragung in den Fachrichtungen Elektrotechnik sowie Maschinenbau/Maschinentechnik in NRW, untersuchte Klaus JENEWEIN die Praxisorientierung und Kompetenz in Abhängigkeit zu den betrieblichen Vorerfahrungen und Bildungsbiographien der Lehrenden sowie den Einfluß der Fachrichtung und des zweiten Faches. Zunächst strukturierte JENEWEIN die Qualifikationsanforderungen an die Lehrenden in drei Kompetenzbereiche:

- Die „Fachkompetenz" der BerufsschullehrerInnen bezieht sich – in der Ebene des Verständnisses – auf die berufliche Umwelt der SchülerInnen. Sie hat dabei zwei Bezugspunkte. Zum einen als Verständnis für die materielle Umwelt der Auszubildenden (Arbeitsgegenstände, -mittel, -verfahren des jeweiligen Berufsfeldes) und zum anderen in Hinsicht auf die soziale berufliche Umwelt (betriebliche Kommunikation und Kooperation im weitesten Sinne).
- Die „pädagogische Kompetenz" zielt – in der Gestaltungsebene – auf die Beziehung von Auszubildenden und Umwelt, also den intentionalen Lernprozeß selbst.

---

3 Sie wurden gesondert veröffentlicht, vgl.: RECKMANN 1992. Dieser Titel lag uns nicht vor!

- Schließlich bezieht sich die „pädagogisch-anthropologische Kompetenz" – als Verständnis für Persönlichkeitsstruktur, Motivationslage, sozialen und lebensgeschichtlichen Hintergrund – auf den oder die Auszubildende(n) selbst.

Lehrende fühlen sich offensichtlich aufgrund ihres beruflichen Werdeganges am ehesten in bezug auf Qualifikationen kompetent, die dem Planungs- und Entwicklungsbereich in der *materiellen Fachkompetenz* zuzuordnen sind[4]. Dies entspricht der Tätigkeit von IngenieurInnen und TechnikerInnen in der betrieblichen Praxis. Die Hauptklientel der BerufsschullehrerInnen, die FacharbeiterInnen, sind aber überwiegend der Systemanwendung und Systemfertigung zuzuordnen. JENEWEIN nennt dies eine „Fehlqualifizierung". Unseres Erachtens liegen diese Kompetenzen aber durchaus auf einer Linie mit den Anforderungen als Planer und Organisatoren von Lernprozessen. Im Bereich der *sozialen Qualifikationen als Bestandteil der Fachkompetenz* fühlt sich ein größerer Anteil der BerufsschullehrerInnen schlecht ausgebildet bzw. durch die eigene berufliche Tätigkeit vorbereitet. Für die *pädagogisch-didaktische Kompetenz* gibt es gute Selbsteinschätzungen in puncto Intentionalität und Thematik, auch in Methodik und Einsatz von Unterrichtsmitteln überwiegen die positiven Bewertungen, mit einem leichten Plus auch hier für planende Tätigkeiten. Schlechte Einschätzungen gibt es bei den „Bedingungsmomenten" von Unterricht, vor allem bei Lernschwierigkeiten und Verhaltensauffälligkeiten der Klientel sowie bei der Bewältigung von Konflikten. Das ist der originär pädagogische Teil von LehrerInnentätigkeit, die Befragten fühlen sich im Technischen also offensichtlich sicherer.

Im Bereich der *pädagogisch-anthropologischen Kompetenz* werden zum einen das Verständnis für altersgemäße Entwicklung und für soziale Umwelteinflüsse getrennt betrachtet. Bei beiden gibt es keine spezifischen Unterschiede zwischen den Fachrichtungen. Die Basis entwicklungspsychologischer Kenntnisse aus der Lehramtsausbildung wird von 60% (sic !) als schlecht eingestuft, immerhin noch von 40% auch der Bereich der pragmatisch erworbenen Kenntnisse. Hier gibt es keine besondere Differenz zwischen den Altersgruppen der Lehrenden, wohl aber nach Art

4 Wobei kleinere fachrichtungsspezifische Differenzen aus der Sicht des professionellen Selbstverständnisses vernachlässigbar sind.

der Studiengänge. Schlechte Selbsteinschätzungen überwiegen bei den direkt eingestellten Ingenieuren, aber auch noch 30% der grundständig Studierten und Aufbaustudierten sehen hier keine oder nur eine unzureichende Basis durch ihre Ausbildung.

In einem gesonderten Kapitel wurden auch die Erwartungen der BerufsschullehrerInnen an die vermeintlichen Erwartungen von SchülerInnen an Lehrtätigkeit abgefragt. Nach Meinung der Mehrheit der Lehrenden werden Allgemeinbildung und Hilfe bei privaten Problemen von SchülerInnen weniger erwartet, eher dagegen theoretische Fachkenntnisse und Informationen über die betrieblichen Rechte der Jugendlichen. Hierbei ergeben sich bemerkenswerte Unterschiede zu den Aussagen der SchülerInnen, wie sie sich in der Auszubildendenbefragung von HONOLKA widerspiegeln. So erwartete durchaus eine große Mehrheit der BerufsschülerInnen von ihren LehrerInnen die Vermittlung allgemeiner Bildung, dagegen liegt in den Bereichen „Hilfe bei privaten/betrieblichen Problemen“ und „politische Parteinahme“ eine Überschätzung seitens der Lehrenden vor. Für das Rollenselbstbild der GewerbelehrerInnen folgert JENEWEIN, daß diese sich wohl eher als Pädagogen mit starker Betonung helfender und, etwas weniger, politisch-parteinehmender Motive verstehen und erst in zweiter Linie als fachlich orientierte Wissensvermittler.

2.5 Probleme und Entwicklungsperspektiven der Kooperation zwischen den Berufsbildungsstätten

Kooperationsmöglichkeit und -bereitschaft mit außerschulischen Partnern, also die Lernortkooperation, ist von entscheidender Bedeutung für die Qualität und Entwicklung der beruflichen Bildung insgesamt. Die in Kapitel 3 zu skizzierenden gesellschaftlichen Veränderungen bedeuten auch neue Anforderungen an die Zusammenarbeit der Lernorte im „Dualen System“, dessen Zustand ja schon seit einigen Jahren von vielen Autoren als krisenhaft beschrieben wird. Das Selbstverständnis der BerufsschullehrerInnen als Partner im dezentralen Berufsbildungsprozeß ist ein an Bedeutung gewinnendes modernes Kriterium für ihre Professionalität. Unter dem Titel „Probleme und Entwicklungsperspektiven der Kooperation zwischen den Berufsbildungsstätten“ haben BERGER/WALDEN für das Bibb in Zusammenarbeit mit dem Lehr- und Forschungsgebiet für Berufspädagogik der Universität Dortmund und dem Institut für Wirtschafts- und Erwachsenenpädagogik der Humboldt-Universität-Berlin ein umfangreiches Forschungsprojekt durchgeführt. Unter anderem wurden in einer repräsentativen schriftlichen Erhebung über 2.600 betriebliche AusbilderInnen und Ausbildungsleiter, mehr als 1.400 BerufsschullehrerInnen und über 3.300 Auszubildende befragt. Auch die überbetrieblichen Ausbildungszentren wurden in die Studie einbezogen. Die untersuchten Fachrichtungen umfaßten sowohl kaufmännische als auch handwerkliche und gewerblich-technische Berufe. In dem hier zu behandelnden Zusammenhang des professionellen Selbstverständnisses von BerufsschullehrerInnen sind vor allem folgende Ergebnisse von Interesse.

Daß die Kooperation zwischen Berufsschulen und Betrieben ausgeweitet werden sollte, trifft auf breiteste Zustimmung. 90% der BerufsschullehrerInnen und 85% derAusbilderInnen halten dies für erforderlich. Rund ein Drittel der Befragten hatten in den letzten Jahren auch vermehrt Kontakte. Als wichtige Faktoren des erhöhten Kooperationsbedarfes werden fachliche und persönliche Anforderungen sowie neue Technologien genannt. Bei den Kontaktanlässen überwiegen von Seiten der Lehrenden Lernschwierigkeiten (75%) und Disziplinprobleme (54%) von SchülerInnen sowie Prüfungsabstimmungen (51%). Lediglich 9% der BerufsschullehrerInnen, aber immerhin 20% der AusbilderInnen nennen inhaltliche Abstimmungen als konkrete Anlässe für eine direkte Zusammenarbeit. Diese „Kooperationsstruktur“ spiegelt sich auch in der Art der Kontakte. Es überwiegt das (kurze) telefonische Gespräch, das wenig Ansätze für eine systematische Zusammenarbeit bietet. Ausbildungs- und Unterrichtsmethoden sind nur selten der Grund für Kontakte. Als Hauptproblem bei der Kooperation wird auf Seiten der BerufsschullehrerInnen „zu wenig Zeit“ genannt. Bezeichnenderweise erfahren lediglich 8% der BerufsschülerInnen die Ausbildung als koordiniert. Trotzdem wollen nur 45% der LehrerInnen (59 % der AusbilderInnen) einen verbindlichen Rahmen für die Lernortkooperation vorgegeben haben. Offensichtlich gibt es im LehrerInnenalltag genügend bürokratische Reglementierungen, womit die Lernortkooperation „freies Feld“ für persönliche Initiativen bleibt.

Bei den vorgeschlagenen Maßnahmen zur Verbesserung der Zusammenarbeit wird die Durchführung von Betriebspraktika für LehrerInnen von diesen selbst mit 91% favorisiert. Erfahrungen in der betrieblichen Arbeitswelt sind offensichtlich Bestandteil des professionellen Selbstverständnisses von BerufsschullehrerInnen, gleichwohl in ihrer Berufspraxis defizitär. Obwohl betriebspraktische Erfahrungen in der einen oder anderen Form obligatorische Bestandteile der Lehramts-Ausbildung sind, unterliegen sie offensichtlich auch einer schnellen Entwertung im Alltag (vgl. JENEWEIN). Gemeinsame Weiterbildungen und Projekte von BerufsschullehrerInnen und AusbilderInnen stehen mit jeweils über 80% auf der „Wunschliste". Die Berücksichtigung schulischer Leistungen bei der Abschlußprüfung der Auszubildenden wird von 95% der BerufsschullehrerInnen vorgeschlagen. Hier liegt wohl eines der großen Probleme auch im professionellen Selbstverständnis der Lehrenden. Ihre erfolgreiche Arbeit mit den Auszubildenden ist im Ergebnis, zum Beispiel der Bestehensquote bei den Kammerprüfungen, nicht sichtbar.

Der Fragebogen an die BerufsschullehrerInnen in den alten Bundesländern enthielt auch einen Abschnitt, der sich direkt mit der Weiterbildung befaßte. Seine Auswertung soll im Sommer 1995 veröffentlicht werden. Dankenswerterweise konnten wir vorab die Daten des entsprechenden Abschnittes einsehen. In großer Übereinstimmung mit den Ergebnissen von HAENSCHE/RECKMANN ist die hohe Weiterbildungsbereitschaft der BerufsschullehrerInnen zu erkennen. Rund 90% der über 1.000 Befragten haben 1990 und 1991 eine dienstliche, 51% eine private Weiterbildung absolviert.[5] Durchschnittlich wurden dafür über sieben Tage pro Jahr investiert. 28% der Maßnahmen waren rein fachlich, also ohne pädagogische Anteile, bei rund der Hälfte der Nennungen lagen diese bei 5-50% der Lehrgangszeit. Lediglich rund 9% besuchte rein pädagogisch ausgerichtete Lehrgänge. Mit rund 45% ist der Anteil derjenigen, die die für sie persönlich zur Verfügung stehenden Maßnahmen zur beruflichen Weiterbildung als nicht ausreichend bezeichneten, bemerkenswert hoch. Drei Viertel der Befragten möchten gerne an Lehrgängen teilnehmen, die fachliche und pädagogische Inhalte kombinieren, lediglich 3% würden rein pädagogische, ein Drittel rein fachliche Weiter-

5 Befragungszeitraum war der Sommer 1992.

bildungen besuchen.[6] Als Verbesserungen des Angebotes zur beruflichen Weiterbildung wünschen sich rund 60% der Befragten mehr Praxisnähe, wobei offen ist, ob fachliche oder pädagogisch-didaktische Praxis gemeint ist. Mehr Unterstützung durch die Schule bzw. Verwaltung nennen über 40% und fast die Hälfte ein breiteres Angebot als wünschenswert. Die schon in der Untersuchung von HAENSCHE/RECKMANN bemängelte Information über Weiterbildungskurse und die oft zu große Entfernung zu den Veranstaltungsorten als Zugangshindernisse vor allem für Frauen schlagen sich auch in der BIBB-Befragung nieder. Immerhin nennen fast 30% mehr Information und rund 26% ein wohnortnäheres Angebot als wünschenswert.[7] Die im Nachgang zur empirischen Erhebung durchgeführten qualitativen Interviews mit BerufsschullehrerInnen werden zur Zeit ausgewertet und ebenfalls voraussichtlich im Sommer diesen Jahres veröffentlicht.

2.6 Weitere Arbeiten

Einer von LEHNER/WIDMEIER im Auftrag der GEW durchgeführten Studie zufolge ist Schule immer noch nach dem tayloristischen System der Arbeitsteilung organisiert, die Rede ist vom Fließbanddurchgang der Schüler durch die einzelnen Stunden. Der Lehrer bringt seinen Teil des zu vermittelnden Stoffes an, ohne Sicht auf das Ganze. In der modernen Produktion setzte man aber immer stärker auf Verständnis der Zusammenhänge und Abläufe. Lehrerwissen sei veraltet, die Schulorganisation und Hierarchie anachronistisch. Auch hier wird mit der „lean production“ argumentiert, die mit Ausbildungsmethoden der sechziger Jahre nicht vereinbar bzw. erreichbar sei. Gefordert werden Handlungsspielräume für die Schule, um flexibel und selbständig reagieren zu können. WIDMEIER und LEHNER favorisieren in ihren Ausführungen ein Einheitsschulmodell aus Haupt-, Real- und Berufsschule, zu denen später auch die Gymnasien hinzukommen sollen. So wird die Möglichkeit geschaffen, Ausbildung über Schulsystemgrenzen hinweg zu ermöglichen. Hauptkritikpunkt von Karl-Heinz HEINEMANN[8] am Ein-

6 Mehrfachnennungen waren möglich.
7 Auch hier waren Mehrfachnennungen möglich.
8 Frankfurter Rundschau vom 29.10 1992.

heitsschulmodell ist die fehlende Berücksichtigung lernschwacher SchülerInnen.

Bei einer Befragung[9] von 200 BerufsschullehrerInnen in Rheinland-Pfalz zu Problemen im Berufsvorbereitungsjahr durch den VERBAND DER LEHRER AN BERUFSBILDENDEN SCHULEN ergab sich, daß lediglich ein Viertel der Lehrenden in organisierten Aus- und Fortbildungsmaßnahmen erworbene Qualifikationen besaßen. Die Frage, ob sie sich als Fachpraxis oder Fachtheorielehrer sehen, blieb insgesamt unentschieden, wobei allerdings von Gerhard P. BUNK und Mechthild MERZ bemerkt wird, daß der größte Teil der Unterrichtsstunden in der Fachpraxis abgehalten wird. Die größten pädagogischen Probleme bereiten Konzentrationsschwierigkeiten und Disziplinprobleme sowie Unruhe und hohe Fehlzeiten der Klientel. Hinzu kommen bei den SchülerInnen Lernbehinderungen, Sprachprobleme, Aggression und Gewalt. Fragen nach notwendigen Zusatzqualifikationen beantwortete fast ein Drittel der Befragten nicht. Die gegebenen Antworten bezogen sich auf sozialpädagogische Fortbildung und fachliche Zusatzqualifikationen in Didaktikfragen und Umgangsmöglichkeiten mit verhaltensauffälligen SchülerInnen. Dieses wurde mit Forderungen nach finanziellem Ausgleich, neuen Stellen für SozialpädagogInnen und Anerkennung der zusätzlichen Beanspruchung verbunden. Die Autoren kommen zu dem Schluß, daß selbst die Erfüllung dieser Lehrerforderungen am Problem der BVJ-SchülerInnen, nämlich der Annahme, sie seien „schulfrustriert“, nichts ändern werde. Sie plädieren für die Herausnahme des BVJ aus der Berufsschule, um es in eine Art überbetrieblicher Ausbildungsstätte zu verlagern, in der es „keinen Stundenplan, keine Lehrer und keinen Schulgeruch“ gibt. Arbeiten und Lernen sollen am gleichen Ort stattfinden, und die Produktionsnähe motivationsteigernde Erfolgserlebnisse bringen.

BADER/HOHMANN (1995) stellen Ergebnisse einer (nicht repräsentativen) Befragung des Hochschuldidaktischen Zentrums der Universität Dortmund von 1993 vor, die in die Diskussion um Art und Umfang der erforderlichen und zumutbaren Praxisphasen in der Lehramtsausbildung eingebettet ist. Insgesamt nahmen rund 400 Studierende ausschließlich westdeutscher Hochschulen teil. Von den hier Befragten haben rund zwei Drittel eine einschlägige

9 vlbs aktuell 13/91, S. 3.

Berufsausbildung absolviert, der durchschnittliche Frauenanteil ist mit rund 10% niedrig, mit großen Unterschieden in den einzelnen Fachrichtungen. Diese geringe Attraktivität von technischen Fachrichtungen für Frauen hängt wohl auch mit den entsprechenden FacharbeiterInnenberufen zusammen, „es fehlen `Einstiegsberufe´ für Frauen“. Insgesamt habe der Trend zur Berufsausbildung vor dem Studium eher zugenommen, in den technischen Fachrichtungen stärker als in der Wirtschaftswissenschaft.

Bei einer Befragung von LehrerInnen durch die Zeitschrift ERZIEHUNG UND WISSENSCHAFT (vgl. GÜTZKOW/WELZEL in diesem Band), die ohne Differenzierung innerhalb der Lehrerschaft durchgeführt wurde, ergab sich die Feststellung, daß die Unterrichtenden selbst die Schule, den Unterricht und die Erziehung als nicht so organisiert ansehen, um vernünftig mit Kindern und Jugendlichen umgehen zu können. Zwei Drittel der Befragten würden sich in diesem Sinne an einer Debatte um Verbesserung der bemängelten Faktoren beteiligen, immerhin ein Drittel würde dies nicht tun. An erster Stelle der Belastungen rangierten die zunehmenden Auffälligkeiten der Schüler, zu große Klassen und eine mangelhafte Ausstattung bzw. zu hohe Stundenbelastung. Festgestellt wurde auch, daß Lehrer ihrer pädagogischen Tätigkeit grundsätzlich gerne nachgehen. Bei der Frage nach Änderungen, die der einzelne durchführen könnte, gab es hier die Forderung, mehr sozialpädagogische Kräfte einzusetzen.

2.7 Analysen des BerufsschullehrerInnenbedarfes

Reinhard BADER kommt in seiner seit 1988/89 jährlich vorgenommenen Erhebung der Studierendenzahlen für das Berufsschullehramt 1993 zu dem Schluß, daß von einer Beseitigung des Berufsschullehrermangels keine Rede sein kann. Selbst die als zu niedrig bezeichneten Bedarfsprognosen der Kultusministerkonferenz seien bis 2005 nicht zu decken, vor allem vor dem Hintergrund der wieder rückläufigen Anfängerzahlen in den Gewerbelehrerstudiengängen. Der Autor fordert eine erhöhte Mobilität der Studierenden, da in den verschiedenen Bundesländern sehr unterschiedliche Absolventenzahlen zu erwarten seien.

BADER warnt vor der Vorstellung, alleine die Schaffung neuer Studiengänge könne die Attraktivität der Gewerbelehrerausbildung erhöhen, sie führe nur zu Verlagerungen der ohnehin Studierwilligen an eine geographisch günstigere Universität, was eine Aufsplittung der Ressourcen zur Folge habe. Auch Günter KUTSCHA (1994) wies darauf hin, daß die Rekrutierung von geeigneten Berufsschullehrern zusammenzubrechen drohe und die Kluft zwischen betrieblicher Ausbildung und der damit zusammenhängenden Berufsschulausbildung sich vergrößern werde. Das Dilemma werde damit gelöst, daß berufspädagogisch nicht qualifizierte Kräfte eingestellt würden, wobei der zugrundegelegte Mindeststandard unklar zu sein scheint. Auf die spezielle Problematik der Sondermaßnahmen zur Deckung des LehrerInnenbedarfes und der möglichen Auswirkungen auf das professionelle Selbstverständnis gehen wir unter 3.3 noch einmal ein.

2.8 Erste Schlußfolgerungen aus dem empirischen Teil

Zu der Frage nach einem „professionellen Selbstverständnis" von BerufsschullehrerInnen gibt es wenig explizite Aussagen. Feststellen läßt sich, daß die Einstellungspraxis der letzten 30 Jahre dazu geführt hat, daß eine inhomogene Berufsschullehrerschaft entstanden ist. Diejenigen, die über Ingenieur- und Wirtschaftswissenschaften Zugang fanden, sehen sich in erster Linie als Fachleute, nicht als Berufspädagogen. Berufspädagogisches Denken ist in stärkerem Maße bei UniversitätsabsolventInnen anzutreffen, die dieses in ihre Ausbildung integriert erwarben und einen Teil ihres beruflichen Selbsverständnisses hieraus beziehen. Eine stärker ausgeprägte pädagogische Seite im Selbstverständnis findet sich offensichtlich bei Studierenden mit sozialwissenschaftlich-kulturellem Zweitfach. Desweiteren sehen die BerufschullehrerInnen einen erhöhten Bedarf an sozialpädagogischer Unterstützung bzw. Schulung, um sich auf die veränderte Klientel der Berufsschulen einstellen zu können. Offensichtlich haben aber nur wenige Lehrende eine klare Vorstellung von den Bedürfnissen und spezifischen Problemen ihrer SchülerInnen. Bemerkenswert hoch ist die Weiterbildungsbereitschaft der BerufsschullehrerInnen, sowohl auf fachlichem als auch auf pädagogischem Gebiet. Ebenfalls hoch ist die Kooperationsbereitschaft mit anderen Lernorten. Offensichtlich gibt es auch eine große Bereitschaft, im persönlichen Verhalten, im eigenen Unterricht auf die Veränderungen der Rahmenbedingungen und der Klientel zu reagieren bzw. die Initiative zu ergreifen. Die bestehenden Schulstrukturen werden vor allem in ihrer Unbeweglichkeit als Hemmnis genannt. Solange der erkannte Bedarf an Lehrenden auf der politischen Seite nicht auch in eine veränderte Einstellungspraxis mündet, bleibt der Anpassungsdruck auf junge ReferendarInnen zu groß.

3. Professionalisierung und Strukturwandel

3.1 Die Akademisierung der GewerbelehrerInnenausbildung

Obwohl die heutigen Bedingungen in der beruflichen Bildung nicht mit denen der 50er und 60er Jahre vergleichbar sind, gibt es doch einige interessante Parallelen. Vor allem die folgenden Ursachen führten seinerzeit dazu, daß die Akademisierung der Gewerbelehrerausbildung als wichtiger Schritt zur Professionalisierung durchgesetzt werden konnte.

Durch die forcierte Industrialisierung stiegen die beruflichen Anforderungen. Zudem zeigte sich zunehmend deutlicher, daß sich der technologische Wandel beschleunigte. In diesem Wandlungsprozeß wurde der beruflichen Qualifizierung eine erhöhte wirtschaftspolitische Bedeutung beigemessen.

Es herrschte ein offenkundiger Mangel an GewerbelehrerInnen. Hinzu kam die große Heterogenität der Berufsschullehrerschaft, die sich aus der Vielfalt der unterschiedlichen, häufig auch provisorischen Ausbildungs- und Zugangsweisen ergab. Darunter befanden sich unter anderem Lehrer, die an den Berufspädagogischen Instituten die Ausbildung absolviert hatten, deren überwiegende Zahl Fachschulen besucht hatte, Lehrer mit abgeschlossener Hochschulbildung, die in verschiedenartigen Zusatzkursen ausgebildet wurden, Fachschulingenieure mit Zusatzausbildung, Volksschullehrer mit Zusatzausbildung sowie Techniker, Meister, Kunstgewerbler und ähnliche, die nach dem Zweiten Weltkrieg in verschiedenen Notmaßnahmen ausgebildet worden waren (GRÜNER 1974, S. 524; SOMMER 1992, S. 35f. Zur Rekrutierungsproblematik vgl. auch HABEL 1986, S. 66f). Daher schien es unbedingt notwendig, die Attraktivität und das Ansehen dieser Tätigkeit zu erhöhen. Neben der angestrebten Verbesserung der Qualität der Ausbildung war mit der Akademisierung der Ausbildung die Hoffnung verbunden, den Nachwuchs für diesen Beruf auch zahlenmäßig zu sichern.

Desweiteren waren es standespolitische Interessen der Gewerbelehrerverbände, die eine Gleichstellung der Qualifikation und der Besoldung mit den Gymnasial- und Handelslehrern ebenso wie die formale Gleichstellung der beruflichen mit der allgemeinen Bildung durchsetzen wollten (GRÜNER 1974, S. 525; GEORG/KUNZE 1981, S. 161). Bildung findet auch in beruflichen Bildungsprozessen statt und ist nicht an das allgemeinbildende Schulwesen geknüpft, so die Begründung (ABEL 1964). Im Widerspruch dazu stand die Forderung des Gewerbelehrerverbandes, ausschließlich Abiturienten (mit Berufsabschluß oder beruflicher Praxis) zum Gewerbelehrerstudium zuzulassen.

Durch die Verlagerung der Gewerbelehrerausbildung an die Universitäten, die bis Anfang der 70er abgeschlossen war, fand eine stärkere Vergymnasialisierung statt. Sie orientierte sich am „Studienratsstudium" mit zwei Fächern in der Kombination berufliche Fachrichtung und allgemeinbildendes Fach. Die Fach- bzw. Berufspraxis wurde zurückgedrängt. Dies geschah sowohl über den Ausschluß erfahrener „Praktiker" vom Zugang zum Studium, die ihre Praxiskompetenz in das Studium und die Ausbildung hätten einbringen können, als auch durch die Verwissenschaftlichung des Technik- bzw. Ingenieurstudiums und des Zweitfachstudiums. Mit dieser „Verwissenschaftlichung" waren eine Vielzahl von Strukturproblemen verbunden, die bis heute ungelöst sind (vgl. GERDS 1989, GERDS/PASSE-TIETJEN 1991, S. 5f).

3.2 Strukturelle Entwicklungen seit den 70er Jahren

3.2.1 Quantitative Probleme der Lehramtsausbildung

Ein ungelöstes, sich eher verschärfendes Problem ist die strukturelle Inkongruenz zwischen den Erkenntnisinteressen, Forschungsgegenständen, Fragestellungen, Methoden der wissenschaftlichen Disziplinen einerseits und den Erfahrungs-, Wissens- und Kompetenzbeständen berufsförmig organisierter Arbeit andererseits[10]. Im Studium besteht die Tendenz der Verselbständigung „theoretischer" Studien gegenüber Inhalten und Formen betrieblicher und beruflicher Praxis. Die berufsförmig organisierte Arbeit hat jedoch gegenüber der wissenschaftlichen Analyse eine eigene Handlungslogik, die spezifische Kompetenzen erfordert, die allein über die Auseinandersetzung mit Fachwissenschaft nicht erworben werden können. Außerdem kann diese Form des technik- bzw. ingenieurwissenschaftlichen Studiums allenfalls technische Sachverhalte, jedoch nicht die Berufspraxis erklären. Dadurch wird ein wichtiger Auftrag der Berufsschule, die Fachtheorie für die Fachpraxis zu vermitteln, in Frage gestellt. Zur Diskussion steht damit aber auch die Glaubwürdigkeit der Lehrenden. [11]

Außerdem ging die das Studium zentrierende Funktion der Didaktik beruflichen Lernens weitgehend verloren, sie reduzierte sich auf eine Fachdidaktik/Fachmethodik, die sich vorwiegend auf Probleme der Vermittlung disziplinärer Wissensbestände beschränkt.

Ungelöst ist bis heute auch die Frage der angemessenen Fachwissenschaft. Dies gilt insbesondere für die Berufe, die kaum korrespondierende Fragestellungen zu den an wissenschaftlichen Hochschulen etablierten Disziplinen aufweisen, zum Beispiel die Berufe des Berufsfeldes Körperpflege oder Textiltechnik.

Diese Strukturprobleme haben sich durch die in den 70er und 80er Jahren stattfindenden beruflichen und gesellschaftlichen Wandlungsprozesse verschärft. Die wichtigsten Ziele der Akademisierung der Gewerbelehrerausbildung, langfristig pädagogisch wie fachlich kompetente und zahlenmäßig genügend Lehrer zu qualifizieren, konnten nicht erreicht werden. Notmaßnahmen, wie zum Beispiel die Einstellung von Diplom-Ingenieuren oder

---

10 Ausführlich wird dieses Verhältnis und didaktische Konsequenzen in EKKERT/RÜTZEL 1994 und RÜTZEL 1994 diskutiert.

11 Sehr anschaulich wird der unauflösliche Zusammenhang von Theorie und Praxis sowie dessen Bedeutung für die Motivation der Lernenden bzw. die Glaubwürdigkeit der Lehrenden am Beispiel „Härten von Stahl" bei GERDS (1989, S. 214) verdeutlicht.

„Fachhochschulerlasse", sollten der kurzfristigen Bedarfsdekkung dienen (vgl. JOST 1989, S. 258; GERDS 1989, S. 204f).

Mitte der 80er Jahre belegten Analysen, daß die Annahme, die quantitative Versorgung der beruflichen Schulen mit fachlich qualifizierten Lehrern sei bis zum Ende des Jahrhunderts sichergestellt, nicht zutraf (JOST 1986; NEUMANN/RAUNER 1985). Die Warnungen vor der Aufnahme eines berufspädagogischen Studiums und die Prognose des langandauernden Lehrerüberschusses kehrten sich nach und nach in ihr Gegenteil um. Schlagzeilen wie „Der Lehrermangel gefährdet den Erfolg des dualen Systems" (DIE ZEIT vom 9. Nov. 1990) oder „Lehrermangel: Ausweg nicht in Sicht" häuften sich (BADER 1993). Die Kultusministerkonferenz empfahl 1990 einen Maßnahmekatalog zur Sicherung des Nachwuchses von Lehrern an beruflichen Schulen. Von den Standesorganisationen und den Gewerkschaften wurden und werden Sofortprogramme gefordert und Rahmenkonzeptionen zur Ausbildung von Lehrern an beruflichen Schulen vorgelegt. Fast alle Bundesländer legten Anfang der 90er Jahre wieder Notprogramme zur kurzfristigen Deckung des Gewerbelehrerbedarfs auf, die inzwischen wieder ausgelaufen sind.

Die Sondermaßnahmen bestehen in der Regel darin, Standards an die LehrerInnen-Ausbildung kurzer Hand zu streichen und somit deren Relevanz für den Beruf „Berufsschullehrer" zu entwerten. Berufspädagogische Studiengänge sind durch solche administrativen Maßnahmen praktisch zur Disposition gestellt. GERDS (1989) beschreibt einen Kreislauf aus geringer Attraktivität der Studiengänge mit entsprechend wenig AbsolventInnen, daraus folgend immer wiederkehrenden verordneten Sondermaßnahmen und wiederum daraus resultierender Schwächung der Studiengänge innerhalb der Hochschulen. Solche „Anerkennungsverfahren" haben auch Auswirkungen auf das pädagogische Selbstverständnis der Lehrenden an beruflichen Schulen, da man ja vermeintlich auch ohne grundständiges Studium die Anforderungen der Lehrtätigkeit bewältigen kann. Diese „Auszehrung der beruflichen Schulen und des Selbstkonzeptes der Berufspädagogen" (GERDS 1989, S. 209) ist quantifizierbar. Nur rund die Hälfte der Lehrenden an beruflichen Schulen in den alten Ländern haben Lehramtsprüfungen in den beruflichen Fachrichtungen. Unter Hinweis auf JOST (1986) sieht er auch einen

Zusammenhang zum Unterrichtsausfall des Fachunterrichtes bzw. dem hohen Anteil an „fachfremd“ erteilten Stunden. Eine Übersicht über die von den Bundesländern ergriffenen Sondermaßnahmen zur Deckung des Lehrerbedarfs an beruflichen Schulen haben BADER (1992) und andere 1990 zusammengestellt.

3.2.2 Qualitative Probleme der Lehramtsausbildung

Neue Ziele

Mindestens so gravierend wie die quantitativen Probleme ist die den neuen Anforderungen nicht mehr angemessene Qualität der Ausbildung. Ab Anfang der 80er Jahre wurde diese zunehmend kritisch beurteilt. Die von manchen so bezeichnete „Dritte Industrielle Revolution“ führte zu gravierenden Umbrüchen. Neue Techniken und neue Formen der Arbeitsorganisation verändern die Qualifikationsanforderungen. Qualifizierungsoffensiven wurden gestartet.

Viele Ausbildungsberufe sind seit Ende der 80er Jahre neu geordnet worden. Selbständiges Planen, Ausführen und Kontrollieren sollen im Zentrum der beruflichen Bildung stehen. Vermittelt werden sollen nicht enge, spezifische Kenntnisse, Fähigkeiten und Fertigkeiten, sondern Schlüsselqualifikationen. Handlungsorientierung wird zum zentralen didaktischen Prinzip sowohl der betrieblichen als auch der schulischen beruflichen Qualifizierung erhoben. Als Leitziel der beruflichen Bildung gilt der Erwerb „beruflicher Handlungskompetenz“. Vernetztes, selbständiges Denken und Handeln, Flexibilität in der gedanklichen Einstellung, Kommunikations- und Kooperationsbereitschaft und die Bereitschaft zu lebenslangem Lernen sollen ausgebildet werden. Die Aneignung von Wissen, Strukturen und Kompetenzen ist in ein neues Verhältnis zu setzen. Systematisches Wissen und Handlungswissen sowie die Verbindung von Theorie und Praxis sind im Lernprozeß in neuer Weise zu verbinden. Auf den Lernort Berufsschule im Dualen System kommen damit erhebliche neue Anforderungen zu. Er muß in diesem Prozeß ein neues Profil entwickeln, damit die geforderte neue Qualität der Ausbildung auch erbracht werden kann. Dazu zählt auch die Entwicklung von Kooperationsformen mit Betrieben und anderen Einrichtungen der beruflichen

Bildung. Ohne die angemessene Qualifizierung der LehrerInnen und veränderte Arbeitsbedingungen läßt sich dies nicht erreichen.

Parallel zu den Veränderungen in der beruflichen Erstausbildung haben die berufliche Weiterbildung und die berufliche Integration von Problemgruppen erheblich an Bedeutung gewonnen. Vielfältige Maßnahmen der beruflichen Eingliederung, Wiedereingliederung, Förderung sowie der Fort- und Weiterbildung sind entwickelt worden, die auf jeweils spezifische Problemlagen und fachliche Anforderungen hin konzipiert und ausgelegt sind.

Neue Inhalte

Bezugspunkte für die Inhalte der beruflichen Qualifizierung von BerufspädagogInnen sind die berufliche Praxis und die (einschlägigen) Wissenschaften. Sowohl die Inhalte der Fachpraxis als auch die der Wissenschaften sind beschleunigten Wandlungsprozessen unterworfen.

Die Inhalte der beruflichen Praxis verändern sich durch eine komplexer werdende, weniger durchschaubare Arbeitsumwelt. Planungs- und Ingenieurwissen vergegenständlichen sich in Programmen. Durch die Vernetzung verschiedener Bereiche werden Einzelsysteme miteinander verknüpft. Das Arbeitshandeln ist nicht mehr Teil des Herstellungsprozesses, es dient im wesentlichen der Aufrechterhaltung einer komplexen, störanfälligen Produktion. Dabei greift der Facharbeiter in Handlungsketten ein, die oft den gesamten Ablauf umfassen. Sein Eingriff wirkt auf diese Handlungsketten zurück. In den Vordergrund der Tätigkeit treten vorausschauende Planung, Bewerten, Entscheiden, das Denken in Systmen und das Arbeiten mit komplexen Anwenderprogrammen. Zu deren Beherrschung sind nicht nur Schlüsselqualifikationen, sondern auch neues, spezialisiertes Wissen erforderlich. Hinzu treten neue Formen der Arbeitsorganisation, die ein hohes Maß an *professioneller* Kommunikation und Kooperation erfordern. Kommunikation und Kooperation werden unter den Bedingungen der Effektivierung der Arbeitsprozesse gestaltet, wozu spezifische Qualifikationen benötigt werden.

In den Wissenschaften beschleunigen sich die Entwicklungen neuer Verfahren, Systeme, Methoden und der Wissenszuwachs. Dies gilt sowohl für die Bezugswissenschaften der Fachtheorie als auch für die der allgemeinbildenden Fächer. Es entstehen neue

Formen der Verflechtung zwischen den Disziplinen, neue Spezialisierungen und neue Disziplinen wie z.B. die Automatisierungstechnik oder die Informationstechnik.[12]

Problematischer als die Weiterentwicklung und Veränderung der beiden inhaltlichen Bezugspunkte *berufliche Praxis* und *Wissenschaften* ist die strukturelle Inkongruenz zwischen diesen. Durch die Entwicklungen in beiden Bereichen wird die Differenz zwischen dem systematischen Fachwissen und dem operativen bzw. erfahrungsbasierten Wissen nicht kleiner. Trotz der Verwissenschaftlichung der Produktion nähern sich die Pole Wissenschaftsorientierung und Berufsbezug nicht an (vgl. RÜTZEL 1993).

Einerseits wird durch das Schlüsselqualifikationskonzept und die Handlungsorientierung das operative Wissen gestärkt. Andererseits erhält das systematische Fachwissen insofern einen höheren Stellenwert, als das objektivierende Wissen der Fachwissenschaft geeignet ist, einen strukturierenden Überblick über technische Zusammenhänge und die Gestaltung von Arbeitssystemen zu erhalten. Dadurch nimmt die Bedeutung der Auseinandersetzung mit allgemeinen theoretischen Grundlagen zu. Damit die Theorie kompetenzerweiternd und handlungswirksam werden kann, ist sie jedoch auf die Tätigkeitsprozesse zu beziehen und im Aneignungsprozeß mit dem erfahrungsbasierten Wissen zu verbinden. Dieser Zusammenhang gilt auch für das Studium. Für die Gestaltung des Studiums ist sowohl das Problem des beschleunigten Wissenszuwachses als auch die Verbindung mit der beruflichen Tätigkeit und dem erfahrungsbasierten Wissen zu lösen. Er ist zugleich ein wichtiger Bestandteil der professionellen LehrerInnenkompetenz.

Neue Methoden

Weiterhin hat sich das Spektrum der Methoden erheblich erweitert. In betrieblichen Modellversuchen, in der beruflichen Weiterbildung, in der Managementschulung, aber auch in der Benachteiligtenförderung sind Methoden entwickelt worden, die Selbständigkeit, Planungsfähigkeit, Systemdenken und Problem-

---

12 An der TH Darmstadt wird gerade der für das GewerbelehrerInnenstudium eingerichtete Lehrstuhl Mechanik und Maschinenelemente mit dem neuen Profil Mechatronische Systeme besetzt. In diesem Profil sind enge Bezüge zur Elektrotechnik enthalten.

löseverhalten fördern sollen und mittels derer Selbst- und Sozialkompetenz angeeignet werden können. Hierzu zählen die Leittextmethode, Projektorientierung, (PC-)Planspiele, Handlungsstrukturlernen, Fallbeispiele und ähnliches. Hinzu kommen Methoden aus der Managementschulung und aus Gruppenarbeitskonzepten. Dabei handelt es sich vor allem um Methoden, mittels derer Selbst- und Sozialkompetenz angeeignet werden kann. Dazu gehören Selbsterfahrungs-, Feed-back-, Supervisions- und Gestaltpädagogische Ansätze, Neurolinguistisches Programmieren oder Balint-Gruppen.

Darüber hinaus wurden auch neue Methoden und Förderkonzepte im Rahmen der Benachteiligten- und Behindertenförderung unter dem Aspekt der Persönlichkeitsbildung entwickelt. Es sind dies Methoden der Förderung im mathematisch-naturwissenschaftlichen Bereich, der Sprachkompetenz, des Sozialtrainings, des Einbeziehens künstlerischer Übungen in die berufsfachliche Qualifizierung und Formen individueller Lernorganisation.

Insgesamt erhalten die Methoden eine größere Bedeutung für den Erwerb beruflicher Handlungskompetenz. Sie werden als „Werkzeuge“ und Hilfsmittel vielfältiger und komplexer. Deshalb lassen sie sich nicht mehr nebenbei erwerben. Methoden müssen zu Inhalten der Ausbildung werden, damit sie bewußt angeeignet werden können.

3.2.3 Strukturwandel der Jugendphase – die veränderte Klientel der Berufsschule

Schließlich sind auch die Bildungsvoraussetzungen, das Lern- und Sozialverhalten, das kultur- und geschlechtsspezifische Aneignungswissen wesentlich vielfältiger und komplexer geworden. Besonders der Strukturwandel der Jugendphase hat zu veränderten Interessen, Deutungs-, Verarbeitungs- und Bewältigungsformen geführt. Die individuelle Bewältigung risikohafter Lebenslagen ist das Ergebnis von Prozessen der Selbstsozialisation (HEINZ 1989, S. 57). In dieser neuartigen subjektiven Verarbeitungsform gesellschaftlicher Anforderungen sind Strategien der Lebensbewältigung und der individuellen Selbstverwirklichung in unterschiedlicher Weise kombinierbar. Langfristige Planungen werden durch kurz- oder mittelfristige Strategien ersetzt, um Risiken zu verringern. Längerfristig wirksame Entscheidungen werden offen gehalten. Statt vorgefertigte Wege zu beschreiten, werden individuelle Wege für die Lebensführung ausprobiert. Diese aus unserer Sicht für die Gestaltung beruflicher Lernprozesse und die Professionalisierung von Berufspädagogen sehr bedeutsame Entwicklung kann hier nicht weiter verfolgt werden. (Ausführlich dargestellt ist dieser Zusammenhang in RÜTZEL 1993.) Die Veränderung der Schülerschaft, deren höheres Alter, die gestiegene Vorbildung, die größere Heterogenität bezogen auf die schulische Vorbildung und die Differenzierung in den schulischen Vorerfahrungen sind bereits Gegenstand von Modellversuchen (vgl. AUTORENTEAM 1993).

3.3 Professionalisierung von Berufspädagogen und Berufspädagoginnen

Auf diese neuen Anforderungen sind die BerufsschullehrerInnen nicht vorbereitet. Sowohl die einseitige Ausrichtung des Studiums auf die Erkenntnisinteressen, Forschungsgegenständen und Methoden der wissenschaftlichen Disziplinen, die in den Prüfungs- und Studienordnungen kodifizierten, teilweise veralteten Inhalte und die gleichzeitig zunehmende Zersplitterung und „Beliebigkeit" der Inhalte einerseits, als auch der Studienorganisation und Aneignungsformen andererseits, erschweren die adäquate Qualifizierung.

Die Entwicklung und vor allem die Implementierung von Modellen zur Professionalisierung von Berufspädagogen ist in dieses grob skizzierte komplexe Geflecht widersprüchlicher Entwicklungen, Strukturen, Interessen und Handlungssysteme eingebunden. Alle Aspekte lassen sich hier jedoch nicht weiter verfolgen und in ihrer Bedeutung für die Bestimmung der Ziele und Standards der Qualifizierung von Berufspädagogen herausarbeiten. Näher eingehen möchten wir im folgenden auf den Strukturwandel in der Tätigkeit von Berufspädagogen und deren Professionalität.

Die in groben Strichen ausgearbeitete Skizze beruflicher und gesellschaftlicher Wandlungsprozesse verdeutlicht, daß die Anforderungen an Berufspädagogen enorm gestiegen sind und daß sich die pädagogischen Handlungsfelder erheblich erweitert haben. Auf die LehrerInnen wird der Druck und die Konkurrenz erhöht. Sie verlieren ihr Quasi-Monopol als Pädagogen. Die pädagogische Tätigkeit wird in den Feldern gesellschaftlich wichtiger, in denen keine LehrerInnen tätig sind (GEIßLER 1989, S. 199). Höhere Anforderungen ergeben sich aus der größeren Heterogenität der zu unterrichtenden Jugendlichen, deren gestiegenen Bildungsinteressen und der Differenzierung in den Lebenslagen, aus der Zunahme der Komplexität und Abstraktheit der Inhalte, der geforderten Vermittlung von Schlüsselqualifikationen, dem didaktischen Leitprinzip der Handlungsorientierung sowie der Erweiterung des methodischen Instrumentariums. Dabei kann diese Erweiterung nicht additiv gesehen werden.

Die Tätigkeit der BerufsschullehrerInnen ist demnach einem Strukturwandel unterworfen. In allen gesellschaftlichen Bereichen nehmen Planungs-, Kooperations- und Koordinationsaufgaben zu. Auf der Facharbeiterebene verlagern sich die Tätigkeiten von der Herstellungs- bzw. Ausführungsebene auf die Planungs-, Koordinations- und Prozeßgestaltung. Dies gilt zunehmend auch für die Tätigkeit von GewerbelehrerInnen, in der es deutliche Parallelen zu anderen berufsförmig organisierten Arbeitsprozessen gibt. Im Lernprozeß sollen die LehrerInnen nicht mehr bloße Wissensvermittler sein und nur unterrichten, sondern sich als Initiatoren, Koordinatoren, Moderatoren und als Prozeßbegleiter selbstgesteuerter, selbstreflexiver Lernprozesse verstehen. Damit tritt das eigentliche Unterrichten gegenüber der Planung, der Organisation, der Kooperation, der Prozeßgestaltung sowie der Erschließung, Aufarbeitung und Bereitstellung von Materialen in den Hintergrund. Hinzu kommt, daß auch von den Jugendlichen zunehmend Begründungs-, Klärungs- und Diskussionsprozesse eingefordert werden.

Damit wird der Lernprozeß komplexer und weniger vorbestimmt. Auch für die BerufsschullehrerInnen gilt, daß das Ausbildungshandeln immer weniger Teil des unmittelbaren Unterrichtsprozesses ist, sondern mehr und mehr der Aufrechterhaltung von komplexen, selbstgesteuerten, oft störanfälligen Lernprozessen dient. Die notwendigen Eingriffe in diesen Prozeß sind weder sachlich noch zeitlich voll planbar, sie müssen situativ gestaltet werden. Mit den alten Leitbildern wird man diesen neuen Anforderungen nicht gerecht.

3.4 *Veränderte Leitbilder als Ergebnis des gesellschaftlichen Wandels*

3.4.1 Die alten Leitbilder

Zu Beginn der schulischen beruflichen Bildung im 19. Jahrhundert dominierten die Volksschulpädagogen über die Nebenamtlichen aus der gewerblichen Praxis. Nach dem 1.Weltkrieg war eher „der Fachmann" mit Berufs- und Betriebserfahrung gefragt als der „Lehrer". In den Studiengängen der Berufspädagogischen Institute, die bis in die 60er Jahre für die GewerbelehrerInnenausbildung zuständig waren, gab es eine enge Verzahnung einer so verstandenen Fachlichkeit mit Pädagogik. Seit gut 30 Jahren wird die Pädagogik in der an die Ingenieurs-Studiengänge angelehnten akademischen BerufsschullehrerInnenausbildung randständig. Fachwissenschaft setzt sich gegen die Fachpraxis durch. Berufliche Tüchtigkeit und berufliche Mündigkeit, Qualifizierung und Recht auf Bildung erfordern jedoch ein grundständiges erziehungswissenschaftliches Studium und Interesse der Lehrenden (BONZ 1992). Das Berufsbild des Lehrenden aus der Sicht des DEUTSCHEN BILDUNGSRATES (1970) nennt, allerdings nicht nach Schulformen differenziert, Lehren, Erziehen, Beurteilen, Beraten und Innovieren als wichtige Eckpunkte. Auch SPANHEBEL (1981) unterscheidet bei der Rollenproblematik des Lehrerberufes nicht nach einzelnen Schulformen. Er nennt unter anderem die Beamtenrolle, pädagogische Rolle, Kollegenrolle, Rolle im Verhältnis zu den Eltern, öffentliche Rolle des Lehrers. Professionelles Lehrerverhalten sei nicht nur Anwendung wissenschaftlicher Erkenntnisse, sondern auch das Sicheinlassen auf Schüler als Interaktionspartner. SOMMER erweitert dieses Modell zu dem Begriffspaar „Selbstrolle", also die selbstgestellten Anforderungen und Ansprüche, und „soziale Rolle", als von außen wirkende Anforderungen durch Betriebe, Administration, Schulleitung, Kollegen, Eltern und Schüler. Erst aus beiden zusammen ergibt sich die „reale Rolle". BRECHMACHER u.a. (1980) nennen als Qualifikationsaspekte für GewerbelehrerInnen fachwissenschaftliche Kompetenz in Technik und Ökonomie, pädagogisch-didaktische Kompetenz in unterrichtlicher Praxis und eine entwickelte rollenspezifische Handlungskompetenz mit beruflicher Identität im jeweiligen Berufsfeld.

Unstrittig ist, daß das Bild der BerufsschullehrerInnen als „didaktischen Vereinfachern“, deren spezifische Profession es ist, wissenschaftliche Aussagen sachlich korrekt auf das Niveau der SchülerInnen zu reduzieren und mit methodischen Kniffen den Lernprozeß zu steuern und in Gang zu halten, nicht geeignet ist. Obwohl das Unterrichten immer mehr als das war, ist dieses Bild aber noch weit verbreitet. Auch der pädagogisch versierte Fachmann, den GRÜNER vorgeschlagen hat und der auch dem neuen Diplom-Gewerbelehrer-Studiengang in Baden-Württemberg zugrunde liegt, ist zu einseitig in der Professionalisierung (1986, S. 573ff). Die Professionalisierung der GewerbelehrerInnen primär unter dem Gesichtspunkt der Fachkompetenz zu betrachten, greift zu kurz.

3.4.2 Neue Leitbilder

Die Professionalität der Berufspädagogen, als Experten für pädagogische Prozeßberatung und Organisationsentwicklung in schulischen und außerschulischen Lernorten, wird sich in der Fähigkeit erweisen müssen, SchülerInnen zu helfen, Komplexität unter Bedingungen rapiden Wissenswachstums und der Ungewißheit künftiger Lebenssituationen beherrschen zu lernen (KUTSCHA 1992, S. 129).

In der neueren berufspädagogischen Diskussion wird die Professionalität der BerufsschullehrerInnen mit den Begriffen Handlungskompetenz oder Handlungsfähigkeit charakterisiert, die in verschiedene spezifische Kompetenzen unterteilt werden. „Für die Professionalität des (zukünftigen) Lehrers ist die Trias von Fachkompetenz, Sozialkompetenz und Selbstkompetenz grundlegend“ (ARNOLD 1992, S. 29). Dabei wird die Fachkompetenz von ARNOLD, anders als sonst üblich, in eine erziehungswissenschaftliche und eine technologische Fachkompetenz unterteilt. Integrierender Bestandteil der Trias Fach-, Sozial- und Selbstkompetenz ist die fachdidaktische Kompetenz. Außerdem benötige der Lehrer Vermittlungs-, Erschließungs- und mediendidaktische Kompetenz, wobei ARNOLD keine Zuordnung zu den in der Trias formulierten Kompetenzen vornimmt. Nach SOMMER (1992, S. 17) zeichnet den handlungsfähigen Lehrer fach-, pädagogisch-didaktische, kommunikative und soziale Kompetenz aus.

JENEWEIN legt seiner Untersuchung (siehe 2.4) ein Konzept von „Fachkompetenz", in bezug auf die materielle und soziale berufliche Umwelt, „pädagogisch-didaktische Kompetenz", als Gestaltung der Beziehung Azubi-Umwelt, und „pädagogisch-anthropologische Kompetenz", als Verständnis für die Persönlichkeitsstruktur, Motivationslage, soziale und lebensgeschichtliche Bezüge der Klientel, zugrunde.

Es ist hier nicht der Ort, diese und andere vergleichbare Ansätze und die spezifischen theoretischen Herleitungen für die geforderten Kompetenzen genauer zu untersuchen. Hingewiesen sei lediglich darauf, daß alleine aus der Aufzählung der erforderlichen Kompetenzen eine relative Unschärfe und Beliebigkeit in der Verwendung des Kompetenzbegriffs deutlich wird. Dennoch ist in der berufspädagogischen Diskussion relativ unstrittig, daß Kompetenzkonzepte tragfähig sind und daß zur Professionalität der Berufspädagogen die fachliche, pädagogisch-didaktische und soziale Kompetenz gehören. Darin sind die Fähigkeiten der Vermittlung, Kooperation, Kommunikation, Gestaltung, Selbstreflexion und Selbstkontrolle sowie der versierte Umgang mit Medien eingeschlossen. Diese Kompetenzen bilden eine Einheit und sind aufeinander bezogen. Wegen ihrer Unschärfe sind diese Begriffe aber inhaltlich zu präzisieren, damit sie für die theoretische Diskussion, insbesondere aber auch für die Gestaltung von Bildungs- und Lernprozessen im Studium und die berufliche Praxis fruchtbar und handhabbar werden können. Dies um so mehr, als die konkreten Bedingungen beschleunigten Wandlungsprozessen unterliegen.

3.4.3 Leitbilder in der Lehramtsausbildung

Durch die Akademisierung der Gewerbelehrerausbildung war zwar eine formale, eine äußere Gleichstellung erreicht, dennoch blieb die inhaltliche Ausgestaltung der einzelnen Studiengänge sehr vielfältig und heterogen. Je nach Tradition waren die Studiengänge stärker am Leitbild des Fachmanns oder des Pädagogen orientiert. Es gibt eine relativ enge Beziehung zwischen dem Leit- und Selbstbild des Lehrers, der Berufswahl und der individuellen Ausbildung der Lehrenden sowie zwischen der Lehramtsausbildung und dem Selbstverständnis der Lehrenden als Basis ihrer Unterrichte (STRATMANN 1982).

Selbstverständnis und Verhalten der Lehrenden sind nicht nur Sozialisationseffekte des jeweiligen Ausbildungsganges, sondern stehen auch im Zusammenhang mit der Tradition und kollektiven Politik der Berufsgruppe, die den Gruppenmitgliedern erst die Möglichkeit gemeinsamer Rollendefinition und Identitätsbewußtsein als Lehrende gibt (GEORG/KUNZE, S.144).

BerufsschullehrerInnen schöpfen ihr Selbstverständnis zum großen Teil aus der Separierung vom allgemeinbildenden Schulwesen und in bezug auf industrielle Qualifizierungsprozesse. Die spezifische Organisation der beruflichen Bildung ist funktional für ihr Arbeitshandeln.[13] So war die Ausbildung im Bereich der HandelslehrerInnen traditionell am Studium der Diplom-Kaufleute orientiert. Die Attraktivität des Berufsbildes macht die Durchlässigkeit zu kaufmännisch-verwaltenden Leitungsfunktionen aus. Das Leitbild ist das des Managers, die entsprechenden Fachwissenschaften stehen im Mittelpunkt schon des Studiums. Ihr Selbstverständnis ist an dem der GymnasiallehrerInnen orientiert, gerät aber in Widerspruch zu deren idealistischem Bildungsbegriff der zweckfreien Beschäftigung (GEORG/KUNZE, S. 170).

Auch im Bereich der gewerblich-technischen Berufsschule war bis in die 60er Jahre eher „der Fachmann“ als „der Lehrer mit Betriebserfahrung“ das Leitbild. Die akademische GewerbelehrerInnen-Ausbildung wurde wie beschrieben eng an die Ingenieurs-Studiengänge angelehnt, die Pädagogik damit randständig. Beim „Fachmann“ überwiegt heute der „Fachwissenschaftler“ den „Fachpraktiker“ (vgl. BONZ 1992).

3.4.4 Berufliche Weiterbildung als Problem für die Profession „BerufsschullehrerIn“

Im Gegensatz zu anderen Bildungsbereichen wird vor allem der beruflichen Weiterbildung eine wachsende Bedeutung beigemessen. In immer größerem Maße entscheide die persönliche Weiterbildung bzw. -bereitschaft über Karrierechancen und sozialen Status des einzelnen und entsprechende Weiterbildungskonzepte über die wirtschaftliche Entwicklung von Unternehmen. Dies gilt natürlich auch für die Lehrenden in der beruflichen Bildung, wie

13 Von einer Professionalisierung der AusbilderInnen kann überhaupt erst in Ansätzen seit Inkrafttreten des BBiG 1969 gesprochen werden.

wir unter 2.3 und 2.5 beschrieben haben. Daß diese Entwicklung nicht unproblematisch ist, zeigt GEIßLER. Bildung werde so immer mehr an rein ökonomischen Kriterien gemessen, es entstehe eine Zweiteilung in Schule als geschütztem Raum der allgemeinen Bildung und beruflicher Erwachsenenbildung als dem Ernstfall. Damit ist ein Statusverlust der BerufsschullehrerInnen (und übrigens auch der betrieblichen Ausbilder) verbunden, da die von ihnen vergebenen Abschlüsse für die Karriere der Auszubildenden an Relevanz verlieren. Auch im Konsumbereich von Bildung (Medien-, Museums- und Erlebnispädagogik) wächst der Bedarf an den Lehrern vorbei. Die Funktion der Schul- und Berufsbildung als relativ stabiler Integrationsfaktor des einzelnen in die Gesellschaft geht zunehmend verloren. Lebenslanges Lernen wird zum lebenslangen Kampf um soziale Stellungen. Der inhaltliche Zusammenhang von Schulbildung und beruflicher Erwachsenenbildung geht verloren. Mehr Allgemeinbildung in der Schule hieße auch, daß die für die Karriere relevanten Zertifikate an anderer Stelle vergeben werden. Der Abschluß einer beruflichen Erstausbildung verliert an Bedeutung, da er quasi nur noch die Eintrittskarte in das Berufsleben darstellt, in dem es dann „eigentlich erst richtig losgeht". Ohne diesen Abschluß gibt es aber für die Jugendlichen überhaupt kein Weiterkommen, so wird sich ihre Haltung zur Berufsschule ändern: nur noch das Nötigste tun, um die Ausbildung erst mal abzuschließen. Es entwickeln sich diffuse Bedürfnisstrukturen, in denen Identität als Hindernis für die wirtschaftlich gewollte Flexibilität und Mobilität gesehen wird (vgl. auch OFFE 1989). Dieser für die Jugendlichen nur noch als Einstieg wichtigen Phase der Ausbildung stellt sich nun ein Mangel an Gesamtstruktur des Berufsschulunterrichtes als Ganzes entgegen.

4. Feststellungen und Empfehlungen

4.1 Feststellungen

Als größtes Problem für unser Gutachten hat sich herausgestellt, daß nur sehr wenige größere Untersuchungen unter dem Aspekt der Professionalisierung von BerufsschullehrerInnen vorliegen. Diese wurden teilweise schon vor mehr als fünfzehn Jahren erstellt, sind also in manchen, für das Gutachten bedeutsamen

Punkten weniger aussagekräftig. Weiterhin ist zu bedenken, daß die Erhebungen entweder unter einer relativ engen Fragestellung oder auf einen kleinen Personenkreis bezogen erstellt wurden. In den meisten Fällen wurden BerufsschullehrerInnen aus den Feldern Metall, Elektro und den kaufmännischen Berufen befragt. Wichtige Differenzierungen nach Geschlecht, Studiengang und (Dienst-)Alter sind nur zum Teil vorgenommen worden.

Trotz dieser Einschränkungen lassen sich einige Feststellungen zum professionellen Selbstverständnis der BerufsschullehrerInnen treffen:

- Das Rollenselbstverständnis der BerufsschullehrerInnen ist zunächst stark von den traditionellen Leitbildern des *(helfenden) Pädagogen* beziehungsweise des *Fachwissenschaftlers* geprägt. Als weiteres professionalisierendes Element tritt der Beamtenstatus hinzu, der in engem Zusammenhang mit der festgefügten Institution *Berufsschule* quasi als Klammer für das Selbstverständnis der BerufsschullehrerInnen wirkt. Den genannten drei Leitbildern kam bisher besondere Bedeutung zu, da aufgrund der geringen gesellschaftlichen Anerkennung und der großen Heterogenität im beruflichen Bildungswesen von einer bestehenden *Profession BerufsschullehrerIn* im engeren Sinne nicht gesprochen werden kann.

  Durch die aufgezeigten strukturellen Wandlungsprozesse in der Tätigkeit von BerufspädagogInnen, die Diplom-Berufspädagogik-Studiengänge, durch die tendenziell die alleinige Orientierung auf den Arbeitsbereich *Berufsschule* aufgebrochen wird und da die obligatorische Verbeamtung zur Disposition steht, sind jedoch die alten Leitbilder fragwürdig geworden.

- Unterschiede im professionellen Selbstverständnis der BerufsschullehrerInnen ergeben sich bei differenzierter Betrachtung der Studiengänge und des „Dienstalters". Berufspädagogisches Denken ist eher bei grundständig Studierten anzutreffen, wohingegen bei Studierenden, die aus den Ingenieurs- bzw. Wirtschaftswissenschaften den Zugang zum Lehramt fanden, eher das Verständnis als Fachwissenschaftler anzutreffen ist. Eine besondere Rolle spielt auch das „Zweitfach". Studierende mit einem sozialwissenschaftlich-kulturellen Nebenfach verstehen sich auch häufiger als Pädagogen als jene mit (hoch) affinem Zweitfach.

- Bei der Bewältigung der ständigen alltäglichen Anforderungen an die BerufsschullehrerInnen können wir neben der *Strategie der gezielten Gleichgültigkeit* eine hohe Bereitschaft zur *Weiterbildung* und zur *Lernortkooperation* feststellen. Die Weiterbildungsbereitschaft bezieht sich sowohl auf fachwissenschaftliche als auch auf pädagogische und didaktische Themen.

- Signifikante Unterschiede ergeben sich bei der Selbsteinschätzung hinsichtlich der im Studium vermittelten Qualifikationen. Im Bereich der Fachwissenschaften fühlen sich die BerufsschullehrerInnen gut, im Bereich der pädagogischen und psychologischen Kompetenzen eher schlecht ausgebildet. Der Bezug zur berufsförmigen Organisation von Arbeit wird nicht über die im Studium obligatorischen Praktika vermittelt, sondern hauptsächlich über die Ausbildungsbiographien der BerufsschullehrerInnen eingebracht.

- Innovationen und die Verwirklichung von eigenen Ansprüchen an die Lehrtätigkeit werden speziell von ReferendarInnen und jungen BerufsschullehrerInnen aufgrund der sehr festgefügten Schulstrukturen als problematisch empfunden. Der Anpassungsdruck wird durch die restriktive Einstellungspolitik in vielen Berufsfeldern bzw. Bundesländern verstärkt.

- Bemerkenswert erscheint uns, daß das Berufsschulsystem stets von außen wichtige Impulse erhält. So stammen viele der neuen Unterrichtsmethoden aus dem Managementtraining oder haben Bezüge zu Supervisionsansätzen und zur Familientherapie. Die ersten Umsetzungsversuche zur „Schlüsselqualifizierung“ von Jugendlichen stammen aus Großbetrieben. Aber auch die sozialen Probleme werden durch die SchülerInnen von außen in die Schulen mitgebracht. Nur wenige Anstöße kommen aus der Gesamtheit der BerufsschullehrerInnen selbst. Die dabei zu überwindenden formalen, inhaltlichen und auch emotionalen Hindernisse sind offensichtlich sehr groß. Hierzu mag das Berufsbeamtentum seinen Teil beitragen. In der oben erwähnten Untersuchung von Angela FORBERG wurde das Beamtenverhältnis als zweitwichtigster Punkt der Berufsentscheidung genannt. Gleichzeitig wurde aber auf die starren hierarchischen Strukturen und den anfänglichen Kampf um Planstellen hingewiesen. Diese Strukturen führen zu einer relativ schnellen Resignation und zu einem Arrangieren mit der vorgefundenen Situation. Von wem aber, wenn nicht von jungen LehrerInnen, wären neue Impulse zu erwarten. Es wurde von den befragten Frauen eine besonders unter den männlichen Kollegen ausgeprägte Haltung beschrieben, den Beruf in einzelkämpferischer Weise zu sehen, was viele der im obigen Teil angeführten Forderungen zur Professionalisierung als schwer realisierbar erscheinen läßt.

4.2 Empfehlungen

Die hier getroffenen Empfehlungen gehen zum Teil über die aus den Untersuchungen gewonnen Feststellungen hinaus. Sie sind in erster Linie als Impulse für die weitere Diskussion zu verstehen. Die Empfehlungen betreffen die Bereiche Berufsbildungspolitik (als veränderbare Rahmenbedingung von Lehrertätigkeit), Organisationsentwicklung (sowohl der Organisation Schule als auch der Gewerkschaft) und den Bereich der konkreten Interessenvertretung von BerufsschullehrerInnen.

- Modernes Kriterium an ein professionelles Selbstverständnis ist das Bewußtsein, als gleichberechtigter Partner in einem dezentralen System der Berufsausbildung zu arbeiten. Die Bereitschaft der BerufsschullehrerInnen zur erweiterten Lernortkooperation ist jedenfalls gegeben. In die kontroverse Diskussion um die Zukunft des Dualen Systems der Berufsausbildung sollte die Gewerkschaft offensiv eingreifen. So könnte die hohe Bereitschaft von BerufsschullehrerInnen zur Lernortkooperation als Ermutigung verstanden werden, auch außerhalb der jetzt bestehenden Institutionen in dezentralen, vernetzten Berufsausbildungssystemen Arbeitsmöglichkeiten für BerufsschullehrerInnen zu erschließen. Auch auf dem wachsenden Weiterbildungssektor können sich BerufspädagogInnen etablieren, wobei dies unter den derzeit dort herrschenden, teilweise sehr schlechten Arbeitsbedingungen (vgl. FAULSTICH in diesem Band) (ungeschützte Zeitverträge, mehrere Honorarverträge bei unterschiedlichen Trägern, schlechte Bezahlung, etc.) von uns als problematisch angesehen wird.

- Erstrebenswert erscheint uns eine verstärkte Einflußnahme der Gewerkschaft auf die Ausbildung der BerufsschullehrerInnen. Vor allem im Hinblick auf Interdisziplinarität, Berufspraxis und Erhöhung des Pädagogikanteils in der ersten Phase der Lehramtsausbildung besteht Handlungsbedarf. Mit der Interdisziplinarität als zentralem Punkt des Berufschullehrertums bietet sich die Chance, professionelles Selbstverständnis zu erzeugen. Sie ist schon im Studium das besondere Charakteristikum der Lehramtsausbildung im Vergleich zu den Ingenieurs-Studiengängen, obwohl bis heute überwiegend die verschiedenen Fächer nebeneinander statt integriert studiert werden. Die Forderung nach Interdisziplinarität kann nur mit einerseits der Ausbildung und andererseits der Qualitätssicherung bei der Einstellung von BerufsschullehrerInnen einhergehen.

- In zahlreichen Artikeln wird das „Duale System", wenngleich in einigen Punkten mit großen Problemen behaftet, als eines der besten Ausbildungssysteme der Welt beschrieben, und es ist davon auszugehen, daß diese Tatsache durchaus auf das Selbstverständnis der Berufsschullehrenden einwirkt. Gerade in diesem Zusammenhang kann die momentane Diskussion, die Studiengänge von den Universitäten an die Fachhochschulen zu verlagern und somit eine stärkere rein technisch- pragmatische Ausrichtung zu erhalten, lediglich mit finanziellen Begründungen geführt werden. Im Vordergrund der Diskussion sollte die Qualität der Lehramtsausbildung und nicht das reine Kostenargument stehen. So wäre auch eine Ausbildung an kombinierten Studienorten prinzipiell denkbar. Die meisten Autoren, die sich mit dieser Thematik befassen, weisen jedoch darauf hin, daß ein Wandel nur mit einer noch stärkeren Einschränkung (berufs)pädogogischer Inhalte zu ermöglichen wäre, da die Fachhochschulen nicht im entferntesten über die notwendigen Ressourcen an HochschullehrerInnen verfügen. Der Versuch, ein zwar weltweit anerkanntes, in vielen Punkten jedoch krisenhaftes System, das immerhin ca. 70% eines jeden Jahrganges der Bundesrepublik durchlaufen, durch eine Absenkung der Qualifikationsanforderungen an die Lehrenden zu ändern, zielt in die falsche Richtung. Anzustreben scheint uns eine stärker den sich verändernden gesellschaftspolitischen Komponenten angemessene pädagogische Ausbildung zu sein, mit dem dazu nötigen wissenschaftlichen Rüstzeug, um fähige Pädagogen im Sinne der obigen Ausführungen auszubilden. Auch hier ergibt sich der Ansatzpunkt, professionelles Selbstverständnis über ein eindeutiges Einfordern universitärer Ausbildung in allen Bereichen der Berufsschule auszuprägen. Dabei sollten nicht ständig „Notprogramme" Anforderungsänderungen in der Einstellungspraxis bewirken. Der Versuch, auf der einen Seite berufliche Bildung als gleichwertig zu etablieren und auf der anderen, die Qualifikationsanforderungen derer, die diese vermitteln sollen, langsam auszuhöhlen, kann vor allem von einer Bildungsgewerkschaft nicht akzeptiert werden.

- Ein besonderes Problem für die Beurteilung der Situation und der Handlungsmöglichkeiten ergibt sich aus der Tatsache, daß Fortbildungsangebote, die von BerufsschullehrerInnen wahrgenommen werden, von den Trägern unzureichend erfaßt und nicht evaluiert werden. So gibt es keine anderen Möglichkeiten, als durch die oben beschriebenen Selbsteinschätzungen über die Fortbildungsbereitschaft und -aktivitäten der BerufsschullehrerInnen Auskunft zu erhalten. Es gibt keine eindeutigen Zahlen, welche Berufsgruppen an welchen Veranstaltungen teilnehmen, mit welcher Motivation und Zielsetzung sie dies tun und welche Erfahrungen sie aus den Fortbildungen verwerten. Unter anderem wäre es wichtig zu erfahren, ob und in welcher Weise in die Lehrgangsinhalte Überlegungen zum Strukturwandel in der Jugendphase mitaufgenommen werden oder welche Auswirkungen Veränderungen der ethnischen Zusammensetzung der BerufsschülerInnen auf das Fortbildungsverhalten und Selbstverständnis der BerufsschullehrerInnen haben.

- Ein weiterer zentraler Punkt von Professionalisierung ist die Anerkennung der Berufsschulleistungen bei den Lehrabschlußprüfungen. Verantwortung für die Endergebnisse der eigenen Tätigkeit ist in allen Berufen Teil der Profession. Es geht also nicht darum, den Lehrenden ein weiteres Repressionsinstrument gegenüber den SchülerInnen an die Hand zu geben. Vielmehr würde einerseits die erfolgreiche Arbeit der BerufsschullehrerInnen auch nach außen hin sichtbar, andererseits würde ein solcher Schritt die Motivation der Berufspädagogen/-innen steigern.

- Die in einigen Bundesländern vorgesehene Stärkung der Autonomie der einzelnen Schule bietet einen großen Gestaltungsspielraum für eine zu entwickelnde schulnahe Gewerkschaftspolitik der GEW. Erweiterte Mitbestimmung kann somit zum zentralen Kriterium für die Organisationsentwicklung von Schulen werden. Gleichzeitig könnte durch die Überwindung bürokratischer Reglementierungen und die Aufhebung enger Zeitvorgaben (z.B. 90 Minuten-Takt des Unterrichtes) die Qualität des Arbeitsplatzes der Lehrenden verbessert werden.

- Die Reformbereitschaft vieler BerufsschullehrerInnen sollte durch bessere Gestaltung der Rahmenbedingungen befördert werden. Auch an Berufsschulen sollte endlich planmäßige Organisations- und Personalentwicklung betrieben werden. Dies bedeutet, analog der Entwicklung in Industrie und Dienstleistungsbetrieben, eine Entbürokratisierung der Schulverwaltung, Abflachung der Hierarchien, kontinuierliche Personalpolitik, Teamentwicklung im Kollegium und Supervisionsmöglichkeiten für die einzelnen Lehrenden, aber auch für das ganze Team.

- Der GEW selbst legen wir nahe, den Begriff *„Bildungsarbeiter“* als nicht treffend zu streichen. Dagegen könnte *„Berufspädagoge/-in“* durchgängig verwendet werden. Für eine Bildungsgewerkschaft ist hier der Ansatz zu suchen, professionelles Selbstverständnis auch nach außen zu präsentieren. Der Umgang mit dem vorhandenen Material hat gezeigt, daß die Gewerkschaft sich mit ihrer Klientel BerufsschullehrerInnen nicht hinreichend beschäftigt. Hier zeigt sich deutlicher Handlungsbedarf. Da gesicherte Erkenntnisse über die Klientel im ureigensten Interesse einer jeden Gewerkschaft sind, könnte die GEW, zum Beispiel in Kooperation mit der Max-Traeger-Stiftung, eigene Daten erheben. Gleichzeitig erscheint uns die Stellung der BerufsschullehrerInnen innerhalb der Gewerkschaft als ausbaufähig. Zur planmäßigen Organisationsentwicklung gehört u.E. auch das öffentliche Präsentieren der eigenen Anliegen und Qualitäten. In enger Abstimmung mit den anderen Gewerkschaften sollte geklärt werden, wie die Berufspädagogen und Berufspädagoginnen zu organisieren sind. Dies gilt auch für die betrieblichen AusbilderInnen, deren Professionalisierung in die Diskussion einzuschließen wäre.

Alles in allem kann der jetzige Zustand, in dem die Profession „BerufsschullehrerIn“ noch ungenau umrissen ist, als Chance begriffen werden, über die Interessenvertretungsorganisationen Einfluß auf die Gestaltung sowohl der Lehramtsausbildung als auch der konkreten Arbeit in der Schule zu nehmen.

Literatur

Abel, H.: Zur Neuordnung der Ausbildung für das Gewerbelehramt. In: Die neue Berufsschule.

Arnold, R.: Reflexive Lehrerbildung – Aktuelle Tendenzen und notwendige Ansätze der Gewerbelehrerbildung. In: Die berufsbildende Schule 44 (1992) 1, S. 22-33.

Autorenteam: Innere und äußere Differenzierung in Fachklassen der Berufsschule. Ministerium für Bildung und Kultur Rheinland-Pfalz. Mainz 1993.

Bader, R./Habel, W./Lüde v., R.: Professionalisierung und berufliche Alternativen von Lehrern. Ergebnisse einer empirischen Erhebung. Hochschuldidaktisches Zentrum der Universität Dortmund, Dortmund 1984 (unveröffentlicht).

Bader, R.: Gleichwertigkeit beruflicher und allgemeiner Bildung. In: Die berufsbildende Schule 43 (1991) 5, S. 283-286.

Bader, R. u.a. : Sondermaßnahmen zur Deckung des Lehrerbedarfs an beruflichen Schulen. In: Die berufsbildende Schule 44 (1992) 9, S. 503-514.

Bader, R.: Lehrermangel. Ausweg nicht in Sicht. In: Die berufsbildende Schule 45 (1993) 5, S. 156-165.

Bader, R.: Lehrende in schulischen Vermittlungsprozessen. In: Arnold/Lipsmeyer (Hrsg.): Handbuch der Berufsbildung (in Druck).

Bader, R/Hohmann, B.: Betriebliche Praxiserfahrung von Studierenden für das Lehramt an beruflichen Schulen. Ergebnisse einer Erhebung in den Fachrichtungen Bautechnik, Elektrotechnik, Metalltechnik und Wirtschaftswissenschaft. In: Bader/Pätzold (Hrsg.): Lehrerbildung im Spannungsverhältnis von Wissenschaft und Beruf. Bochum 1995.

Bader, R./Pätzold, G. (Hrsg.): Lehrerbildung im Spannungsverhältnis von Wissenschaft und Beruf. Bochum 1995 (in Druck).

Bader, R./Weber, G. (Hrsg.): Das Höhere Lehramt an beruflichen Schulen. Bonn 1994.

Bammé, A./Holling, E.: Die Alltagswirklichkeit des Berufsschullehrers. Frankfurt/New York 1982.

Berger, K./Walden, G. u.a.: Gestaltungsmerkmale der Kooperation von Betrieben, Berufsschulen und ÜBS. In: Berufsbildung in Wissenschaft und Praxis 22 (1993) 2, S. 32.

Berger, K./Walden, G.: Materialien zum Workshop „Probleme und Entwicklungsperspektiven der Kooperation zwischen den Berufsbildungsstätten" in Bonn am 1. September 1993.

Berger, K./Walden, G.: Kooperation zwischen Betrieb und Berufsschule – ein Ansatz zur Typisierung. In: Berufsbildung in Wissenschaft und Praxis 23 (1994) 2, S. 3.

Berger, K./Walden, G.: Materialien zur Projektpräsentation im Hauptausschuß des Bibb am 23. November 1994 in Bonn.

Blbs: Thesen zur Qualitätssicherung der Ausbildung für Berufsschullehrer. In: Bader/Weber: Das Höhere Lehramt an beruflichen Schulen. Bonn 1994.

Bonz, B.: Berufsschullehrerausbildung in Deutschland. In: Stratmann, K. (Hrsg.): Historische Berufspädagogenforschung. Beiträge zu einem gemeinsamen deutschen Wissensbereich der Berufs- und Wirtschaftspädagogik. (Beiheft 9 zur Zeitschrift für Berufs- und Wirtschaftspädagogik). Stuttgart 1992, S. 238-257.

Bonz, B. (Hrsg.): Lehrerbildung für berufliche Schulen. Alsbach 1992.

Bonz, B./Czycholl, R. (Hrsg.): Lehrerbildung für berufliche Schulen. Aktuelle Probleme in neuen und alten Bundesländern sowie im Kontext europäischer Berufsbildungspolitik. Oldenburg 1994.

Bonz, B.: Selbstverständnis und Arbeitsituation von Berufsschullehrern. In: Pätzold/Walden (Hrsg.): Lernorte im dualen System der Berufsausbildung. Bielefeld 1995, S. 193-203.

Brechmacher/Lipsmeier, A./Wiechmann.: Berufspädagogen in Studium und Beruf. Frankfurt/M. 1980.

Bunk, P./Merz, M.: Das Berufsvorbereitungsjahr aus der Sicht beteiligter Lehrkräfte. In: Die Berufsbildende Schule 9/93, S.288-292.

Eckert, M./Rützel, J.: Didaktische Strukturen. In: dies. (Hrsg.): Strukturorientierte Didaktiken in der beruflichen Bildung. Frankfurt 1994.

Erziehung und Wissenschaft: Wenn wir könnten, wie wir wollten. In: e&w 11/94, S.10-12.

Forberg, A.: Berufliche Situation von GewerbelehrerInnen gewerblich-technischer Fachrichtung, Magisterarbeit, Darmstadt 1994.

Geißler, K.A.: Auswirkungen der Qualifizierungsoffensive auf Ausbildung und Arbeitsbedingungen von Lehrkräften. In: Gerds/Linke/Passe-Tietjen (Hrsg.): Aus- und Weiterbildung von Berufspädagogen. Alsbach 1989, S. 197-202.

Georg, W.: Studium und Beruf des Lehrers an beruflichen Schulen – Inhalte, Richtlinien, Praxis. In: Niehus/Ruhland/Steffens (Hrsg.): Lehrer an beruflichen Schulen. Rekrutierung, Ausbildung und Selbstverständnis. Krefeld 1982, S. 91-102.

Georg, W./Kunze, A.: Sozialgeschichte der Berufserziehung. Eine Einführung. München 1981.

Gerds, P./Passe-Tietjen, H.: Ausbildung von Pädagogen für alle Lernorte in der beruflichen Bildung. Zusammenfassender Evaluationsbericht des BLK-Modellversuchs Berufspädagogen für alle Lernorte in der beruflichen Bildung. Bremen 1991.

Giesbrecht, A.: Berufliche Sozialisation im Referendariat. Empirische Untersuchung in NRW. Opladen 1983.

Götz, E.: Lehrer, nicht Ingenieure. In: Die berufsbildende Schule 38 (1986) 12, S. 759-760.

Greinert, W.-D./Hesse, H.A.: Zur Professionalisierung des Gewerbelehrerberufs. In: Die berufsbildende Schule 26 (1974) 9, S. 621-625 und 26 (1974) 10, S. 684-695.

Grüner, G.: Gewerbelehrerstudium 1949-1974 – Eine kritische Bilanz. In: Die berufsbildende Schule 36 (1974) 7/8, S. 524-530.

Grüner, G.: Die Ausbildung der Lehrer an gewerblichen Schulen. In: Die berufsbildende Schule 38 (1986) 10, S. 573-575.

Habel, W.: Perspektiven für eine Reform der Berufsschullehrerausbildung. In: Habel/Hantke/Jost: Lehrer für das berufliche Schulwesen. Antizyklische Überlegungen zum Bedarf und zur Ausbildung. Essen 1986, S. 59-83.

Haenisch, H./Reckmann, H.:Entwicklung und Erprobung qualitativer und quantitativer Planungsverfahren in der Lehrerfortbildung. Soest 1992.

Honolka, B.: Berufliche Rollenkonflikte von Berufsschullehrern. Ergebnisse einer Schülerbefragung in Bayern 1977. In: Deutsche Berufs- und Fachschule 4/79, S. 243.

Honolka, B.: Rezeption soziologischer Forschungsergebnisse: Ergebnisse einer Befragung und Folgerungen für die Berufsschullehrerausbildung. In: Niehus/Ruhland/Steffens (Hrsg.): Lehrer an beruflichen Schulen. Rekrutierung, Ausbildung und Selbstverständnis. Krefeld 1982.

Jenewein, K.: Betriebliche Berufspraxis – ein konstitutiver Bestandteil der Berufsschullehrerausbildung in technischen Fachrichtungen. In: Die berufsbildende Schule 45 (1993) 6, S. 202-209.

Jenewein, K.: Lehrerausbildung und Betriebspraxis. Bochum 1994.

Jost, W.: Lehrerbedarf und Lehrermangel an beruflichen Schulen. In: Habel/Hantke/Jost: Lehrer für das berufliche Schulwesen. Antizyklische Überlegungen zum Bedarf und zur Ausbildung. Essen 1986, S. 13-58.

Kaiser, F. J.: Studierfähigkeit qualifizierter Berufspraktiker. In: Wirtschaft und Erziehung 4/93.

Kutscha, G.: Zur Professionalisierung des Berufspädagogen und Konsequenzen für das Studium der Lehrer und Lehrerinnen an beruflichen Schulen. In: Bonz/Sommer/Weber (Hrsg.): Lehrer für berufliche Schulen. Lehrermangel und Lehrerausbildung. Stuttgarter Beiträge zur Berufs- und Wirtschaftspädagogik. Band 15. Stuttgart 1992, S. 112-135.

Kutscha, G.: Zur Professionalisierung des Berufspädagogen und Konsequenzen für das Studium der Lehrer und Lehrerinnen an beruflichen Schulen. In: Bader/Weber (Hrsg.): Das Höhere Lehramt an beruflichen Schulen. Bonn 1994.

Lipsmeier, A.: Der neue Diplom-Gewerbelehrer in Baden-Würtemberg – Fortschritt durch Rückschritt. In: Die berufsbildende Schule 43 (1991) 7/8, S. 423-440.

Mehnert u.a.: Neukonzeption der beruflichen Fachrichtung im Studium zum Berufsschullehramt an der TU Berlin. Bericht des Studienreformprojekts – Februar 1993. Reformprojekt BerufsschullehrerInnenstudium. TU Berlin 12/92.

Middendorf, W.: Ansätze und Implikationen von Interdisziplinarität im Unterricht an berufsbildenden Schulen. In: Zeitschrift für Berufs- und Wirtschaftspädagogik 2/94, S. 186-190.

Neumann, G./Rauner, F.: Perspektiven einer Neuorientierung wissenschaftlicher Ausbildung von Berufspädagogen. In: Zeitschrift für Berufs- und Wirtschaftspädagogik (1985).

Niehus, M./Ruhland H.J./Steffens H.J. (Hrsg.): Lehrer an beruflichen Schulen. Rekrutierung, Ausbildung und Selbstverständnis. Krefeld 1982.

Offe, K.: Arbeitsgesellschaft. Frankfurt/Main 1989.

Pätzold, G.: Wertewandel – Herausforderung für berufsbildende Schulen. In: Die Berufsbildende Schule 2/93, S.43-49.

Pätzold, G. u.a.: Lernortkooperation. Begründung, Einstellungen und Perspektiven. In: Berufsbildung und Wissenschaft und Praxis 22 (1993) 2, S.24.

Pohlmann, H.: Die Rolle des Deutschunterrichtes im Rahmen des handlungsorientierten und fächerübergreifenden Unterrichts. In: Die Berufsbildende Schule 12/93, S.398-403.

Rauner, F.: Zur Begründung und Struktur gewerblich-technischer Fachrichtungen als universitäre Fächer. In: Bannwitz/Rauner (Hrsg.): Wissenschaft und Beruf. Berufliche Fachrichtungen im Studium von Berufspädagogen des gewerblich-technischen Bereiches. Bremen 1993, S. 10-37.

Reckmann, H.: Lehrerfortbildung planen und gestalten. Soest 1992.

Rützel, J.: Jugend heute. Lebenslagen – Interessen – Perspektiven. In: Berufsbildung 47 (1993) 22, S. 3-9.

Rützel, J.: Strukturorientierung als Verzahnung von Wissenschaft, Berufswissen und subjektiven Erfahrungen vor dem Hintergrund beschleunigter struktureller Wandlungsprozesse. In: Eckert/Rützel (Hrsg.): Strukturorientierte Didaktiken in der beruflichen Bildung. Frankfurt 1994.

Rützel, J. (Hrsg.): Gesellschaftlicher Wandel und Gewerbelehrerausbildung. Analysen und Vorschläge für eine Studienreform. Alsbach 1994.

Rützel, J./Schapfel, F.: 30 Jahre Ausbildung von GewerbelehrerInnen an der Technischen Hochschule Darmstadt. Institut für Berufspädagogik. Darmstadt 1993.

Schelten, A.: Ein wesentlicher Baustein einer überzeugenden didaktischen Konzeption ist der handlungsorientierte Unterricht. In: Die Berufsbildende Schule 9/93, S.277.

Sommer, K.-H.: Schulische Berufs- und Wirtschaftspädagogen unter quantitativem und qualitativem Aspekt. In: Bonz/Sommer/Weber (Hrsg.): Lehrer für berufliche Schulen. Lehrermangel und Lehrerausbildung. (Stuttgarter Beiträge zur Berufs- und Wirtschaftspädagogik Bd. 15). Stuttgart 1992, S. 14-72.

Sommer, K.H.: Lehrer für berufliche Schulen. Lehrermangel und Lehrerausbildung. Esslingen 1992.

Sommer, K.H.: Rolle und Funktion der Lehrer an beruflichen Schulen. In: Sommer (Hrsg.): Stuttgarter Beiträge zur Berufs- und Wirtschaftspädagogik. Bd.1. Esslingen 1984.

Spanhebel, D.: Die Rolle des Lehrers in unserer Gesellschaft. In: Twellmann (Hrsg.): Handbuch Schule und Unterricht Bd.1. Düsseldorf 1981, S. 101-121.

Stratmann, K. : Leitbilder für Lehrer an beruflichen Schulen – Entwicklung und Probleme. In: Ruhland/Niehues/Steffens (Hrsg.): Lehrer an beruflichen Schulen. Krefeld 1982, S. 36-47.

Stratmann, K.: Fachwissenschaften und Erziehungswissenschaften im Studium für das höhere Lehramt an beruflichen Schulen. In: Bonz/Sommer/Weber (Hrsg.): Lehrer für berufliche Schulen. Lehrermangel und Lehrerausbildung. Stuttgarter Beiträge zur Berufs- und Wirtschaftspädagogik Bd. 15. Stuttgart 1992, S. 74-89.

Thomas, W.: Aufgaben und Ausbildung von Diplom-Ingenieurpädagogen in der ehemaligen DDR vor dem Hintergrund neuer Anforderungen. In: Bonz/Sommer/Weber (Hrsg.): Lehrer für berufliche Schulen. Lehrermangel und Lehrerausbildung. Stuttgarter Beiträge zur Berufs- und Wirtschaftspädagogik Bd. 15. Stuttgart 1992, S. 331-342.

Weber, G.: Universitätsstudium der Lehrer steht nicht zur Disposition. In: Die berufsbildende Schule 45 (1993) 4, S. 121-122.

Wissenschaftsrat. 10 Thesen zur Hochschulpolitik. Berlin, Januar 1993.

Zabek, J.: Die Berufs- und Wirtschaftspädagogik als profilbestimmendes Integrationsfach der Handelslehrerbildung. In: Bonz/Sommer/Weber (Hrsg.): Lehrer für berufliche Schulen. Lehrermangel und Lehrerausbildung. Stuttgarter Beiträge zur Berufs- und Wirtschaftspädagogik Bd. 15, Stuttgart 1992, S. 14-72.

Jürgen Enders

Die Hochschullehrer in der Massenuniversität

Ergebnisse und Folgerungen aktueller Studien zu Situation und Selbstverständnis der Lehrenden und Forschenden an Hochschulen

1. Einleitung

Berufsbild und berufliche Wirklichkeit des Hochschullehrerberufs[1] sind für die Entwicklung der Hochschulen ein zentrales Thema. Je mehr die Entwicklung der Gesellschaft von Leistungen der Wissenschaft abhängt, desto mehr wird die wissenschaftliche Tätigkeit zu einer Schlüsseltätigkeit und desto schwerwiegender können sich auch Defizite auf andere Bereiche auswirken. In der Öffentlichkeit wird zum Beispiel gefragt, ob es den Hochschullehrern unter den Bedingungen großer wissenschaftlicher Freiheit gelingt, eine akzeptable Balance zwischen Distanz und erwarteter Leistung für Kultur, Gesellschaft, Wirtschaft und Technik zu halten. Ebenso ist die Kritik verbreitet, daß gerade an deutschen Hochschulen die Lehraufgaben nicht mit der gleichen Ernsthaftigkeit und gleichen Qualität wahrgenommen würden wie die Forschung. Von seiten der Hochschulen kommt die Kritik, daß seit zwei Jahrzehnten die öffentlichen Hochschulausgaben deutlich hinter dem Anstieg der Zahl der Studierenden zurückgeblieben sind und sich somit die Ausgangsbedingungen für qualifizierte Forschung und Lehre immer mehr verschlechtert haben. Weitgehend Übereinstimmung herrscht, daß das Ansehen des Hoch-

1 In den Begriff des Hochschullehrers werden hier und im folgenden sowohl die Professoren und Professorinnen und der wissenschaftliche Mittelbau der Universitäten als auch die Professoren und Professorinnen an den Fachhochschulen eingeschlossen.

schullehrerberufs im Laufe der Zeit sinkt. Schließlich sind bei jeder neuen Welle von Diskussionen über die Hochschulgesetzgebung in den letzten Jahrzehnten Fragen des „wissenschaftlichen Nachwuchses" besonders intensiv und kontrovers aufgenommen worden.

Auffällig ist jedoch erstens, daß Versuche, systematische Informationen über diesen Beruf zu gewinnen, nur selten vorgenommen werden. Der Beruf, der selbst von der Überzeugung lebt, daß systematischer Informationsgewinn für den Fortschritt der Menschheit unentbehrlich ist, wird seinerseit selten zum Gegenstand systematischer Analyse gemacht. Nachdem in der Mitte der siebziger Jahre einige breit angelegte Hochschullehrerbefragungen (INFRATEST SOZIALFORSCHUNG 1975, 1977; INSTITUT FÜR DEMOSKOPIE 1977, 1984) durchgeführt wurden – die nicht zuletzt im Kontext der sich abzeichnenden Debatten um die Überlastsituation an den Hochschulen standen – konzentrierten sich sozialwissenschaftliche Studien zum Hochschullehrerberuf in den achtziger Jahren auf Fragen der Nachwuchsqualifizierung (HOLTKAMP/FISCHER-BLUHM/HUBER 1986), der beruflichen Situation des Projektpersonals (KADDATZ 1987), der Beschäftigungssituation der Mittelbauangehörigen (ENDERS 1990) sowie ihres beruflichen Verbleibs (BOCHOW/JOAS 1987). Seit Anfang der neunziger Jahre wurden eine Reihe von Befragungen unter den Hochschullehrern zu ihrer beruflichen Wirklichkeit und ihrem Selbstverständnis durchgeführt. Z.T. beschränken sich diese Befragungen auf die Gruppe der Universitätsprofessoren (SCHIMANK 1992/VON KOPP und WEIß 1993), z.T. wird auch der wissenschaftlichen Mittelbau der Universitäten (SCHAEPER 1994) bzw. Professoren und Mittelbauangehörige an Universitäten sowie das wissenschaftliche Personal der Fachhochschulen miteinbezogen (ENDERS/TEICHLER 1995a/1995b). Durch eine Befragung der Mitglieder der Gewerkschaft Erziehung und Wissenschaft, die das wissenschaftliche Personal aller Statusgruppen sowie die Studierenden einbezieht, liegen weitere aktuelle Befunde vor (GÜTZOW/KÖHLER 1994).[2]

Nicht weniger bemerkenswert ist zweitens, daß die Diskussion über diesen Beruf sich sehr stark in einem nationalen Rahmen

2 In den genannten Befragungen waren – mit Ausnahme der GEW-Mitgliederbefragung – die Hochschulwissenschaftler der neuen Bundesländer noch nicht berücksichtigt.

abspielt, obwohl der Beruf sich in besonderem Maße als universal und grenzüberschreitend versteht. Ein Blick über den Zaun nationaler Verhältnisse und Debatten gewinnt aber zunehmend an Bedeutung und Beachtung. Mit der erwähnter Studie von ENDERS/TEICHLER liegen Befragungsergebnisse vor, die eine Betrachtung der deutschen Situation in international vergleichender Perspektive erlauben. Schließlich liegen im Rahmen international vergleichender Perspektiven eine Studie zu Status und Besoldung der Hochschullehrer (KARPEN/HANSKE 1994) sowie eine im Kontext von OECD-Aktivitäten erstellte Expertise zu Fragen des staffing in higher education (KOGAN/MOSES/EL-KHAWAS 1994) vor.

Die genannten Studien nimmt diese Expertise zum Anlaß, ein erstes Zwischenresümee ihrer Ergebnisse zu ziehen, mögliche Folgerungen zu diskutieren und diese auf die aktuellen Debatten um den Hochschullehrerberuf zu beziehen. Die unterschiedliche Anlage der Studien im Hinblick auf die Einbeziehung verschiedener Gruppen der Hochschullehrer nach Hochschultyp und Statusgruppen wird dabei systematisch berücksichtigt, indem die Befunde in drei Kapiteln für die Universitätsprofessoren, den wissenschaftlichen Mittelbau der Universitäten sowie die Fachhochschulprofessoren getrennt dargestellt werden.

Bevor im folgenden auf die Befunde der genannten Studien im Einzelnen eingegangen wird, erscheint es angebracht, auf einige typische Debatten und Trends hinsichtlich der Entwicklung und Stellung des Hochschullehrerberufs hinzuweisen. Diese markieren einige der gundlegenden Aspekte der Chancen und Probleme des Wissenschaftlerberufs an den Hochschulen, wie sie sich bei vielfältigen nationalen Besonderheiten international in ähnlicher Weise beobachten lassen (vgl. CLARK 1987; ALTBACH 1991; KARPEN/HANSKE 1994; ENDERS/TEICHLER 1995b):

(1) Die Aufgaben, die die Hochschulen wahrzunehmen haben, sind in den letzten Jahrzehnten immer bedeutsamer geworden, wie die wachsenden Studenten- und Absolventenzahlen und der Trend zu einer Verwissenschaftlichung der Gesellschaft belegen. Der Bedeutungsgewinn, den der Hochschullehrerberuf und seine Funktion hierdurch erfahren hat, ist aber begleitet von dem Eindruck, daß er gleichzeitig eine Abwertung erfährt. Dieser Eindruck wird durch wachsende finanzielle Probleme der Hochschulen, verstärkten Wettbewerb um

Positionen und Ressourcen, durch steigenden Druck zur Offenlegung und Rechtfertigung der Aktivitäten und Erfolge sowie durch einen generellen Verlust an Ansehen und sozialer Exklusivität verstärkt. Paradoxerweise erscheinen die Hochschullehrer aus dieser Perspektive als Opfer ihres eigenen Erfolgs.

(2) Der Hochschullehrerberuf ist einer der unabhängigsten und freiesten Berufe. Selten gibt so wenige Vorschriften, Anweisungen und externe Kontrollen, und kaum sonst wird die Unabhängigkeit als so essentiell für produktive Berufstätigkeit gesehen. Immer mehr wachsen allerdings in der Gesellschaft die Zweifel, ob die Angehörigen dieser Berufsgruppe in der Lage sind, von den großen Gestaltungsspielräumen erfolgreich Gebrauch zu machen. Immer häufiger machen Wissenschaftler an Hochschulen die Erfahrung, daß sie weiteren Einschränkungen ihrer beruflichen Freiheiten unterworfen werden, wobei die Akteure und Mechanismen von Land zu Land unterschiedlich sind: staatliche Instanzen, Hochschulleitungen und -verwaltungen, Marktkräfte, Evaluationsinstrumente, Aufsichtsregelungen u.a.m. Schließlich finden auch Überlegungen zur Personalentwicklung und -planung auf der Ebene der Hochschule und ihrer einzelnen Bereiche, des Hochschul- und Wissenschaftssystems insgesamt zunehmende Beachtung.

(3) Gerade der wichtigste Parameter für die Planung, Steuerung und Finanzierung des Hochschulwesens – die Zahl der Studierenden – ist für die Hochschullehrerschaft mit ambivalenten Gefühlen besetzt. In dem Maße, wie die Finanzierung der Hochschulen von der wachsenden Zahl der Studierenden abgekoppelt wird, werden diese eher als „Bedrohung" – als etwaige zusätzliche Belastung und als mögliche Quelle einer Qualitätsverringerung – empfunden. Hinzu kommt, daß die Zunahme der Zahl der Studierenden eine Differenzierung des Hochschulwesens und des wissenschaftlichen Personals nahelegt und somit in der Tendenz Gemeinsamkeiten der Lage und Aufgaben, der Denkweisen und des Selbstverständnisses der Hochschullehrerschaft verringern.

(4) Die Expansion des Hochschulwesens ist besonders deutlich durch eine Ausweitung, Verbreiterung und Differenzierung

des wissenschaftlichen Personals im Bereich der nicht-professoralen Wissenschaftler geprägt. Die finanzielle und personelle Stagnation haben im Zusammenspiel mit Altersstruktureffekten zu generationsspezifisch sehr unterschiedlichen Karrierechancen jüngerer Wissenschaftler geführt. Fragen der beruflichen Aufgaben und Qualifizierung, der Integration und Partizipation, der sozialen Absicherung und Karrierechancen dieser Wissenschaftler und Wissenschaftlerinnen gewinnen somit an Bedeutung. Die Frage der „Einheit der wissenschaftlichen Profession" wird zudem durch die institutionelle Diversifizierung einzelner Hochschulsysteme in universitäre und nicht-universitäre Bereiche berührt, wobei immer wieder Gegenbewegungen des *academic drift*, des Strebens nach einer Statusaufwertung und Angleichung des nicht-universitären Hochschulsektors und dessen Personals zu beobachten sind. Schließlich läßt sich eine Verbreiterung der sozialen Rekrutierungsbasis des Hochschullehrerberufs im Hinblick auf den Zugang bildungsfernerer Schichten und Frauen beobachten. Entsprechende „Nachholeffekte" im Zugang zu den professoralen Positionen gestalten sich demgegenüber z.T. recht zögerlich bzw. bleiben aus.

(5) Die Aufgaben des Hochschullehrerberufs sind sehr komplex. Dies gilt allgemein als fruchtbar für die Wahrnehmung der einzelnen Aufgaben: Die Lehre soll durch gleichzeitige Forschungsaktivitäten an Innovationskraft gewinnen, und die Forschung soll durch die Lehre angeregt werden. Jedoch sind Klagen verbreitet, daß es immer weniger gelinge, ein vernünftiges Miteinander der Funktionen aufrechtzuerhalten. Auch sind Anreiz- und Sanktionsmechanismen so gestaltet, daß eine Balance der Aufgaben keineswegs gewährleistet ist: Reputation und Evaluation sind bislang stärker mit der Forschung, tagtäglicher Druck und Aufsicht innerhalb der Institution eher mit der Lehre verbunden. Auch gewinnen Fragen der Ausbildung und Rekrutierung, des Zuschnitts disziplinärer und funktionaler innerwissenschaftlicher Arbeitsteilung im Hinblick auf ihre Angemessenheit für die Komplexität und Vielfalt der beruflichen Aufgaben in Forschung und Lehre, akademischer Selbstverwaltung und wissenschaftlicher Dienstleistung an Gewicht.

2. Die Universitätsprofessoren – Balance der Funktionen und berufliche Zufriedenheit

Die Professoren nehmen durch ihren herausgehobenen Status und ihren prägenden Einfluß auf die Hochschule eine hervorgehobene Stellung in den Universitäten ein. Beamtenrechtliche oder vergleichbare Privilegierungen (tenure) in der Ausgestaltung des Dienstverhältnisses und den Arbeitsbedingungen und auch die besondere Sicherung der Freiheit von Forschung und Lehre unterstreichen dies.

Die Aussagen der deutschen Universitätsprofessoren über die Rahmenbedingungen ihrer Arbeit, ihre Lehr- und Forschungstätigkeit und ihr berufliches Selbstverständnis, wie sie sich im Spiegel der genannten Befragungen darstellen, sind in mancher Hinsicht überraschend. Einige in der öffentlichen Diskussion hervorgekehrten Probleme werden relativiert oder ganz in Frage gestellt.

2.1 Vernachlässigung der Lehre?

Gegen die These, daß das deutsche Universitätssystem eine einseitige Forschungsorientierung seiner Professoren fördere, sprechen einige Befunde. Der größte Teil der deutschen Universitätsprofessoren versteht sich als zugleich forschungs- und lehrorientiert, wobei der besondere Akzent der Tätigkeit häufiger auf die Forschung als auf die Lehre gelegt wird. Ausschließliche Präferenzen für die Forschung oder die Lehre bleiben demgegenüber die Ausnahme (vgl. ENDERS/TEICHLER 1995a; SAEPER 1994). Damit ist die Lehrorientierung unter den deutschen Universitätsprofessoren, wie der internationale Vergleich zeigt (vgl. ENDERS/TEICHLER 1995b), aber relativ stärker ausgeprägt als bei ihren Kollegen in Großbritannien, den Niederlanden, Schweden und auch den USA und Japan.

Die ganz überwiegende Mehrheit der deutschen Universitätsprofessoren halten sich für ihre Aufgaben als Lehrende gut ausgebildet bzw. qualifiziert und sehen sich sogar etwas häufiger für die Lehre als für die Forschung gut qualifiziert. Da direkte Ausbildungsangebote für die Lehre nur in geringem Umfang bestehen und wahrgenommen werden, kann geschlossen werden, daß die meisten Befragten das bestehende vorsystematische Ausbildungssystem des Beobachtens, Erprobens, gelegentlichen Ratgebens usw. im Bereich der Forschung wie der Lehre für gut funktionierend halten. Vor dem Hintergrund der Diskussionen um die Qualität der Lehre, die u.a. auf eine Stärkung des Lehrbezugs in den universitären Ausbildungs- und Aufstiegsprozessen zielen, überraschen dies Befunde. Dabei bleibt offen, inwieweit vergleichbare Bewertungsmaßstäbe in der Beruteilung der eigenen Arbeit in Forschung und Lehre zugrunde gelegt werden oder eine größere Sensibilität gegenüber den eigenen Forschungsleistungen zu beachten ist, von denen angenommen werden kann, daß sie häufiger als die Lehrleistungen einer Diskussion und Bewertung unterliegen.

Die deutschen Universitätsprofessoren verbringen im Jahresdurchschnitt etwa ein Drittel ihrer Arbeitszeit mit Aufgaben, die sie ihrer Lehrfunktion zurechnen. Dies liegt über dem Durchschnitt der von ENDERS/TEICHLER (1995b) analysierten Länder.

Überraschend ist ferner, daß auch die Größenordnungen der Lehrveranstaltungen nicht so ungewöhnlich sind, wie oft berichtet wird. Mit durchschnittlich etwa 120 Studierenden in Einführungsveranstaltungen, etwa 50 in anderen Veranstaltungen des Erststudiums und etwa 20 in Kursen des Doktoranden- und Aufbaustudiums ergibt sich bei den deutschen Universitätsprofessoren eine ähnliche Situation wie in Japan und den Niederlanden. Allerdings werden aus Schweden und den USA deutlich geringere Teilnehmerzahlen berichtet (vgl. ENDERS/TEICHLER 1995b; vergleichbare Teilnehmerzahlen in den Veranstaltungen berichteten die deutschen Universitätsprofessoren der Studie: VON KOPP/WEIß 1993). Allerdings berichten die deutschen Universitätsprofessoren insbesondere in den Rechtswissenschaften sowie den Wirtschaftswissenschaften, aber auch in den Ingenieurwissenschaften sowie der Medizin häufig von „Massenveranstaltungen".

2.2 *Keine Zeit für die Forschung?*

Nach wie vor verbreitet ist unter den Universitätsprofessoren die Klage über mangelnde Zeit für die Forschung, hohe zeitliche Belastungen durch die Lehre und die (Selbst)-Verwaltungsaufgaben (vgl. SCHIMANK 1992; VON KOPP/WEIß 1993; SAEPER 1994). Zum Teil wird die Einschätzung geäußert, daß die eigenen Zeitaufwendungen für die Lehre zugenommen habe (vgl. VON KOPP/WEIß 1993). Die Befragten äußern von daher häufig den Wunsch nach mehr Zeit für die Forschung. Angesichts der – in allen Befragungen genannten – hohen zeitlichen Aufwendungen für den Beruf (55- bis 60-Stunden-Woche), erscheint eine weitere Ausdehnung der Arbeitszeit zugunsten der Forschung als unrealistisch. Häufig wird deshalb eine zeitliche Umgewichtung des Zeitbudgets zuungunsten der Lehre und vor allem der (Selbst)Verwaltung und zugunsten der Forschung gewünscht.

Nicht bestätigt wird allerdings die oft vorgetragene Befürchtung, daß die steigenden Zahlen von Studierenden bei gleichzeitiger Stagnation der Stellenzahlen zu einer zeitlichen Vernachlässigung der Forschung führe. Die deutschen Universitätsprofessoren verbringen – über das ganze Jahr gesehen – etwa ebenso viel Zeit mit Forschungsaufgaben wie mit Lehraufgaben (vgl. ENDERS/TEICHLER 1995a; SAEPER 1994). In der Vorlesungszeit verwenden die Universitätsprofessoren erwartungsgemäß mehr Zeit auf die Lehre als auf die Forschung, in den Semesterferien dagegen deutlich mehr Zeit auf die Forschung als auf die Lehre.

Frühere Untersuchungen hatten hierzu zumeist ein unvollständiges Bild vermittelt, weil sie sich in fast allen Fällen nur auf die Vorlesungszeit konzentriert hatten. Gleichwohl ist ein Vergleich mit anderen Studien aufschlußreich: Der Anteil der Zeit, die während der Vorlesungszeit für Forschung verwandt wird, scheint sich im Laufe der Jahre – im Gegensatz zu den weitverbreiteten Vermutungen – eher vergrößert zu haben: 1976/77 wurde ein forschungsbezogener Anteil im Zeitbudget der Universitätsprofessoren von 23% (vgl. INFRATEST SOZIALFORSCHUNG 1977), 1983/84 von 27% (vgl. INSTITUT FÜR DEMOSKOPIE 1984), 1990/91 von 28% (vgl. SCHIMANK 1992) sowie 1992 von 27% (VON KOPP/WEIß 1993) bzw. 29% (ENDERS/TEICHLER 1995a) ermittelt. Von einer Gefährdung der Forschung durch den Zeitmangel der Professoren oder gar einer Resteverwertung der verbleibenden Zeit für die Forschung kann generell keine Rede sein. Dies könnte auch den Befund erklären, daß die Mehrheit der Universitätsprofessoren keinen Rückgang ihrer Forschungsproduktivität konstatiert (vgl. VON KOPP/WEIß 1993). Zugleich stellt sich die Frage, welche individuellen und kollektiven Strategien des Umgangs der Universitätsprofessoren mit den steigenden Studentenzahlen und Lehrbelastungen vor einer zeitlichen Aushöhlung der Forschung schützen: Werden die flexiblen Zeitkontingente der Lehre (Vor- und Nachbereitung der Lehrveranstaltungen, Beratung und Sprechstunden) minimiert, wird der Mittelbau verstärkt zur Entlastung in der Lehre eingesetzt oder den Studenten eine größere „Eigenverantwortung" im Studium zugemutet? (vgl. ENDERS/TEICHLER 1995a; SCHIMANK 1995).

Allerdings liegt der Anteil der deutschen Professoren, die in Forschungsprojekten tätig sind bzw. externe Forschungsmittel erhalten, international gesehen etwas niedriger als in Großbritannien, den Niederlanden, Schweden und den USA. Nach eigenen Angaben waren 85% der deutschen, dagegen aber 95% der niederländischen, schwedischen und britischen Universitätsprofessoren an Forschungsprojekten beteiligt. Eine Einwerbung hochschulexterner Forschungsmittel innerhalb der letzten drei Jahre berichteten 63% der deutschen und 62% der britischen, dagegen 86% der schwedischen Universitätsprofessoren (vgl. ENDERS/TEICHLER 1995b).

2.3 Große fächerspezifische und individuelle Unterschiede im Tätigkeitsspektrum

Verschiedene Studien berichten von deutlichen fächerspezifischen und individuellen Unterschieden im Tätigkeitsspektrum der Universitätsprofessoren, die sich – bei aller Unterschiedlichkeit im Detail – etwa folgendermaßen zusammenfassen lassen:

Die Einteilung der eigenen Arbeitszeit und die Gestaltung der beruflichen Aufgaben in Forschung und Lehre scheint im Falle der Universitätsprofessoren eng mit ihrer Forschungs- und Lehrorientierung verknüpft und gestaltet sich nach Fächergruppen recht unterschiedlich: Verschiedene Studien heben eine deutlichere Lehrorientierung der Geistes- und Sozialwissenschaften sowie eine deutlichere Forschungsorientierung der Naturwissenschaften hervor. Die Wirtschaftswissenschaften und Ingenieurwissenschaften scheinen hierin eine gewisse Mittelstellung einzunehmen (vgl. SCHIMANK 1992; VON KOPP/WEIß 1993; SAEPER 1994; ENDERS/TEICHLER 1995a). Solche Fächerunterschiede scheinen auch im Zeitvergleich mit länger zurückliegenden Befragungen ausgesprochen stabil zu sein (vgl. SCHIMANK 1992).

Mit fächerspezifisch unterschiedlicher Gewichtung zeigen sich auch große individuelle Unterschiede im Zeitbudget der Universitätsprofessoren (vgl. SCHIMANK 1992; SAEPER 1994; ENDERS/TEICHLER 1995a).[3] Besondere zeitliche Akzentuierungen der „Viel-Forschenden“ bzw. der „Viel-Lehrenden“ verrechnen sich dabei aber keineswegs in dem Sinne miteinander, daß ein besonderes Engagement in dem einen Bereich zu einem deutlichen Rückgang im anderen führen würde. Ein überdurchschnittliches zeitliches Engagement in Forschung oder Lehre wird vor allem durch einen deutlichen zeitlichen Mehraufwand (60- bis 70-Stunden-Woche) erkauft, während eine Reduzierung der Arbeitszeit auf eine 40-Stunden-Woche deutlich zuungunsten entweder des in der Lehre oder der Forschung investierten Zeitbudgets geht.

2.4 *Beurteilung der Ausstattung und Ressourcen*

Die Situation an den Hochschulen ist durch eine relative Verschlechterung der materiellen und personellen Ressourcenausstattung gekennzeichnet. So ist die Kritik an einer mangelnden und sich verschlechternden räumlichen, materiellen und perso-

3 So lassen die Aussagen zum Zeitbudget und zur Menge der Lehrverstaltungen der Befragten der Studie von ENDERS/TEICHLER (1995a) den Schluß zu, daß eindeutig lehrorientierte Hochschullehrer(innen) je Lehrveranstaltungsstunde etwa vier Stunden im Durchschnitt mit anderen lehrorientierten Aufgaben (Vor- und Nachbereitung, Prüfung, Studienberatung u.a.m.) verbringen, ihre sowohl forschungs- als auch lehrorientierten Kolleginnen und Kollegen dagegen zweieinhalb Stunden und die eindeutig forschungsorientierten sogar nur eine Stunde im Durchschnitt. Eindeutig lehrorientierte Universitätsprofessoren zählen seltener als ihre forschungorientierten Kollegen zu den publikationsaktiveren; sie nehmen deutlich seltener als ihre eindeutig forschungsorientierten Kollegen an wissenschaftlichen Tagungen teil und sind seltener Mitglied in einer wissenschaftlichen Vereinigung. Die sowohl forschungs- als auch lehrorientierten Universitätsprofessoren nehmen hierin jeweils eine gewisse Mittelstellung ein.

nellen Ausstattung unter den Befragten verbreitet: Die räumliche und materielle Ausstattung wird von jedem zweiten Beschäftigten der GEW-Mitgliederbefragung (vgl. GÜTZOW/KÖHLER 1994) als größte Belastung am Arbeitsplatz identifiziert. In verschiedenen Studien schätzen die befragten Universitätsprofessoren die Ausstattung und ressourcielle Unterstützung der Hochschulen deutlich häufiger als verschlechtert denn als verbessert ein. Über eine tatsächliche Verschlechterung ihrer eigenen Arbeitssituation im Hinblick auf die Unterstützung durch wissenschaftliches Personal und die finanzielle Ausstattung (vgl. SCHIMANK 1992; VON KOPP/WEIß 1993), wird allerdings deutlich seltener berichtet als dies die allgemeinen Einschätzungen erwarten ließen.

Die Möglichkeit zur Einwerbung von Drittmitteln gewinnt für die Hochschullehrer an Bedeutung und wird z.T. zu einer notwendigen Rahmenbedingung der Aufrechterhaltung der Forschungsarbeit durch ihre Kompensationsfunktion gegenüber einer verschlechterten Grundausstattung (vgl. SCHIMANK 1992; VON KOPP/WEIß 1993). SCHIMANK (1992) berichtet, daß in den letzten drei Jahren neun von zehn der Befragten Möglichkeiten zur Drittmitteleinwerbung und externen Forschungskooperation nutzten. Nach der Studie von ENDERS/TEICHLER (1995a) haben zwei Drittel der befragten Universitätsprofessoren in den letzten drei Jahren Drittmittel eingeworben. Die wichtigsten Drittmittelgeber sind öffentliche Einrichtungen der Forschungsförderung (hier vor allem die DFG), staatliche Stellen (Bund und Länder), private Unternehmen und Stiftungen. Der ganz überwiegende Teil der Drittmittel entfällt auf die Naturwissenschaften, die Medizin und die Ingenierwissenschaften. Bedenkt man, daß es sich bei diesen Drittmitteln nach wie vor überwiegend um staatliche Gelder handelt, beobachten wir eine erfolgreiche „Politik der Umlenkung“ der Finanzierung der Hochschulen, die den Wettbewerb um finanzielle Ressourcen verstärkt.

Private Unternehmen scheinen – zumindest was die Häufigkeit der Inanspruchnahme dieser Förderer angeht – an Bedeutung gewonnen zu haben (vgl. ENDERS/TEICHLER 1995a). Forschungsaufträge von Unternehmen sehen vor allem Mediziner, Agrarwissenschaftler und Ingenieurwissenschaftler als wichtige Determinante ihrer Forschungsmöglichkeiten (vgl. SCHIMANK 1992).

Im Hinblick auf die Chancen zur Einwerbung von Drittmitteln wird verschiedentlich eine Verschlechterung der Situation konstatiert (vgl. SCHIMANK 1992; ENDERS/TEICHLER 1995a). In der Befragung VON KOPP/WEIß (1993) gab allerdings jeder zweite der befragten Universitätsprofessoren einen Anstieg der Drittmittel und nur jeder fünfte eine Verringerung an.

Die Ausweitung der Studierendenzahlen und der Aufgaben der Hochschulen bei gleichzeitiger Stagnation der finanziellen Unterstützung der Hochschulen, Bemühungen um eine Effektivierung und Flexibilisierung des Personal- und Mitteleinsatzes unter restriktiveren Rahmenbedingungen und ein vermehrter Wettbewerb um „knappe" Mittel und Ressourcen sind mehr oder weniger internationale Phänomene. Im internationalen Vergleich gehören die deutschen Universitätsprofessoren – neben ihren Kollegen aus den USA, den Niederlanden und Schweden – bei der Beurteilung der materiellen und personellen Ressourcen für Forschung und Lehre zu denjenigen, die in keinem der angesprochenen Bereiche überwiegend Mängel konstatieren. Vor allem ihre britischen und japanischen Kollegen äußern sich demgegenüber deutlich negativer (vgl. ENDERS/TEICHLER 1995b).

2.5 Verbreitete Krisenstimmung?

Verschiedene Studien weisen daraufhin, daß unter den deutschen Universitätsprofessoren durchaus keine verbreitete Unzufriedenheit mit ihrer beruflichen Situation oder eine Krisenstimmung vorherrscht: So veröffentlichten Botho VON KOPP und Manfred WEIß ihre Studie unter dem Titel „Zufrieden und produktiv trotz Überlast"; Jürgen ENDERS und Ulrich TEICHLER fassten ihre Untersuchungsergebnisse im Blick auf die Universitätsprofessoren unter der Überschrift „Berufliche Zufriedenheit und Balance der Tätigkeiten" zusammen; Hildegard SAEPER nennt die „hohe Arbeitszufriedenheit" der Lehrenden als ein „herausragendes Kennzeichen" der Arbeitssituation. So äußern sich zwei Drittel und mehr der Universitätsprofessoren zu ihrer beruflichen Situation insgesamt mit Zufriedenheit; nur etwa jeder siebte Befragte bereut die getroffene Berufswahl (vgl. SAEPER 1994; ENDERS/TEICHLER 1995a).

Die deutschen Universitätsprofessoren äußern sich auch zu ihrem

Einkommen überwiegend zufrieden (vgl. VON KOPP/WEIß 1993; ENDERS/TEICHLER 1995a). Im internationalen Vergleich sind die deutschen Universitätsprofessoren nach ihren Kollegen aus Hongkong und den Niederlanden mit ihrem Einkommen am zufriedensten, während ihre Kollegen in Großbritannien, Schweden und vor allem Japan sich hierzu deutlich unzufriedener äußern. Wie Ulrich KARPEN und Peter HANSKE (1994) in ihrer Studie berichten, liegt das Einkommen der deutschen Professoren im internationalen Vergleich im Mittelfeld. Auffällig ist auch die – im internationalen Vergleich – besonders hohe Zufriedenheit der deutschen Universitätsprofessoren mit der Sicherheit des Arbeitsplatzes (vgl. ENDERS/TEICHLER 1995b).

Große Freiräume und weitgehende Autonomie in der Gestaltung der beruflichen Aufgaben wurden von den Befragten hervorgehoben. Wie Hildegard SAEPER berichtet, sind solche intrinsisch motivierenden Aspekte der Tätigkeit „eine der wesentlichen Quellen der Arbeitszufriedenheit". Jürgen ENDERS und Ulrich TEICHLER berichten, daß die berufliche Zufriedenheit der Universitätsprofessoren neben Statusaspekten (Zufriedenheit mit der erreichten beruflichen Position) auch von der Zufriedenheit mit der Arbeit in Forschung und Lehre beeinflußt wird.

Berücksichtigt man, daß diese Befunde nicht nur als ein Stimmungsbarometer für die Lage der Hochschullehrerschaft fungieren können, die man je nach Einschätzung der Situation an den Hochschulen möglicherweise als zweifelhaft betrachten mag („soll man ausgerechnet die Frösche befragen, wenn man den Sumpf trocken legen will"), gewinnen sie an Bedeutung: Für eine hochqualifizierte Berufsgruppe, deren berufliche Aufgaben nur in geringem Umfang extern vorgegeben und kontrolliert werden, kann das Ausmaß der Arbeits- und Berufszufriedenheit als wichtiges Moment der Identifikation mit dem Beruf und des beruflichen Engagements betrachtet werden.

Das Bild ist allerdings auch nicht ungetrübt: 41% der deutschen Universitätsprofessoren – das entspricht international etwa dem Durchschnitt der Befragtengruppe, die ENDERS/TEICHLER (1995b) analysierten – empfinden ihren Beruf als persönlich belastend. Zeitdruck, Arbeitsüberlastung, Erfolgsdruck und auch Isolation charakterisieren nicht selten die Tätigkeit der Hochschullehrer. Wie Hildegard SAEPER hervorhebt, sind im Hinblick auf die Autonomiespielräume und das soziale Klima große disziplinspezifische Unterschiede auszumachen, wobei die Befragten derjenigen Disziplinen, die größere Autonomiespielräume konstatieren, zugleich überdurchschnittlich häufig von mangelnder Kooperation und Isolation berichten: „Einsamkeit und Freiheit scheinen tatsächlich die Kehrseiten einer Medaille zu sein." (SAEPER 1994, S. 1).

2.6 *Institutionelle Umwelt und gesellschaftliche Stellung*

Die deutschen Universitätsprofessoren fühlen sich, wie international üblich, besonders stark mit ihrer wissenschaftlichen Disziplin verbunden; aber im internationalen Vergleich äußern sie das geringste Ausmaß der Verbundenheit zu ihrem Fachbereich und ihrer Hochschule. Während die Wissenschaftler fast aller anderen Länder, die in die Untersuchung von ENDERS/TEICHLER (1995b) einbezogen sind, im Fachbereich und in der Hochschule einer zweite und dritte „Heimat" haben, sehen sich die deutschen Befragten allein in ihrer wissenschaftlichen Fachrichtung beheimatet. Man mag diese Befunde im Zusammenhang mit der Annahme relativ gering ausgeprägter Unterschiede in Qualität und Prestige der einzelnen Hochschulen im deutschen Hochschulsystem, der relativ geringen Bedeutung der einzelnen Hochschule bei Personalentscheidungen und auch der „schwachen Stellung" der Studierenden sehen. In jedem Fall machen sie verständlich, daß zunehmende Versuche, die Stellung und das institutionelle Profil der einzelnen Hochschule und des einzelnen Fachbereichs zu stärken, zunächst auf Barrieren einer gewachsenen disziplinären Grundorientierung stoßen.

Ihre nähere institutionelle Umwelt belegen die deutschen Hochschulangehörigen in manchen Aspekten mit deutlicher Kritik. Nur 30% der von ENDERS/TEICHLER befragten deutschen Universitätsprofessoren halten die Studierenden für gut auf das Studium vorbereitet. Unter ihren Kollegen aus den anderen industrialisierten Ländern äußern sich nur die japanischen Professoren an lehrorientierten Universitäten noch negativer. Eine Verschlechterung der Vorbereitung der zur Befragungszeit Studierenden gegenüber den vor fünf Jahren Studierenden wollte allerdings nur jede fünfte der deutschen Universitätsprofessoren insgesamt ausmachen, während zwei Drittel ein gleichbleibendes Niveau konstatieren. Im Hinblick auf den Hochschulzugang befürworten die deutschen Universitätsprofessoren eine Studienanfängerquote von 21%, während die tatsächliche Studienanfängerquote zum Befragungszeitpunkt bereits etwa 36% betrug. Besonders zurückhaltend äußerten sich hierbei Erziehungswissenschaftler, während Wirtschafts- und Rechtswissenschaftler Studierquoten von über 30% befürworteten. In der GEW-Mitgliederbefragung hatte sich eine Mehrheit der Hochschullehrer für die Fortsetzung einer Politik der „Öffnung der Hochschulen“ ausgesprochen. Allerdings wird dies von den Befragten unter die Bedingung einer Überwindung der personellen und finanziellen Notlage der Hochschulen gestellt (vgl. GÜTZOW/KÖHLER 1994).

Auch kritisieren die deutschen Universitätsangehörigen am stärksten die Hochschulverwaltung und die Gestaltung der Entscheidungsprozesse – ein Topos der sich in verschiedenen Befragungen wiederholt. Allerdings ergeben sich vielerlei Hinweise aus der Studie von ENDERS und TEICHLER, daß die deutschen Hochschulangehörigen sich relativ geringen Zwängen, Kontrollen und Belastungen durch das bestehende Entscheidungs- und Administrationssystem ausgesetzt sehen. Ihr Zeitaufwand für Verwaltung entspricht international dem Durchschnitt, ist jedoch geringer als in den anderen europäischen Ländern, in denen die Wissenschaftler ähnliche Rechte akademischer Selbstverwaltung haben (vgl. ENDERS/TEICHLER 1995b). Neben Japan ist Deutschland das einzige der in diese Untersuchung einbezogenen Länder, in dem eine regelmäßige systematische Bewertung und Evaluation der Lehr- und Forschungsleistungen eher die Ausnahme ist. Schließlich schätzen die deutschen Universitätsprofessoren ihren Einfluß auf der Hochschul-, Fachbereichs- und Institutsebene im Durchschnitt etwa ebenso groß ein wie die Befragten der meisten anderen Länder; nur die japanischen Befragten halten sich für deutlich einflußreicher.

Im Hinblick auf ihr weiteres gesellschaftliches Umfeld gehören die deutschen Angehörigen des Hochschullehrerberufs zu denjenigen, die sich in ihren Publikationsaktivitäten am wenigsten politischen und ideologischen Beschränkungen ausgesetzt fühlen. Sie äußern umgekehrt am stärksten die Bereitschaft, Ergebnisse der Wissenschaft für praktische Verwendungszwecke zur Verfügung zu stellen und sie räumen bei Aussagen über zukünftige Prioritäten der Hochschulen, der Vorbereitung der Studenten auf das Berufsleben (vgl. ENDERS/TEICHLER 1995) und dem Beitrag zu Gesellschaft und Wirtschaft (vgl. VON KOPP/WEIß 1993) einen hohen Stellenwert ein. Wie international üblich räumen auch die deutschen Universitätsprofessoren denjenigen Aspekten höchstes Gewicht ein, bei denen es um die Sicherung der typischen Aktivitäten der Hochschulen nach eigenen Standards geht („Schutz der Freiheit wissenschaftlicher Betätigung", „Pflege und Förderung von Wissenschaft und Forschung"). Auch zeigen sich hier fachspezifische Unterschiede, in denen sich Selbstverständnis und Funktion der verschiedenen Disziplinen widerspiegeln: So betonen etwa Wirtschaftswissenschaftler, Natur- und Ingenieurwissenschaftler sowie Mediziner die ökonomische Funktion der Hochschulen, während Erziehungswissenschaftler größeres Gewicht auf den Aspekt des lebenslangen Lernens legen und Kunstwissenschaftler die Bewahrung des kulturellen Erbes betonen.

Die Einschätzung schließlich, daß das Ansehen des Hochschullehrerberufs sich verringert, ist in allen Ländern, die in der Studie von ENDERS/TEICHLER untersucht wurden, verbreitet. Auch in Deutschland wird dies von der Hälfte der Angehörigen dieser Berufsgruppe geäußert. Der entsprechende Anteil ist allerdings nur unter den Befragten in Hongkong, den Niederlanden und Schweden geringer. Auch äußert sich eine Mehrheit der Universitätsprofessoren in der Befragung VON KOPP und WEIß durchaus zufrieden mit ihrer beruflichen Anerkennung in der Gesellschaft.

2.7 Verbreiteter Strukturkonservatismus?

Wie Botho VON KOPP und Manfred WEIß hervorheben, lassen ihre Befragungsergebnisse „auf eine beachtliche Reformbereitschaft deutscher Professoren schließen". (VON KOPP/WEIß 1993, S.23). So ergab sich eine mehrheitliche Zustimmung für Überlegungen zur Neuorganisation des Studiums nach angelsächsischem Muster – ein Thema, das im Zusammenhang mit einer Studienstrukturreform zum Befragungszeitpunkt besonders intensiv diskutiert wurde. Auch die Stärkung „marktwirtschaftlicher Elemente", wie eine leistungsorientiertere Zuweisung von Haushaltsmitteln und mehr Transparenz in Forschung und Lehre, fanden Zustimmung. Eine Mehrheit der Befragten befürwortet Verbesserungen der Wege zur Beurteilung der Lehrleistungen und studentische Lehrevaluation (vgl. VON KOPP/WEIß 1993; ENDERS/TEICHLER 1995a) – ein Befund, den man angesichts der weithin angenommenen Zurückhaltung der deutschen Universitätsprofessoren gegenüber einer studentischen Lehrveranstaltungskritik nicht unbedingt erwarten konnte. Im internationalen Vergleich stoßen entsprechende Überlegungen in den meisten Ländern allerdings auf ein positiveres Echo (vgl. ENDERS/TEICHLER 1995b). Eine Verbesserung von Lehre und Studium erhoffen sich die befragten GEW-Mitglieder durch hochschuldidaktische Fortbildungen und eine stärkere Berücksichtigung der Lehre bei Berufungen. Sie plädieren auch für eine Stärkung der Selbstverwaltungskompetenzen der Hochschulen (vgl. GÜTZOW/KÖHLER 1994).

Die Einführung von Studiengebühren lehnen die Hochschullehrer überwiegend ab (vgl. VON KOPP/WEIß 1993; GÜTZOW/KÖHLER 1994; ENDERS/TEICHLER 1995a), wie auch Überlegungen zur Steuerung des Hochschulzugangs durch Aufnahmeprüfungen (vgl. VON KOPP/WEIß 1993) oder zur Einführung einer Akademikersteuer (vgl. GÜTZOW/KÖHLER 1994) keine verbreitete Zustimmung finden.

Im Hinblick auf die institutionalisierte Verknüpfung von Forschung und Lehre in der Universität und in der Berufsrolle ihrer Professoren hebt Uwe SCHIMANK (1992) hervor, daß nur ein Drittel der Universitätsprofessoren eine Veränderung des Status Quo für wahrscheinlich hält. Immerhin jeder zweite der im Rahmen dieser Studie befragten Professoren würde allerdings eine Veränderung für wünschenswert halten. Diese verteilen sich auf so unterschiedliche Präferenzen, wie eine größere Arbeitsteiligkeit zwischen lehrenden und forschenden Professoren, eine stärkere institutionelle Differenzierung zwischen Forschungsuniversitäten und Lehrhochschulen sowie die Auslagerung der Forschung in die sog. außeruniversitäre Forschung.

3. Der wissenschaftliche Mittelbau – Beschäftigungsunsicherheit und Unselbständigkeit

Der Hochschullehrerberuf betont die hohe Selbständigkeit und Autonomie seiner Angehörigen, die Einheit von Tätigkeit und Fähigkeit, den hohen Anspruch an die notwendigen Befähigungen, den geringen Grad der Routinisierung und die hohe Komplexität der Tätigkeit sowie die starke Identifizierung der ganzen Person mit und die Motivierung aus dem Beruf. Jedoch wird in kaum einem Beruf der Nachwuchs so lange in einem Stande begrenzter Selbständigkeit gehalten. Hinzu kommt, daß in vielen anderen hochqualifizierten Berufen die berufliche Sicherheit und Überschaubarkeit der Karrieren zugenommen hat, kaum dagegen für den wissenschaftlichen Nachwuchs – dessen Ausbildung und Rekrutierung sich in einer wenig formalisierten Lehrlings- und Gesellenzeit realisiert, bei der lange Qualifizierungs- und Erprobungsphasen, geringe soziale Sicherheit der beruflichen Situation und hohe Selektivität der Karrierepfade zusammentreffen.

3.1 Die Personalstruktur – ein Strukturproblem der deutschen Universität?

Die Struktur des Mittelbaus an den deutschen Universitäten, dies sei zu Beginn vermerkt, stellt im Vergleich zu Strukturierung, Beschäftigung und Karrieren in den Hochschulsystemen der meisten anderen hochindustrialisierten Ländern eher eine Ausnahme dar.

Zum einen ist in Deutschland der Anteil der Mittelbauangehörigen relativ groß, die noch nicht promoviert sind. Es werden also viele jüngere Wissenschaftler schon im ersten Stadium der wissenschaftlichen Karriere an der Hochschule regulär beschäftigt, während etwa das anglo-amerikanische Modell stärker den Charakter der Promotionsphase als postgraduales Studium mit Forschungs- und Lehrbeteiligung unterstreicht (vgl. CLARK 1993).

Zum zweiten wird an den deutschen Universitäten auch die postdoktorale Phase stärker als weiteres Stadium der Nachwuchsförderung und -selektion denn als wissenschaftliche Berufsausübung begriffen.

Zum dritten wird durch die lehrstuhlbezogene Tradition des Aufbaus der Struktur des wissenschaftlichen Personals der deutschen Universitäten, die Kluft zwischen den ordinarialen Positionen und allen anderen Wissenschaftlern besonders deutlich betont, während die Universitäten als relativ gleichrangig in Qualität und Prestige gesehen werden. So unterstreicht das deutsche System der Nachwuchsförderung und Beschäftigung nicht-professoraler Wissenschaftler durch vielfältige Mechanismen – wie die relativ geringe Zahl unbefristeter Beschäftigungsverhältnisse für jüngere Wissenschaftler auf mittleren Positionen, die Länge und Schwere der Habilitation oder das Fehlen von Eingangspositionen zur Professur – die Distanz zwischen den etablierten professoralen Positionen und den übrigen Gruppen nicht-professoraler Wissenschaftler.

Die Bedeutung des wissenschaftlichen Mittelbaus hat in den letzten Jahrzehnten in den meisten Ländern quantitativ und qualitativ gesehen zugenommen. An den deutschen Universitäten hat sich die Zahl der Professoren in den letzten drei Jahrzehnten mehr als vervierfacht, die Zahl der nicht-professoralen Wissenschaftler ist aber um etwa das neunfache gestiegen[4]. Nahezu vier Fünftel der Forschungsaktivitäten (vgl. SCHIMANK 1992; ENDERS/TEICHLER 1995a) und zwei Drittel der Lehraktivitäten (vgl. ENDERS/TEICHLER 1995a) an den Universitäten entfallen heute auf nicht-professorale Wissenschaftler. Die Zahl der Promotionen und Habilitationen hat mit der deutlichen Expansion der Stellenkapazitäten aber nicht Schritt gehalten: deren Zahl ist in den letzten drei Jahrzehnten jeweils um etwa das zweieinhalbfache gestiegen. Die Promotionshäufigkeit in Relation zur Zahl der ersten Abschlüsse nähert sich nach einem relativen Tiefstand zwischen 1975 und 1985 erst Anfang der 90er Jahre (100:14) wieder dem Anfang der sechziger Jahre bereits erreichten Stand (100:15) an. Die Zahl der Habilitationen in Relation zur Zahl der Promotionen bleibt Ende der achtziger Jahre (100:9) deutlich unter dem Stand zu Anfang der sechziger Jahre (100:13).[5]

4 Alle Zahlenangaben beziehen sich auf die Universitäten (ohne Medizin) der alten Bundesländer.
5 Alle Zahlenangaben beziehen sich auf die Universitäten (ohne Medizin) der alten Bundesländer.

Die Lage des wissenschaftlichen Mittelbaus hat sich in vielen Ländern durch schwindende Karrierechancen und die Anlagerung einer flexiblen personellen Ressource von *part-time staff* und *contracted staff* um den traditionellen Kern des Hochschullehrerberufs verschlechtert (vgl. KOGAN/MOSES/EL-D KHAWAS 1994). In einigen Ländern erreichte der Mittelbau eine Professionalisierung und größere soziale Sicherheit durch die Übernahme in dauerhafte Beschäftigungsverhältnisse (vgl. KARPEN/HANSKE 1994), während sich die Chancen auf weiteren beruflichen Aufstieg allerdings verschlechterten. Im US-amerikanischen Modell, das traditionell keinen Mittelbau kennt, konnten die Probleme des wissenschaftlichen Nachwuchses aufgrund der größeren Erwartungssicherheit der laufbahnähnlichen Strukturen des assistant/associate/full professor bei gleichzeitiger Verteilung der Aspiranten über ein nach Prestige und Qualität hochdiversifiziertes Hochschulsystem gemildert werden. Deutschland gehört zu jenen kontinental-europäischen Ländern, in denen eine „Verdauerung" des wissenschaftlichen Mittelbaus nur in vergleichsweise bescheidenem Umfang stattgefunden hat und trotz vielfältiger Reformversuche und mancherlei Veränderungen an einer Struktur der akademischen Laufbahn als Befristungskarriere des „Aufsteigens oder Aussteigens" festgehalten wurde.

3.2 Der wissenschaftliche Mittelbau im Spiegel von Befragungen

Studien , die in den achtziger Jahren zur Situation der Nachwuchswissenschaftler und Mittelbauangehörigen an deutschen Universitäten vorgelegt wurden, wiesen vor allem auf folgende Chancen und Probleme in diesem Bereich hin[6]:

- Beschäftigungsverhältnisse bilden das wichtigste Standbein der Nachwuchsqualifizierung in der Phase bis zur Promotion und der weiteren postdoktoralen Qualifizierung und werden vor allem in der Promotionsphase durch Stipendien und Formen der Eigenfinanzierung ergänzt. Sie bilden die in den meisten Fächern präferierte Form der materiellen Unterstüt-

6 Einen Überblick über die Ergebnisse dieser Studien geben die Sammelbände von FREIGER/GROß/OEHLER 1986 sowie von BOCHOW u.a. 1986.

zung der Qualifizierung, da sie zumeist mit Status- und Einkommensvorteilen verbunden sind, eine bessere Anbindung an die Institution und Integration in die Arbeit in Forschung und Lehre ermöglichen (vgl. HOLTKAMP/FISCHER-BLUHM /HUBER 1986).

- Probleme im Zusammenhang mit der Beschäftigung von Nachwuchswissenschaftlern ergeben sich zum einen aus einer zunehmenden Flexibilisierung und zeitlichen Zerstückelung der Vertragslaufzeiten, die die tatsächliche Länge der Qualifizierungsphase immer weniger abdecken. Die Aneinanderreihung immer neuer Verträge und die Kombination verschiedener Finanzierungsformen (Planstellen, Drittmittelstellen, Stipendien) führt nicht nur zu einer sozialen Verunsicherung und vermehrter persönlicher Abhängigkeit, sondern behindert den Aufbau inhaltlich verlässlicher Zeithorizonte (vgl. HOLTKAMP/FISCHER-BLUHM /HUBER 1986). Als nachteilig für die weitere Qualifizierung erweist sich die Beschäftigung dann, wenn eine überproportionale Belastung mit anderweitigen Dienstaufgaben erfolgt.

- Die weitere Flexibilisierung der Befristungspraxis durch das Zeitvertragsgesetz und die Zunahme drittmittelfinanzierter Beschäftigungsverhältnisse hat die Schere zwischen der Kürze der befristeten Verträge und der Länge der Qualifizierungsphasen weiter auseinanderstreben lassen (vgl. ENDERS 1990, 1994). Die Befristung der Beschäftigungsverhältnisse, die Flexibilisierung der Finanzierungsformen und die Verbreitung von Teilzeitarbeit stehen in einem Verhältnis „kumulativer Deprivation“, wobei sich deutliche Unterschiede nach Fächern zeigen: In den Fächern, in denen die Hochschulen in vermehrter Konkurrenz zu außeruniversitären Arbeitsmärkten stehen, gestalten sich die Rahmenbedingungen der Arbeit der Nachwuchswissenschaftler vergleichsweise günstig; in den Fächern, für die dieses Regulativ entfällt oder die Promotion als eigentlicher qualifizierender Berufabschluß gilt, beobachten wir eine Erosion der Beschäftigungsverhältnisse. Maßnahmen, die den veränderten Rahmenbedingungen in der Nachwuchsförderung Rechnung hätten tragen können – wie die Formulierung von Mindestbeschäftigungsbedingungen und Qualifizierungschancen, die Erleichterung von Pool-Bildungen zur Integration verschiedener Finanzierungsformen – unterblieben weitgehend.

- Zumal in den geistes- und sozialwissenschaftlichen Fächern wurde die Vereinzelung und Isolation der Nachwuchswissenschaftler als problematisch identifiziert. Mangelnde Einbindung in reguläre Forschungskontexte und Kooperationsformen, mangelnde inhaltliche Betreuung und materielle Unterstützung werden als Ursachen für z.T. hohe Abbrecherquoten und verlängerte Qualifizierungszeiten identifiziert.
- Der berufliche Verbleib aus dem Mittelbau ausscheidender Wissenschaftler gab weder Anlaß zu „Schwarzmalerei" noch zur „Entwarnung". Der überwiegende Teil der Mittelbauangehörigen nahm angemessene und als adäquat empfundene berufliche Positionen ein, und die Mittelbautätigkeit wurde im Rückblick als durchaus positiv für die spätere berufliche Tätigkeit bewertet. Arbeitslosigkeit und instabile Beschäftigungen nahmen allerdings im Vergleich verschiedener Jahrgänge zu. Als problematisch wurde insbesondere die Situation derjenigen Mittelbauangehörigen identifiziert, die während der Mittelbautätigkeit wegen sehr kurzer Vertragszeiten keine erfolgreiche Forschungs- und Qualifizierungsperspektive aufbauen konnten sowie derjenigen, die im Rahmen aneinandergereihter Zeitverträge sehr lange im Mittelbau tätig waren (vgl. BOCHOW/JOAS 1987).

3.3 Ausgeprägte Forschungsorientierung

Unter den hier diskutierten aktuellen Befragungen der Hochschullehrerschaft haben die Studien von Hildegard SAEPER, von Jürgen ENDERS und Ulrich TEICHLER sowie die GEW-Mitgliederbefragung die Angehörigen des wissenschaftlichen Mittelbaus der Universitäten miteinbezogen.

Wie die beiden erstgenannten Befragungen zeigen, ist die Tätigkeit der nicht-professoralen Wissenschaftler an den deutschen Universitäten durch eine ausgeprägte Forschungorientierung bestimmt:

- Zwar sieht eine Mehrheit der Mittelbauangehörigen ihre beruflichen Interessen am ehesten durch eine Verbindung von

Forschung und Lehre realisiert, der Drang zur Forschung ist aber ausgprägter als unter den Universitätsprofessoren (vgl. ENDERS/TEICHLER 1995a).

- Das Zeitbudget des Mittelbaus wird insgesamt gesehen deutlich stärker durch die Arbeit in der Forschung als durch die Tätigkeit in der Lehre geprägt (vgl. SAEPER 1994; ENDERS/TEICHLER 1995a), und die Mittelbauangehörigen lehren im Durchschnitt deutlich weniger als die Universitätsprofessoren.
- Im internationalen Vergleich bildet dies die Ausnahme, da in allen anderen Ländern, die in die Untersuchung von ENDERS/TEICHLER (1995b) einbezogen waren, die Mittelbauangehörigen im Durchschnitt höhere Lehraufgaben als die Professoren haben.

Zweifellos bedingt das deutsche System der Nachwuchsförderung und Mittelbaubeschäftigung mit einer großen Zahl von „Doktoranden" als Beschäftigter der Hochschulen, der postdoktoralen Phase als weiterer Qualifizierungsphase und einem zahlenmäßig relativ gering ausgebauten „lehrenden Mittelbau" einen deutlichen Forschungsbezug des wissenschaftlichen Mittelbaus. Von den befragten Mittelbauangehörigen strebten drei Viertel im Rahmen ihrer Tätigkeit einen weiteren wissenschaftlichen Abschluß an, darunter drei Viertel eine Promotion und ein Viertel die Habilitation (vgl. ENDERS/TEICHLER 1995a).

Ein Blick auf interne Differenzierungen nach Statusgruppen gibt weiteren Aufschluß zum Tätigkeitsspektrum des Mittelbaus. Danach verwenden die auf sog. „Qualifikationsstellen" der Hochschulen tätigen Doktoranden die Hälfte ihrer Arbeitszeit auf die Forschung und etwa ein Viertel auf die Lehre, die Assistenten in der postdoktoralen Phase mehr als 40% auf Forschung und etwa ein Fünftel ihres Zeitbudgets auf die Lehre. Die drittmittelfinanzierten Mittelbauangehörigen widmen allein 80% ihrer Arbeitszeit der Forschung und nur 10% der Lehre – in einigen Fächergruppen sind die Drittmittelbeschäftigten fast gänzlich von der Lehre ausgeschlossen. Auf Dauer an der Hochschule beschäftigte Mittelbauangehörige schließlich verwenden jeweils etwa ein Drittel ihres Zeitbudgets auf Lehre und Forschung und ähneln hierin deutlicher den Universitätsprofessoren als den anderen Statusgruppen des Mittelbaus.

Nach Fächergruppen aufgeschlüsselt kann der Mittelbau insgesamt in den Natur- und Ingenieurwissenschaften sowie in den Rechtswissenschaften als besonders forschungsorientiert bezeichnet werden (vgl. ENDERS/TEICHLER 1995a), wobei natürlich innerhalb der Disziplinen wiederum Unterschiede nach Statusgruppen zu berücksichtigen sind (vgl. SAEPER 1994).

Ihre persönlichen Präferenzen in Forschung und Lehre scheinen noch am ehesten die dauerhaft tätigen Mittelbauangehörigen zur Geltung bringen zu können. Demgegenüber zwingen sowohl das System der Nachwuchsförderung mit Mitarbeitern und Assistenten auf befristeten Planstellen als auch die Drittmittelfinanzierung von Stellen die nicht-professoralen Wissenschaftler unabhängig von ihren Präferenzen zu einer deutlichen Betonung der Forschungsarbeit. Eine stärkere arbeitsteilige Beschränkung – sei es auf die Forschung oder die Lehre – geht dabei mit einer Unzufriedenheit bezüglich des jeweils vernachlässigten Tätigkeitsfeld einher. Dies deutet darauf hin, daß diesen Mittelbauangehörigen eine stärkere Balance der Tätigkeiten wünschenswert erscheint (vgl. ENDERS/TEICHLER 1995a).

3.4 Verbreitete Unzufriedenheit?

Nach den Ergebnissen der Befragung von ENDERS/TEICHLER (1995a) ist der Anteil der deutschen Mittelbauangehörigen, die sich insgesamt zufrieden mit ihrer beruflichen Situation zeigen, nur halb so hoch wie der der Professoren.

In keinem anderen der im Rahmen des internationalen Vergleichs behandelten Länder gab es einen ähnlich großen Unterschied in den diesbezüglichen Einschätzungen der Universitätsprofessoren und der Mittelbauangehörigen (vgl. ENDERS/TEICHLER 1995b).

Auf zwei Problembereiche weist die Studie in diesem Zusammenhang hin. Zum einen ist die Beschäftigungssituation besonders prekär: die Quote der unbefristet Beschäftigten ist bei den deutschen Mittelbauangehörigen mit 21% (8% der Nicht-Promovierten und 33% der Promovierten) im Vergleich der untersuchten Länder am geringsten. Ausdrücklich kritisieren die Mittelbauangehörigen jedoch, daß sie so wenig Chancen zum beruflichen Aufstieg haben.

Als besonders prekär empfinden offensichtlich promovierte Drittmittelbeschäftigte ihre berufliche Situation, zu der sich nur jeder Siebte mit Zufriedenheit äußert. Daß der Aspekt der Arbeitsplatzsicherheit allein die Statusprobleme des Mittelbaus nicht lösen kann, verdeutlicht allerdings der Befund, daß sich auch unter den dauerhaft beschäftigten Mittelbauangehörigen nur jeder Dritte zufrieden zur beruflichen Situation äußert. Diese Mittelbauangehörigen sind mit ihrer beruflichen Position – trotz beruflicher Sicherheit – unzufriedener als alle anderen Statusgruppen des Mittelbaus, sie zeigen sich im Hinblick auf ihre Forschungsmöglichkeiten wie auch ihre weiteren Aufstiegsmöglichkeiten deutlich unzufrieden (vgl. auch KARPEN/HANSKE 1994).

Zweitens sehen sich die deutschen Mittelbauangehörigen in ihrer Tätigkeit als in besonderem Maße abhängig. So schätzen sie ihren Spielraum zur Gestaltung ihrer Forschungs- und Lehraktivitäten deutlich geringer ein als die Mittelbauangehörigen aus den meisten anderen Ländern, während die deutschen Universitätsprofessoren neben den US-amerikanischen den größten Spielraum in dieser Hinsicht konstatieren.

Auch schätzen sie ihren persönlichen Einfluß auf hochschulpolitische Entscheidungen an ihrer Institution geringer ein als die Mittelbauangehörigen aller anderen untersuchten Länder. Dies bestätigt sich im Vergleich zwischen den Nicht-Promovierten wie zwischen den Promovierten, kann also nicht umstandslos auf die besonders hohe Zahl von Beschäftigten in frühen Stadien der wissenschaftlichen Karriere zurückgeführt werden.

Forderungen nach einem Ausbau der Mitbestimmung und verbesserte Partizipationsmöglichkeiten, wie sie von den Mittelbauangehörigen neben einer verbesserten Nachwuchsförderung vordringlich erhoben werden (vgl. GÜTZOW/KÖHLER 1994), können von daher nicht überraschen.

Nach den Ergebnissen der Befragung von Lehrenden des Mittelbaus durch Hildegard SAEPER (1994) äußern sich etwa zwei Drittel der Mittelbauangehörigen mit Zufriedenheit zu ihrer beruflichen Tätigkeit insgesamt, wobei sich unbefristet Beschäftigte etwas zufriedener zeigen als Zeitvertragskräfte und Teilzeitbeschäftigte als Vollzeitbeschäftigte. Auch fällt die Diskrepanz in der diesbezüglichen Einschätzung zwischen Professoren und

Mittelbauangehörigen nicht sehr ausgeprägt aus, wenngleich sich der Mittelbau unzufriedener zeigt als die Universitätsprofessoren. Nahezu zwei Drittel der befristet beschäftigten Mittelbauangehörigen berichten allerdings, daß sie sich einem hohen Erfolgsdruck ausgesetzt sehen. Im Hinblick auf das Ausmaß beruflicher Autonomie und des sozialen Klimas in der Arbeit der Mittelbauangehörigen werden ähnliche fächerspezifische Konstellationen beobachtet, wie sie sich für die Universitätsprofessoren der fünf in diese Untersuchung einbezogenen Disziplinen zeigten. Insgesamt sieht sich der Mittelbau und hier wiederum die dauerhaft Beschäftigten in ihrer beruflichen Autonomie eingeschränkter als die Professorenschaft (vgl. SAEPER 1994).

Die meisten der nicht-professoralen Wissenschaftler stellen die hohe Selektivität der inneruniversitären Karrierepfade in ihren beruflichen Zukunftsplanungen durchaus in Rechnung: So orientiert sich nach der Befragung von ENDERS/TEICHLER (1995a) nur jeder fünfte der nicht-promovierten Wissenschaftler und Wissenschaftlerinnen an einer weiteren akademischen Laufbahn. Auch von denjenigen, die das Berufsziel Hochschullehrer anstreben, rechnen nur etwa 40% damit, dieses Berufsziel auch erreichen zu können. In der postdoktoralen Phase verengen sich die beruflichen Orientierungen demgegenüber deutlicher auf die akademische Laufbahn: Etwa zwei Drittel der befristet beschäftigten Promovierten äußern ihre Präferenz für einen dauerhaften Verbleib an Hochschulen; sechs von zehn der Promovierten meinen allerdings, in den nächsten Jahren aus einer beruflichen Tätigkeit an den Hochschulen auszuscheiden.

Die Kritik an der Beschäftigungssituation und den beruflichen Perspektiven an der Hochschule, so zeigen die Studien von SAEPER (1994) sowie ENDERS/TEICHLER (1995b), schlägt sich jedoch nur für jeden fünften Mittelbauangehörigen in der Vorstellung nieder, daß man eine falsche Berufswahl getroffen habe. Dieser Wert erscheint nicht ungewöhnlich hoch, wenn man berücksichtigt, daß auch etwa jeder sechste der Universitätsprofessoren sich ebenso äußert.

3.5 Hochschul- und Weltbild

Die Mittelbauangehörigen an Universitäten in Deutschland, darauf weist die Studie von ENDERS/TEICHLER (1995b) hin, teilen mit ihren Professoren in vielerlei Hinsicht ihr Hochschul- und Weltbild: Sie haben im Durchschnitt ähnliche Vorstellungen, welchen Stellenwert ihr Fach und ihre Hochschule für sie hat, was ihnen wissenschaftliche Freiheit bedeutet und was die Hochschule für die Gesellschaft leisten soll; nur geringfügige Unterschiede zwischen Universitätsprofessoren und Mittelbauangehörigen zeigen sich in ihren Aussagen zur Qualifikation der Studierenden und zur Hochschulverwaltung. Sie bewerten die materiellen und ressourciellen Bedingungen für ihre Forschungs- und Lehrtätigkeit ähnlich und sind zumeist auch mit ihrem Gehalt nicht unzufrieden – jedenfalls zufriedener als ihre Kollegen aus den meisten anderen hier untersuchten Länder.

4. Die Professoren an Fachhochschulen – Leben mit der Lehrdominanz

Die Fachhochschulen sind nicht zuletzt wegen ihrer kostengünstigeren Ausbildungskapazitäten und der programmatischen Orientierung an einer stärkeren Praxisorientierung im Studium in den hochschulpolitischen Debatten besonders hervorgehoben worden. Manche Empfehlungen zum weiteren Ausbau des deutschen Hochschulwesens setzen auf einen verstärkten Ausbau der Fachhochschulen. Gegenüber dem öffentlichen Interesse, das die Fachhochschulen in diesem Zusammenhang finden, fällt das Interesse der Forschung an der beruflichen Wirklichkeit und dem Selbstverständnis der Hochschullehrer an den Fachhochschulen aber deutlich zurück. Wie traditionell üblich konzentrieren sich die meisten der hier diskutierten Studien auf die Wissenschaftler und Wissenschaftlerinnen an den Universitäten. Die Studie von ENDERS/TEICHLER hat allerdings die Professoren (und einige wissenschaftliche Mitarbeiter) an den Fachhochschulen in ihre Untersuchung miteinbezogen. Durch den Vergleich mit den ebenfalls stärker lehrorientierten niederländischen *hogescholen*, den britischen *polytechnics* sowie den lehrorientierten Universitäten (ohne Doktorandenausbildung) in Schweden, Japan und den USA wird eine internationale Perspektive für die Betrachtung der deutschen Situation ermöglicht.

4.1 Universitäre Sozialisation und außerhochschulische Berufserfahrung

Zwei Drittel der von ENDERS/TEICHLER befragten Professoren an den Fachhochschulen sind promoviert. Dies entpricht etwa dem Anteil der Promovierten in den zum Vergleich herangezogenen lehrorientierten Hochschulen in den USA, liegt aber deutlich über dem Anteil der Promovierten an den britischen *polytechnics*, den niederländischen *hogescholen* und auch den schwedischen und japanischen lehrorientierten Hochschulen. Dabei dürfte der Anteil der Promovierten unter den neuberufenen Professoren an den deutschen Fachhochschulen eher noch höher liegen. Der überwiegende Teil der Fachhochschulprofessoren hat nach dem Studium eine weitere universitäre Qualifizierung und Sozialisation durchlaufen, und drei Viertel der Befragten heben hervor, daß sie sich für die Forschung gut qualifiziert sehen.

Der Stellenwert außerhochschulischer Berufserfahrungen für die Professoren an den Fachhochschulen ist bekannt und durch den Nachweis außerhochschulischer Berufstätigkeit in die Laufbahn integriert. So haben neun von zehn der Fachhochschulprofessoren außerhochschulische Berufserfahrungen gesammelt und im Durchschnitt etwa ein Drittel ihrer beruflichen Laufbahn, nämlich 8 Jahre, in der außerhochschulichen Berufspraxis gearbeitet. Die außerhochschulischen Berufserfahrungen werden ganz überwiegend als nützlich für die Tätigkeit in Forschung, Lehre und wissenschaftlicher Dienstleistung gesehen, und zwei Drittel der Befragten halten nach wie vor Kontakt zu dem früheren außerhochschulischen Berufsfeld. Nebentätigkeiten, die eine Möglichkeit zur Aufrechterhaltung solcher Kontakte bieten, sind unter den Fachhochschulprofessoren recht verbreitet.

In mancherlei Hinsicht teilen die Professoren an den Fachhochschulen die Grundüberzeugungen der Wissenschaftler an den Universitäten: etwa im Hinblick auf gesellschaftliche Aufgaben und Stellung der Hochschulen, die ausgeprägte Verbundenheit mit dem eigenen Fach, die Wertschätzung wissenschaftlicher

Freiheit u.a. Auffällig ist jedoch, daß ihre Verbundenheit mit der Institution eher noch geringer ausfällt als bei den Professoren an den Universitäten, die Kritik an der Hochschulverwaltung eher noch ausgeprägter ist und die Vorbereitung der Studierenden für das Studium von den Professoren an den deutschen Fachhochschulen seltener noch als von den Wissenschaftlern und Wissenschaftlerinnen an den Universitäten als gut eingeschätzt wird.

4.2 Dominanz der Lehre

Die deutschen Fachhochschulprofessoren haben mit durchschnittlich 17 Stunden in der Woche im Vergleich der in die Untersuchung einbezogenen Länder die weitaus höchste Zahl von Lehrstunden. Selbst in den Niederlanden, wo vor einem Jahrzehnt die Zahl der Lehrstunden noch höher lag, sind nur 12 Stunden in der Woche der Durchschnitt. Die von den Fachhochschulprofessoren für Vorbereitung, Beratung, Prüfungen u.ä. verwendete Zeit je Lehrveranstaltungsstunde ist daher im Durchschnitt nicht höher als im Falle derjenigen Universitätsprofessoren, die sich als primär forschungsorientiert verstehen. Auch haben die Lehrveranstaltungen an den Fachhochschulen nach Angabe ihrer Professoren mitlerweile eine Größenordnung erreicht, die es als zweifelhaft erscheinen lassen, daß der traditionell gepflegte „seminaristische Stil" an den Fachhochschulen noch überwiegend zu realisieren sei.

Im Jahresdurchschnitt verwenden die Professoren an den Fachhochschulen 62% ihrer Arbeitszeit für die Lehre. Der Aufwand von 17% für die Forschung ist allerdings nur unwesentlich geringer als bei den Dozenten britischer *polytechnics*. Jeder Dritte der deutschen Fachhochschulprofessoren berichtet, daß er in Forschungsprojekten tätig ist, und jeder Vierte, daß dazu hochschulexterne Mittel zur Verfügung stehen. Dies erscheint viel im Vergleich zur traditionellen Funktionsbestimmung der Fachhochschulen, jedoch wenig, wenn man feststellt, daß 75% der Dozenten an britischen *polytechnics*, die im Jahre der Befragung in Universitäten umbenannt wurden, und 78% der Dozenten an schwedischen Hochschulen ohne Promotionsrecht in Forschungsprojekten tätig sind. Auch meint nur jeder Sechste der deutschen Fachhochschulprofessoren, daß regelmäßige Forschungsaktivitäten erwartet würden; dies liegt deutlich unter den entsprechenden Einschätzungen in den anderen Ländern.

Dabei verstehen sich die deutschen Fachhochschulprofessoren durchaus nicht ausschließlich als Lehrende. Zwar äußern die Professoren an den Fachhochschulen häufiger als ihre Kollegen an den Universitäten ihre Präferenz für die Lehre, aber mehr als zwei Drittel von ihnen betonen, daß sie ihre Präferenzen am besten durch eine Verbindung von Forschung und Lehre realisiert sähen. Im Fächervergleich zeigen sich die Fachhochschulprofessoren der Studiengänge in der Sozialarbeiterausbildung als besonders forschungsorientiert und aktiv in der Forschungsarbeit. Angesichts der hohen Lehrbelastungen können die Fachhochschulprofessoren ihre Forschungsinteressen allerdings im Vergleich zu ihren Kollegen an den Universitäten nur in bescheidenem Umfang realisieren. So verwenden etwa Fachhochschulprofessoren, die mehr zur Forschung tendieren, nur ein Fünftel ihres Zeitbudgets auf die Forschung, aber mehr als die Hälfte auf die Lehre.

4.3 Weder Begeisterung noch Klage

Der Anteil der Fachhochschulprofessoren, die sich zufrieden mit ihrer berufliche Situation äußern, ist mit 49% um einiges geringer als der der Universitätsprofessoren. Allerdings ist er höher als bei den Mittelbauangehörigen an Universitäten. Insbesondere im Hinblick auf das Gehalt äußern sich Fachhochschulprofessoren selten mit Zufriedenheit; in dieser Hinsicht und auch im Hinblick auf weitere berufliche Aufstiegschancen sind sie unzufriedener als die Mittelbauangehörigen an Universitäten. Nicht wenige der Fachhochschulprofessoren dürften bei der Berufung aus der außeruniversitären Praxis Einkommenseinbußen hingenommen haben. Die verbreitete Unzufriedenheit mit den Rahmenbedingungen für die Forschung, den eigenen Möglichkeiten zur Forschung und zur Verwirklichung eigener Ideen in der Arbeit kann angesichts der Lehrdominanz nicht überraschen.

Unverkennbar ist, daß die Fachhochschulprofessoren ihre Forschungsinteressen nicht in gewünschtem Maße zum Tragen bringen können, sich zu ihrer beruflichen Stellung und Einkommen eher zurückhaltend äußern. Es ist nicht erkennbar, daß sie sich mit ihrer Hochschule und deren Profil in besonderer Weise verbunden sähen. Dies mag mit dazu beitragen, daß ihr zeitliches berufliches Engagement (41 Wochenstunden im Jahresdurchschnitt) im Vergleich zu den Wissenschaftlern an den Universitäten, zumal der Universitätsprofessoren, geringer ausfällt.[7]

5. Zusammenfassung und Ausblick

Die quantitative und qualitative Expansion des Hochschulwesens haben die Stellung und Aufgaben des Hochschullehrerberufs nicht unberührt gelassen. Dem Zuwachs der Aufgaben steht eine stagnierende finanzielle Ausstattung gegenüber; das Wachstum des Hochschulsysteme und seiner einzelnen Bereiche ging mit einer Differenzierung der Berufsrollen einher; externe Anforderungen an die Aufgaben der Hochschulen und interne Veränderungen des Berufsbildes begünstigten neue Formen der Arbeitsteilung; Strukturprobleme und die Folgen der Hochschulexpansion und anschließenden Stagnation führten zu generationsspezifisch sehr unterschiedlichen Karrierechancen jüngerer Wissenschaftler; neben den traditionellen Karrierepfaden und Positionen wurden vermehrt neue Beschäftigtengruppen etabliert, deren Status und Karriereperspektiven als unbefriedigend und prekär zu bezeichnen sind.

Die Ergebnisse der Befragungen weisen in mancherlei Hinsicht auf eine hohe Flexibilität des Hochschullehrerberufs im Umgang mit diesen Veränderungen hin, die zumal den traditionellen Kernbereich der Berufsrolle an den Universitäten kennzeichnet. Manche „öffentlichen Gerüchte“ über den Hochschullehrerberuf werden infrage gestellt: Die deutschen Universitätsprofessoren scheinen im internationalen Vergleich nicht so forschungsorientiert wie gemein hin angenommen; die deutlich gestiegenen Studentenzahlen scheinen die zeitlichen Möglichkeiten zur Forschung und die wissenschaftliche Produktivität nicht eingeschränkt zu haben; manche Aussagen zur Ausstattung für die eigene Arbeit deuten darauf hin, daß die Stimmung schlechter ist als die Lage; offen-

7 Auch mag der vergleichsweise große Anteil der Professoren an Fachhochschulen, die von Nebentätigkeiten berichten (40%), diese nicht in ihren Arbeitszeitangaben berücksichtigt haben.

kundig herrscht unter den deutschen Universitätsprofessoren kein ausgesprochenes Krisenbewußtsein vor.

Im internationalen Vergleich gibt es von Frage zu Frage unterschiedliche Nuancen. Auch zeigen sich für die Fächer z.T. deutliche Unterschiede im Hinblick auf die Forschungs- und Lehrorientierung ihrer Wissenschaftler, die Belastung durch den Beruf – um deren Preis das komplexe und vielfältige Bündel der beruflichen Aufgaben nur zu bewältigen ist – , die Autonomie und das „soziale Klima“ in der Arbeit oder die materielle und personelle Unterstützung. Zweifellos gehört Deutschland zu denjenigen Ländern, in denen die Universitätsprofessoren ihre Berufssituation als besonders positiv betrachten. So weisen auch internationale Experten (CLARK 1987; KOGAN/MOSES/EL-KHAWAS 1994) darauf hin, daß die deutschen Hochschullehrer ihre privilegierte Stellung in ungewöhnlicher Weise konservieren konnten, Veränderungen in der Zukunft aber möglicherweise umso drastischer ausfallen könnten. Die Zeiten allerdings, in denen die Entscheidungen an den Hochschulen im wesentlichen der Gestaltungsfreiheit durch eine basisdemokratisch organisierte Wissenschaftler-Gilde unterlagen, scheinen – dies zeigt auch der internationale Vergleich – vorbei.

Weniger positiv über ihre Arbeits- und Beschäftigungssituation äußern sich die Fachhochschulprofessoren. Als universitär sozialisierte und hochqualifizierte Wissenschaftler, die langjährige Berufserfahrungen in der Wirtschaft aufzuweisen haben, sehen sie sich an den Fachhochschulen einem hohem Maß an Lehrbelastung und in vielerlei Hinsicht eingeschränkten Forschungsmöglichkeiten gegenüber. In jedem Falle ist nicht zu erkennen, daß sie sich stärker als ihre Kolleginnen und Kollegen an den Universitäten mit ihren besonderen Aufgaben oder mit den Besonderheiten ihrer Studierenden identifizieren.

Die Mittelbauangehörigen an den Universitäten äußern sich ausgesprochen negativ über ihre Arbeits- und Beschäftigungssituation, was insbesondere die Unsicherheit der Beschäftigung, ihre Karrierechancen an den Hochschulen und die Grenzen des Spielraums in der Gestaltung ihrer Forschungs- und Lehrtätigkeit angeht. Hier leistet sich das deutsche Universitätssystem eine stärkere Distanz zwischen Professoren und wissenschaftlichem Mittelbau als die meisten anderen Länder. Eine bemerkenswerte

Ausnahme ist allerdings zu nennen: Die deutschen Mittelbauangehörigen scheinen sich in der Nutzung der Ressourcen der Universität für ihre Arbeit nicht eingeschränkt zu sehen und auch mit ihrem Einkommen vergleichsweise zufrieden.

Betrachten wir die Aussagen zu den beruflichen Aufgaben, zur Arbeitszeit, zur Arbeits- und Beschäftigungssituation sowie zur beruflichen Zufriedenheit, so könnten wir geneigt sein, eher von drei verschiedenen als von einer „wissenschaftlichen Profession" in der Bundesrepublik Deutschland zu reden: Zwischen den Universitätsprofessoren, dem Mittelbau an Universitäten und den Fachhochschulprofessoren scheinen Welten zu liegen. Im internationalen Vergleich scheinen diese Unterschiede besonders groß zu sein. Wenden wir uns dagegen den Einstellungen gegenüber den Studierenden, der Hochschule als Organisation und gegenüber der Gesellschaft zu, so zeigen sich im Durchschnitt so große Ähnlichkeiten dieser Gruppen, daß wir von einer „academic profession" auch in Deutschland sprechen könnten. Die analytischen Fähigkeiten der „wissenschaftlichen Profession" zeigen sich zweifellos auch darin, daß der Splitter im Auge der anderen – in diesem Falle der Studierenden und der Hochschulverwaltung – besonders deutlich erkannt wird, von einer kritischen Distanz der eigenen Berufsrolle gegenüber aber mitunter nur wenig zu erkennen ist.

Zweifellos kommt kein Rückzug in den Elfenbeinturm zum Ausdruck: Der Beitrag der Hochschule für die berufliche und gesellschaftliche Praxis wird seitens der deutschen Hochschullehrer vielmehr in besonderem Maße betont. In mancherlei Hinsicht zeigt sich eine so nicht unbedingt zu erwartende Offenheit der Hochschullehrer für Veränderungen: Dies betrifft etwa die Stärkung der Stellung der einzelnen Hochschule und von „marktwirtschaftlichen Elementen" im Hochschulwesen, eine stärkere Berücksichtigung der Lehre in Ausbildung und Karriere und ihrer Evaluation auch durch die Studenten.

Diese Ergebnisse der Hochschullehrerbefragungen geben im wesentlichen Auskunft über Berufsverlauf und berufliches Tätigkeitsspektrum der Hochschullehrer, ihre Einschätzungen und Einstellungen im Hinblick auf ihre berufliche Situation und deren Rahmenbedingungen, ihr Selbstverständnis auch im Hinblick auf ihre institutionelle Umwelt und die Gesellschaft. Die weiteren Aufgaben der Forschung werden sicherlich auch darin liegen, den immer wichtigeren Blick über den Zaun der eigenen Verhältnisse durch vertiefende international vergleichende Studien der Funktion, Stellung und des Selbstverständnisses des Hochschullehrerberufs in verschiedenen Hochschulsystemen zu schärfen, die Einsichten in die Vielfalt der Fachkulturen im Spannungsbogen von Hochschulsystem, wissenschaftlicher Profession und Fachdisziplin zu vertiefen und das tradierte Selbstbild des Hochschullehrerberufs mit einer sich verändernden Wirklichkeit an den Hochschulen zu konfrontieren. Zeitlich versetzt durchgeführte Erhebungen und Befragungen können wichtige Rückschlüsse auf Veränderungen des Berufsbildes eröffnen; auch fehlt es völlig an Verlaufsstudien, die eine vertiefende Einsicht in die beruflichen Werdegänge und die berufliche Sozialisation der Hochschullehrer ermöglichen. Eine systematische Schwäche der meisten hier diskutierten Studien wird durch die Einbeziehung der Hochschullehrer in den neuen Bundesländern zukünftig zu beheben sein.

Die Selbstauskunft der Lehrenden und Forschenden und ihr Selbstbild können die notwendige öffentliche Diskussion um die Lage an den Hochschulen, ihre zukünftige Stellung und Funktion in der Gesellschaft nicht ersetzen. Sie können aber in zweierlei Hinsicht hierzu einen Beitrag leisten: Zum einen lebt gerade auch die Diskussion über den Hochschullehrerberuf von verfestigten Urteilen und Vorurteilen und öffentlichen Gerüchten, die bei Lichte betrachtet nicht selten relativiert werden müssen. Zum anderen erscheint es an den Hochschulen besonders schwer, steuernde Reformimpulse zu setzen, wenn diese mit dem Grundüberzeugungen und dem elementaren Rollenverständnis der Hochschullehrer konfligieren.

Auf einige der möglichen Implikationen der Ergebnisse der verschiedenen Hochschullehrerstudien für die hochschulpolitischen Debatten und Reformbestrebungen um den Hochschullehrerberuf sei hier abschließend hingewiesen.

(1) Fragen der Bewältigung wachsender Aufgaben der Hochschulen in der Lehre, der Qualität der Lehre und des Stellenwerts der Lehre in der Ausbildung und Karriere des Hochschullehrerberufs erledigen sich nicht gleichsam dadurch, daß die Wissenschaftler an den Universitäten neben der Forschung auch ihre

Lehrorientierung betonen, für die Universitätsprofessoren eine zeitliche Balance der Tätigkeit in Forschung und Lehre zu beobachten ist und sich die Hochschullehrer insgesamt überraschend gute Noten im Hinblick auf ihre Qualifikationen und Befähigungen in der Lehre ausstellen. Der starke Lehrbezug der Tätigkeit der Hochschullehrer an den Fachhochschulen bedeutet für sich genommen keineswegs, daß die Arbeit der Lehrenden und die Ausbildung der Studierenden unter günstigeren Bedingungen stehen. Nicht nur die sog. Massenfächer an den Universitäten berichten von hohen Teilnehmerzahlen in ihren Lehrveranstaltungen. Die Lehrveranstaltungen an den Fachhochschulen scheinen eine Größenordnung zu erreichen, die auf veränderte Rahmenbedingungen hinweisen; auch verwenden die Professoren an den Fachhochschulen weniger Zeit auf die Vor- und Nachbereitung der Lehrveranstaltungen, Beratungen, Sprechstunden etc. als ihre Kollegen an den Universitäten. Möglichkeiten einer Verbesserungen in den Rahmenbedingungen für die Lehre müssen weiter diskutiert werden. Die sich zweifellos weiter verstärkenden Bemühungen um eine verbesserte Ausbildung für die Lehre, eine stärkere Berücksichtigung der Lehre bei Berufungen etc. haben sich offenbar aber nach wie vor mit einer gewissen Selbstgenügsamkeit der Hochschullehrer in diesem Bereich auseinanderzusetzen.

Deutschland gehört – in dem hier diskutierten internationalen Kontext – zu jenen Ländern, die über eine vergleichsweise geringe Tradition und Verbreitung von Formen der Lehrevaluation wie auch der Forschungsevaluation im Sinne nicht-anlaßbezogener, regelmäßiger Leistungsmessungen und -kontrollen verfügen. International wie auch national gewinnen solche Evaluationsinstrumente an Gewicht. So mag sich an den deutschen Hochschulen seit der Durchführung der Befragungen Anfang der neunziger Jahre bereits ein verstärkter Trend in diese Richtung beobachten lassen. Auch zeigt sich eine – so nicht zu erwartende – Zustimmung einer Mehrheit der Hochschullehrer zur Lehrevaluation unter Einbeziehung der Studenten.

(2) Der Grad der Arbeits- und Berufszufriedenheit der Hochschullehrer, als Indikator für die Verbundenheit mit der Tätigkeit und der Bereitschaft zu beruflichem Engagement, darf vermutlich nicht unter ein bestimmtes Niveau sinken, wenn man die Qualität

der Arbeit der Wissenschaftler an den Hochschulen erhalten oder gar steigern will. In dieser Hinsicht geben die Einschätzungen des wissenschaftlichen Mittelbaus an den Universitäten Anlaß zu der These, daß die Strukturprobleme der deutschen Universität in der Personalstruktur nicht gelöst sind. Angesichts der Länge der Qualifizierungsphasen jüngerer Wissenschaftler an den Universitäten, die häufig „Flickwerkkarrieren" gleichen, der Unsicherheit ihrer beruflichen Situation und der geringen Erwartungssicherheit der hochselektiven Karrierepfade kann dies kaum überraschen. Auch die Stellung des dauerhaft tätigen Mittelbaus kann angesichts der gegenwärtigen Personalstruktur an den deutschen Universitäten offenbar nicht befriedigen.

Zweifellos wirft dies die Frage auf, ob das deutsche System der Nachwuchsförderung und Mittelbaubeschäftigung nicht veraltet ist. Notwendige Überlegungen zu seiner Reform konzentrieren sich z.Zt. auf fünf Aspekte:

- Maßnahmen zur Verbesserung und Verkürzung der Ausbildung in der Promotionsphase durch die Graduiertenkollegs, die sich stärker am anglo-amerikanischen Modell eines postgradualen Studiums orientieren (vgl. NERAD 1994; vergleichbare Initiativen lassen sich auch in einigen anderen europäischen Hochschulsystemen beobachten, vgl. KAIZER u.a. 1994);

- eine verbesserte Ausbildung des wissenschaftlichen Nachwuchses für die Lehre, aber auch für Forschungsaufgaben wie etwa Publikationsarbeiten, Einwerbung von Forschungsgeldern etc. sowie Verwaltungsaufgaben, die traditionell kaum Berücksichtigung fanden (vgl. WEBLER 1994);

- eine Aufwertung der Promotion für die wissenschaftliche Karriere und eine Aufweichung des Zwangs zur – international unüblichen – Habilitation (vgl. DAXNER 1994);

- einen weiteren Ausbau des dauerhaft tätigen Mittelbaus an den Universitäten sowie eine größere berufliche Anerkennung ihrer Rolle und Funktionen innerhalb der Hochschulen (vgl. PLANDER 1986);

- die Schaffung größerer Erwartungssicherheit des wissenschaftlichen Nachwuchses durch die Etablierung von Eingangspositionen zur Professur bei gleichzeitiger Verstärkung von Bewertungs- und Kontollinstrumentarien für weitere berufliche Aufstiegsentscheidungen (vgl. DAXNER 1994).

Bei aller Unterschiedlichkeit im Detail zielen solche Überlegungen auf eine notwendige Verringerung der Kluft zwischen den nicht-professoralen Wissenschaftlern und den Professoren, wie sie sich an den deutschen Universitäten traditionell in international ungewöhnlicher Weise etabliert hat. Zweifellos berühren diese Überlegungen auch das professionelle Selbstverständnis des Hochschullehrerberufs, das bisher die Distanz zwischen den Universitätsprofessoren und allen anderen Statusgruppen des wissenschaftlichen Personals in besonderer Weise hervorhebt. Zugleich sind Überlegungen zu berücksichtigen, wie man Mobilität und Wettbewerb zwischen den Hochschulen sowie zwischen den Hochschulen und der außerhochschulischen beruflichen Praxis erhalten und stärken kann (vgl. KARPEN/HANSKE 1994).

Das Beispiel der Einrichtung der Graduiertenkollegs zeigt, daß mit den Medien „Geld“ und „Reputation“ an den Universitäten einiges in Bewegung gebracht werden kann. Auch ergeben sich in vielerlei Hinsicht ermutigende Erfolge dieser neuen Form der Nachwuchsförderung (verstärkte institutionelle Mobilität der Nachwuchswissenschaftler, Förderung von Nachwuchswissenschaftlerinnen, geringe Abbrecherquoten, Synergieeffekte unter den Hochschullehrern und Nachwuchswissenschaftlern, Evaluation der Nachwuchsförderung). Die weitere Zukunft der Graduiertenkollegs scheint unklar: sind sie von der Tendenz her auf eine Normalisierung dieses Modells der Nachwuchsförderung als ein Modell unter anderen oder als „centers of excellence“ angelegt; die zur Verfügung stehenden Mittel bleiben bereits hinter den anvisierten weiteren Ausbauplänen zurück. Während man mitunter den Eindruck gewinnt, daß die Studienstrukturreform, die einen entscheidenden Anstoß für die Einrichtung der Graduiertenkollegs gab, schon wieder in Vergessenheit gerät, schlägt der Wissenschaftsrat vor, die Einrichtung und Weiterförderung von Graduiertenkollegs stärker an ihre Effekte für das grundständige Studium zu binden. Dies verdeutlicht auch, daß die Reform der Nachwuchsförderung nicht um ihrer selbst willen, sondern als möglichweise untaugliches Vehikel für eine grundlegende Studienstrukturreform angelegt war. Status- und Einkommensnachteile, wie sie sich aus den Stipendien ergeben, legen es nahe, die

Vorzüge des Graduiertenkollegmodells mit den Vorteilen der Beschäftigung von Nachwuchswissenschaftlern oder einer beschäftigungsanalogen sozialen und materiellen Sicherung der Nachwuchswissenschaftler zu verbinden.

(3) Maßnahmen zu Stärkung der Stellung und des Profils der einzelnen Hochschule und einzelner Fachbereiche stoßen unter den deutschen Hochschullehrern zum einen auf eine besonders ausgeprägte Kritik an der Hochschulverwaltung und zum anderen auf eine gewachsene disziplinäre und kosmopolitische Grundorientierung. Wie international üblich, erscheint die Institution den Hochschullehrern traditionell eher als das möglichst gut auszustattende Dach, unter dem sie weitgehend ungestört ihr eigenes Haus einzurichten suchen. Das tatsächlich oder vermeintlich geringe Ausmaß von Programm- und Prestigeunterschieden zwischen den einzelnen Hochschulen sowie der relativ geringe Stellenwert der Institution bei Ausstattungs- und Personalentscheidungen dürften mit dazu beitragen, daß die Verbundenheit der deutschen Hochschullehrer mit ihrer Institution gering ausfällt. Bislang verfügt die Organisation Hochschule gegenüber den Wissenschaftlern, die dauerhaft an ihr tätig sind, kaum über Entscheidungs- und Weisungsbefugnisse; den Wissenschaftlern, die an ihr auf Zeit tätig sind, tritt die Hochschule vor allem entgegen, um eine Professionalisierung und Verdauerung ihrer Tätigkeit zu verhindern. Vermutlich wird man eine Stärkung der Stellung der einzelnen Hochschule kaum erreichen können, wenn nicht Aspekte der Personalplanung und -entwicklung an Beachtung gewinnen und ihre Fähigkeit, mit den Hochschullehrern über die Rahmenbedingungen beruflichen Aufstiegs und beruflicher Tätigkeit zu verhandeln, gestärkt werden.

Wenn Fragen der Beschäftigung, der Karrieren und des Einkommens, der Personalentwicklung und -planung an Bedeutung gewinnen, wie sie international unter dem Stichwort des *staffing* (vgl. KOGAN/MOSES/EL-KHAWAS 1994) diskutiert werden, bedeutet dies allerdings zugleich, daß für den Hochschullehrerberuf die Hochschule als „Unternehmen" und ihre eigene Rolle als „Beschäftigte" stärker in den Vordergrund rücken.

(4) Schließlich werden unter dem Thema „Wissenschaftler und öffentlicher Dienst" verschiedene Aspekte des Hochschullehrerberufs – wie die Frage des Beamtenstatus, der Besoldungs- und

Vergütungskriterien und -struktur, der generellen Inflexibilität des Personal- und Haushaltsrechts des öffentlichen Dienstes für die Belange der Hochschulen – verstärkt zur Debatte gestellt. Zweifellos sind hier Modernisierungsrückstände zu beobachten. Die Kritik am wissenschaftlichen Berufsbeamtentum und am deutschen Laufbahnsyndrom ist verbreitet, wenngleich nicht ganz klar scheint, welche Vorzüge im Hinblick auf eine größere Flexibilität die Anstellung im öffentlichen Dienst in ihrer gegenwärtigen Form bieten könnte. Wenn Einkommensfragen stärker nach Anciennitäts- und Senioritätsgesichtspunkten, denn nach Produktivität und Leistung beurteilt werden, kann dies auch dem Selbstverständnis des Hochschullehrerberufs kaum entsprechen. Der Flexibilisierung der staatlichen finanziellen Unterstützung der Hochschulen (Grundausstattung, Drittmittel, Stipendien) und der Forderung nach verstärkter Kooperation der Hochschulen mit der Wirtschaft, steht ein rigides Personal- und Haushaltsrecht entgegen. Diese Diskrepanz fördert tendenziell mafiöse Strukturen insbesondere in der Mitarbeiterbeschäftigung an den Hochschulen.

Insgesamt beobachten wir Tendenzen und Bemühungen zu einer Entregelung und Individualisierung im Hinblick auf Fragen der Gestaltung der Arbeitsbedingungen der Hochschullehrer (Einkommen, Ausstattung, Lehr- und Forschungsverpflichtungen). Die Diskussionen lassen allerdings den Eindruck entstehen, daß entsprechende Initiativen eher im Kontext einer allgemeinen Reform des öffentlichen Dienstes und der allgemeinen Europäisierung der Arbeitsverhältnisse stehen, während die speziellen Aufgaben der Hochschulen und die besondere Situation ihrer Hochschullehrer es nahelegen, über ein auf diesen Berufsstand zugeschnittenes Dienstrecht nachzudenken (vgl. KARPEN/HANSKE 1994). Erste Überlegungen über denkbare Schritte zu einem europäischen Status von Wissenschaftlern (vgl. KARPEN 1995), der internationale Mobilität und Austausch befördern könnte, sind fortzuschreiben.

(5) Die gegenwärtigen Diskussionen um die Hochschulreform finden unter Bedingungen knapper finanzieller Ressourcen und einem verstärkten gesellschaftlichen Wettbewerb um diese Ressourcen statt. Unter Bedingungen der knappen Kassen fehlt es z.T. an den materiellen Anreizen, die steuerungspolitischen Be-

mühungen den notwendigen Rückenwind verleihen. Eine Welle der Hochschulreform läßt sich kaum als Politik der „Mängelverwaltung“ vorstellen.
Die momentan verbreitete öffentliche Anklage und Blamage des Hochschullehrerberufs mag auch manchen Eitelkeiten und Sonderprivilegien dieser Berufsgruppe geschuldet sein, einen ausstehenden breiten öffentlichen Diskurs für eine Konsensfindung im Hinblick auf die zukünftige Stellung und die Aufgaben der Hochschulen und ihrer Wissenschaftler für die Gesellschaft kann sie nicht ersetzen.
Bemühungen um mehr Effizienz und Effektivität im Hochschulwesen und in den Leistungen der Hochschullehrer bedeuten Eingriffe in bestehende Besitzstände. Dies wirft die Frage auf, wer die Gewinner und Verlierer von Modernisierungsprozessen sein werden.

Manche der häufig diskutierten Überlegungen und Initiativen zu einer Modernisierung der Berufsrolle der Hochschullehrer firmieren allzu vorschnell unter dem Signum seiner „Professionalisierung“. Ein vermehrter Wettbewerb um Ressourcen auf den „Wissenschaftsmärkten“, ein verstärkter Einsatz von Leistungsmessungen und -kontrollen, eine Stärkung der Stellung der einzelnen Hochschule oder eine vermehrte Arbeitsteiligkeit der Berufsrolle – um nur einige Beispiele zu nennen – bedeuten gegenüber dem traditionellen Selbstverständnis des Hochschullehrerberufs zunächst eine „Deprofessionalisierung“: Der Hochschullehrerberuf verliert an Selbständigkeit und Autonomie gegenüber anderen gesellschaftlichen Bereichen, gegenüber der Institution und der studentischen Klientel. Insgesamt werden sich die Angehörigen dieser Berufsgruppe solchen Auseinandersetzungen jedoch nicht entziehen können, wenn sie sie im Sinne einer aktiven und selbstreflexiven Professionalisierung mitgestalten wollen.

(6) Der ausgeprägte Individualismus und die disziplinäre Grundorientierung der Hochschullehrerschaft sowie die geringe Bedeutung der Hochschule als Betrieb und Beschäftiger von Wissenschaftlern begünstigten ein traditionell relativ geringes Interesse der Hochschullehrer an einer gewerkschaftlichen Interessenvertretung. International läßt sich jedoch beobachten, daß die Veränderungen der Stellung und des Status der Hochschullehrer

den „Arbeitsplatz Hochschule" (vgl. PLANDER 1986) stärker in den Vordergrund treten lassen und von einem verstärkten Engagement gewerkschaftlicher Organisationen in diesem Bereich begleitet werden (vgl. KARPEN/HANSKE 1994).

Diese Entwicklung stellt sich für die gewerkschaftliche Interessenvertretung und Politik an den Hochschulen aber durchaus ambivalent dar (vgl. KOGAN/MOSES/EL-KHAWAS 1994): Zum einen können gerade jene Tendenzen, die eine gewerkschaftliche Interessenvertretung dringlicher machen – wie etwa die wachsende Betriebsförmigkeit der Arbeit, die Deregulierung und Flexibilisierung der Beschäftigung oder die Stärkung der Stellung der einzelnen Institution – für die Hochschullehrer mit dem Eindruck eines Status- und Prestigeverlustes verbunden sein. Zum anderen drängen hochschulpolitische Reformbestrebungen häufig auf eine wachsende Differenzierung und Flexibilisierung von Status- und Aufgaben der Hochschullehrerschaft, während die Gewerkschaften häufig eine größere Einheitlichkeit und Gleichheit der Arbeits- und Beschäftigungsbedingungen angestreben.

Die aktuelle Diskussion um die zukünftige Stellung und den Status des Hochschullehrerberufs an den deutschen Hochschulen zeigt, daß auch hier Fragen der Flexibilisierung und Entregelung, der Entstaatlichung und des Wettbewerbs mehr und mehr in den Vordergrund rücken. Wenn eine größere Flexibilität und Individualität der Rahmenbedingungen der Arbeit der Hochschullehrer angestrebt wird, müssen aber zugleich die Möglichkeiten der individuellen und kollektiven Einflußnahme der Betroffenen verstärkt werden. Tarifvertragliche Vereinbarungen für die Hochschulen und ihre Wissenschaftler bilden eines der Instrumente, mit denen dieser Entwicklung Rechnung getragen werden kann.[8]

---

8 Weiterführende Überlegungen im Rahmen der allgemeinen innergewerkschaftlichen Diskussion um die Modernisierung des Arbeits- und Sozialrechts finden sich u.a. in MATTHIES u.a. 1994. Für die Einordnung der hochschulpolitischen Diskussion in diesen Kontext vgl. etwa BÖHMCKER/EPSKAMP 1991.

Literatur

Altbach, P. G.: The Academic Profession. In: Altbach (Hrsg.): International Higher Education. An Encyclopedia. New York/London 1991, S. 23-46.

Bochow, M./Joas, H.: Wissenschaft und Karriere – zum beruflichen Verbleib des akademischen Mittelbaus. Frankfurt a. M., New York 1987.

Bochow, M. u. a.: Ohne Perspektive keine Qualität. Frankfurt a. M. 1986.

Böhmcker, S./Epskamp, H.: Ungeschützte Arbeitsverhältnisse im Hochschulbereich. Düsseldorf 1991.

Clark, B.R. (Hrsg.): The Academic Profession. National, Disciplinary and Institutional Settings. Berkeley 1987.

Clark, B.R. (Hrsg.): The Research Foundations of Graduate Education. Berkeley/Los Angeles/Oxford 1993.

Daxner, M.: Die Wiederherstellung der Hochschule: Plädoyer für eine Rückkehr der Hochschulen in die Politik und die Gesellschaft. Köln 1993.

Enders, J.: Beschäftigungssituation im akademischen Mittelbau. (Werkstattbericht des Wissenschaftlichen Zentrums für Berufs- und Hochschulforschung, 26). Kassel 1990.

Enders, J.: Erste Berufstätigkeit und weitere Ausbildungsphase: Die Situation der Doktoranden an den bundesdeutschen Hochschulen. In: Zeitschrift für Hochschuldidaktik (1994) Heft 2, S. 175-190.

Enders, J./Teichler, U.: Berufsbild der Lehrenden und Forschenden an Hochschulen. Ergebnisse einer Befragung des wissenschaftlichen Personals an westdeutschen Hochschulen. Bundesministerium für Bildung und Wissenschaft, Forschung und Technologie: Bonn 1995a.

Enders, J./Teichler, U.: Der Hochschullehrerberuf im internationalen Vergleich. Ergebnisse einer Befragung über die wissenschaftliche Profession in 13 Ländern. Bundesministerium für Bildung und Wissenschaft, Forschung und Technologie: Bonn 1995b.

Freiger, St./Gross, M./Oehler, Ch. (Hrsg.): Wissenschaftlicher Nachwuchs ohne Zukunft? Bundesassistentenkonferenz/Hochschulentwicklung/Junge Wissenschaftler heute. Kassel 1986.

Gützow, F./Köhler, G.: Befragung der Mitglieder der GEW in Hochschule und Forschung (Beschäftigte und Studierende). Frankfurt a. M. 1994.

Holtkamp, R./Fischer-Bluhm, K./Huber, L.: Junge Wissenschaftler an der Hochschule – Bericht der Arbeitsgruppe „Lage und Förderung des wissenschaftlichen Nachwuchses". Frankfurt a. M./New York 1986.

Infratest Sozialforschung: Hochschulbarometer – Befragung von Lehrenden an Hochschulen – SS 1974. 4 Bde. München 1975.

Infratest Sozialforschung: Befragung des wissenschaftlichen Personals der Hochschulen zur Fortentwicklung von Lehre und Forschung (WS 1976/77). München 1977.

Institut für Demoskopie: Untersuchung zur Lage der Forschung an den Universitäten. Tabellenband. Ms. Allensbach 1977.

Institut für Demoskopie: Zur Lage der Forschung an deutschen Universitäten 1977-1984. Tabellenband. Ms. Allensbach 1984.

Kaddatz, B.: Rationalität und Rationalisierung des wissenschaftlichen Arbeitsprozesses. Frankfurt a. M./New York 1987.

Kaizer, F./Hezemanns, J./Vossensteyn, H.: Doctorate Education. A comparative description of the systems preparing for the highest academic degree (doctorate) in seven Western countries. Enschede 1994.

Karpen, U./Hanske, P.: Status und Besoldung von Hochschullehrern im internationalen Vergleich. 2 Bd. Baden-Baden 1994.

Karpen, U.: Ein europäischer Arbeitsmarkt Wissenschaft. Vortrag auf der 14. Sommerschule der GEW. Sylt 1994.

Kogan, M./Moses, I./El-Khawas, E. (1994): Staffing Higher Education. Meeting New Challenges. (OECD: Higher Education Policy Series 27). London and Bristol, Penn.

Kopp, B. von /Weiß, M.: Deutsche Professoren: Zufrieden und produktiv trotz Überlast? In: Zeitschrift für Bildungsverwaltung (1993) Heft 1, S. 23-29.

Matthies, H. u.a.: Arbeit 2000. Anforderungen an eine Neugestaltung der Arbeitswelt. Reinbeck 1994.

Nerad, M. (1994): Postgraduale Qualifizierung und Studienstrukturreform. Untersuchung ausgewählter Graduiertenkollegs in Hessen im Vergleich mit dem Promotionsstudium in den USA. (Arbeitspapier des Wissenschaftlichen Zentrums für Berufs- und Hochschulforschung, 32). Kassel.

Plander, H.: Arbeitsplatz Hochschule. (GEW: Beiträge zum Wissenschaftsrecht, Bd. 4). Freiburg 1986.

Schaeper, H.: Zur Arbeitssituation von Lehrenden an westdeutschen Universitäten. Ergebnisse einer empirischen Untersuchung in fünf ausgewählten Disziplinen. HIS: Kurzinformation; A 12. Hannover 1994.

Schaeper, H.: Begeisterung und „Frustration". Zur Arbeitssituation der Hochschullehrer und des wissenschaftlichen Nachwuchses. In: Forschung & Lehre 2 (1995), S. 87-89.

Schimank, U.: Forschungsbedingungen der Professoren an westdeutschen Hochschulen. (Max-Planck-Institut für Gesellschaftsforschung: Discussion Paper 2). Köln 1992.

Schimank, U.: Immer weniger Zeit für die Forschung? Einige Daten und Überlegungen zur Lage der Professoren an den westdeutschen wissenschaftlichen Hochschulen. In: Beiträge zur Hochschulforschung (1994) Heft 4, S. 685-705.

Ewald Terhart

Neuere empirische Untersuchungen zum Lehrerberuf

Befunde und Konsequenzen

1. Entwicklung und Situation der Lehrerforschung

Nachdem in den 80er Jahren – vor allem bedingt durch die hohe Lehrerarbeitslosigkeit – der Lehrerberuf in der Öffentlichkeit wie auch innerhalb der Bildungswissenschaften an den Rand der Aufmerksamkeit geraten und für die Bildungspolitik gar zu einem negativ besetzten Thema geworden war, ist seit einigen Jahren erneut und zunehmend ein Interesse an Fragen und Problemen des Lehrerberufs festzustellen. Hierfür sind *drei Gründe* zu benennen:

Ein erster, äußerer Anlaß für diesen Wandel ist die seit Ende der 80er Jahre wieder *steigende Zahl der Studierenden in den Lehramtsstudiengängen*. Bildungspolitik und -verwaltung müssen auf die neuen Zahlen und die damit verbundenen Herausforderungen reagieren, in den Universitäten rückt die Lehrerausbildung erneut stärker in das Blickfeld, und innerhalb der Erziehungswissenschaft wird darüber diskutiert, wie diese neue Situation angesichts der innerwissenschaftlichen (kognitiven und sozialen) Wandlungsprozesse der letzten zwei Jahrzehnte beurteilt und bewältigt werden kann.

Ein zweiter Anlaß für die gegenwärtige Aktualität des Lehrerthemas sind aber sicherlich auch die weitverbreiteten *Krisenmeldungen zur Situation des Lehrerberufs und der Lehrerausbildung*. Ich erinnere hier nur an die in der Öffentlichkeit zirkulierenden Stichworte wie „Horror-Job Lehrer", „Panik am Katheder",

„Ruin eines Berufsstandes“, „Welle vorzeitiger Pensionierungen“, „Vergreisung der Kollegien“, „epidemischer Burn-Out“, „Larmoyanz – aber bei Vollversorgung“, und als Konsequenz: „Neue Lehrer braucht das Land“. Angesichts dieser ebenso weitverbreiteten wie pauschalen Lehrerschelte hat der Beruf sicherlich an Ansehen verloren. Ausdruck dieser *Abwertungsdiskussion* ist es z.B. auch, daß eine Zeitung zu Recht auf die auflagensteigernde Wirkung von populistischen Meldungen über „Deutschlands faulsten Lehrer“ vertrauen darf.

Dem entgegen steht schließlich – als dritter Anlaß – eine ebenfalls in der Fach- wie allgemeinen Öffentlichkeit vermehrt anzutreffende, gleichsam umgekehrte *Aufwertungsdiskussion*: Aufgrund der veränderten Lebensumstände von Kindern und Jugendlichen (Medien- und Konsumkindheit, Erosion verbindlicher Überzeugungen und Milieus, Individualisierung, Gewalt, Multikulturalität, Wandel der Familie etc.) sei die *Arbeit der Lehrer zwar immer schwieriger, zugleich aber auch wichtiger und verantwortungsvoller geworden. Deshalb stehe der Lehrerberuf vor grundsätzlich neuen Herausforderungen*, die innerhalb der gegebenen Struktur und Tradition dieses Berufes womöglich überhaupt nicht zu bewältigen seien. Im Rahmen dieser Argumentation erscheint der Lehrerberuf nun gerade nicht als ein Berufsstand von Versagern, sondern umgekehrt als *Großer Sozialer Problemlöser,* auf den sich große, weitgespannte Hoffnungen richten.

Die wissenschaftliche *Lehrerforschung* ist dem konjunkturellen Auf und Ab des Lehrerberufs in gewisser Weise gefolgt: Während in den 70er Jahren in einem Klima der Bildungsreform eine intensive Lehrerforschung stattfand (Gesellschaftsbild, Innovationsbereitschaft, Einstellungen, berufliche Sozialisation etc.), ging das Interesse in den 80er Jahren deutlich zurück, um nunmehr seit einigen Jahren wieder anzusteigen. Dieses zyklische Schwanken der Forschungsintensität ist typisch für die Forschungssituation und -dynamik innerhalb der Erziehungswissenschaft: Sie ist eine Disziplin, die aufgrund einer schwachen (kognitiven und sozialen) Binnenstruktur sehr sensibel ist für Veränderungen in ihrer „externen“ Umwelt; letztere wirken sich rasch mehr oder weniger ungefiltert „intern“ aus, und zwar sowohl hinsichtlich der Theoriegestalt wie auch der sozialen Situation des Faches. Als universitäre Disziplin ist die Erziehungswissenschaft – neben dem Forschungsaspekt – kapazitär immer noch sehr stark auf Lehrerausbildung verpflichtet; jedenfalls wird dies in der Wissenschaftsverwaltung so wahrgenommen. Insofern hat der „Lehrerzyklus" (Überfüllung und Mangel im Wechsel) immer auch Folgen für den Personalstand und die thematische Orientierung in der Disziplin; beides wiederum beeinflußt die Forschungsintensität und -thematik.

Auf diese Weise sehen sich alle Verantwortlichen derzeit in einer Situation, *in der einem institutionell und gesellschaftlich hohen und dringenden Bedarf an gesicherten Informationen über den Lehrerberuf eine weithin unbefriedigende Forschungslage gegenübersteht,* die sich erst seit ganz kurzer Zeit zu verbessern beginnt. Insbesondere angesichts des Widerspruchs zwischen den o.g. vielfältigen Krisendiagnosen zum Lehrerberuf (Abwertungsdiskussion) einerseits und den großen Hoffungen auf die Delegation neuer gesellschaftlich induzierter Problemlagen an die Lehrerschaft (Aufwertungsdiskussion) andererseits macht sich der unbefriedigende Forschungs- und Erkenntnisstand besonders empfindlich bemerkbar. Als erste und dringlichste Konsequenz wäre an eine Konsolidierung und *Verstetigung der Lehrerforschung* zu denken, die kontinuierlich gesicherte Informationen zur Lage des Lehrerberufs unabhängig vom Schwanken der Zyklen und Aufmerksamkeiten bereitzustellen in der Lage ist.

Im folgenden soll es darum gehen, einige ausgewählte neuere empirische Untersuchungen zum Lehrerberuf – strukturiert nach ausgewählten Themen – zu analysieren und in ihren zentralen Befunden vorzustellen (Abs. 2)[1].Auf diese Weise wird eine gewisse Basis geschaffen, von der ausgehend – in aller Vorsicht – Konsequenzen für die Weiterentwicklung des Lehrerberufs gezogen werden können (Abs. 3).

---

1 Selbstverständlich kann keine umfassende Literaturübersicht gegeben werden. Vgl. zur weiteren Information die im Anhang zu diesem Kurz-Gutachten enthaltenen Arbeiten des Verf. (Terhart 1990, 1991, 1992, 1994a,b, 1995a,b, im Druck).

2. Neuere empirische Untersuchungen zum Lehrerberuf

2.1 *Belastungen*

Das Interesse der Lehrerforschung am Belastungs-Thema ist seit einigen Jahren sehr groß. Wichtig ist in diesem Kontext, zwischen der tradierten, sattsam bekannten Klage der Lehrerschaft über ihre hohen Belastungen einerseits und der wissenschaftlichen Belastungsforschung zu unterscheiden. Brisanz gewinnt das Belastungsthema aufgrund der Überalterungsproblematik und dem zunehmenden Trend zur Frühpensionierung in der Lehrerschaft (s.u.). Natürlich muß in diesem Zusammenhang zwischen objektiver Belastung und subjektiv wahrgenommener Belastung unterschieden werden – letztere ist allerdings diejenige, die die erlebte Belastung ausmacht; subjektiv hoch erlebte Belastung „ist" insofern zunächst einmal „tatsächlich" hohe Belastung. Hohe Belastung ist (noch) nicht gleichzusetzen mit „Burnout". Erstere kann durch bestimmte Strategien selbst bewältigt werden – Burnout als Begriff bezieht sich demgegenüber auf ein sehr viel engeres, dramatischeres, klinisches Bild, eine Situation also, aus der man sich nicht ohne weiteres selbst befreien kann. Eine Aufweichung rsp. Ausweitung des Burnout-Begiffs führt zu dem paradoxen und für das öffentliche Ansehen des Lehrerberufs katastrophalen Bild, demzufolge am Ende alle Mitglieder dieses Berufsstandes „ausgebrannt" sind – obwohl sich die Öffentlichkeit fragt, ob diese massenhaft Ausgebrannten überhaupt im gleichen Ausmaß vorher hell aufgestrahlt sind.

In der Studie von TERHART u.a. (1994, S. 221f) fühlen sich ca. 50% der befragten Lehrkräfte (N= 514) gesundheitlich (physisch oder psychisch) belastet, 44% antworteten mit „Nein", und 6% haben auf eine Antwort verzichtet. Als zentrale Belastungsfaktoren haben sich in der Studie von BECKER/GONSCHOREK (1993) und von TERHART u.a. (1994) in etwa vergleichbarer Weise die Faktoren „problematische Schüler" und „Schulorganisation" erwiesen (ähnlich IPFLING u.a. 1995, S. 91, die systemische Faktoren als Auslöser für Unzufriedenheit sehen); auch JEHLE/KRAUSE (1994) weisen in ihrer Pilotstudie „schwierige Schüler" als angst- und belastungsauslösend aus. Hinsichtlich der Belastung durch Probleme mit Schülern fühlen sich insbesondere die Lehrerinnen an Haupt- und Realschulen hoch belastet; die Lehrkräfte an Gymnasien am wenigsten (TERHART u.a. 1994). Auch die IPSO-Studie (1994; Fragebogenaktion bei GEW-Mitgliedern in NRW, 3068 ausgewertete Fragebögen = Rücklauf von 9,6% !) weist bei den Belastungen das veränderte Schülerverhalten (z.B. geringe Konzentrationsfähigkeit, mehr Gewaltverhalten) als zentralen Belastungsfaktor aus, wobei übrigens ein klarer (Dienst)Alterseffekt zu erkennen ist: Länger im Dienst befindliche Lehrkräfte fühlen sich hierdurch stärker belastet.

Auf den zweiten zentralen Belastungsfaktor „Organisation“ (Verwaltungsarbeit etc.) weist auch HÜBNER (1994, S. 12f) hin, der 660 Fragebögen von Ost- und Westberliner Lehrkräften ausgewertet hat. Besonders drückend scheint der Verwaltungsaufwand bei Gesamtschullehrern zu sein. Zusammengefaßt fühlen sich von den befragten Lehrkräften 20% normal belastet, 55% höher belastet und 25% hoch belastet, wobei kaum Unterschiede zwischen Ost- und Westberliner Lehrkräften anzutreffen waren (ebd., S. 15).

Bemerkenswert ist das Auseinanderklaffen von hoher subjektiv wahrgenommener Belastung – bei gleichzeitg doch immer noch überwiegender Berufszufriedenheit innerhalb der Lehrerschaft (s.u.). In diesem Zusammenhang ist sicherlich auch die psychologische Situation zu berücksichtigen: „“Klagen über Belastung“ wird ambivalent: Einerseits verdeutlicht es die reale Belastung, und andererseits erheischt es Anerkennung, weil etwas Schwieriges geleistet wird ... Der Beruf wird damit zur Berufung, der man sich nicht entziehen kann und darf; je mehr Belastung damit verbunden ist, um so höher steigt die Ehre“ (ebd., S. 222).

Für die zukünftige Forschung zur beruflichen Belastung im Lehrerberuf sollte versucht werden, (a) neben den subjektiven auch möglichst objektive Indikatoren zu berücksichtigen, (b) in Zusammenhang mit Belastung immer auch nach Bewältigungsstrategien zu fragen, und (c) Vergleichsuntersuchungen über Belastung und Bewältigung sowohl in ähnlichen wie ganz anderen Berufen anzustellen (als Übersicht zum Thema vgl. RUDOW 1994).

Abbildung 1: Ursachen für Belastungen

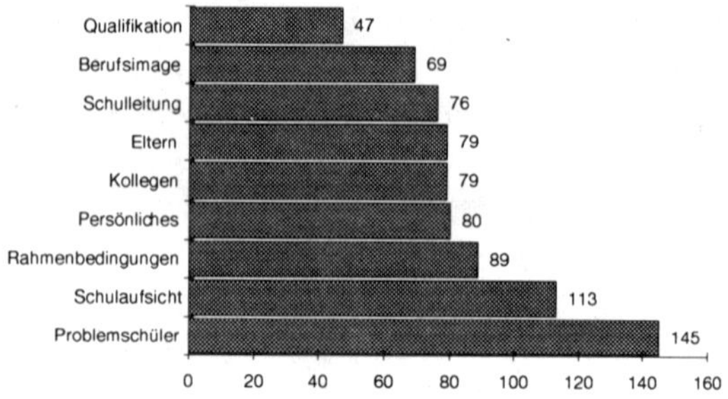

Quelle: Becker/Gonschorek 1993, S. 70

Abbildung 2: Belastungsmomente im Lehrerberuf

Belastungen (Häufigkeit der Nennungen in %) (Frage Nr. 48)

Wahrscheinlich ist auch für Sie Ihr Beruf nicht nur eitle Freude und Sonnenschein. Schreiben Sie uns bitte auf, was Sie als besonders belastend erleben (offene Frage mit freier Antwortmöglichkeit: zahlreiche Mehrfachnennungen).

	Prozent
Organisationsstruktur	50,3
Probleme mit Schülern	47,9
meth.-päd. Probleme	43,8
Probleme mit Schulaufsicht u. -behörde	31,6
Probleme mit Kollegen	28,5
Probleme mit Eltern	22,7
eigene Überforderung (durch zu hohe eigene Ansprüche)	8,1

Quelle: Terhart u.a. 1994, S. 211

2.2 *Berufsbiographien*

Die Attraktivität von biographischer Forschung hat auch innerhalb der Lehrerforschung mittlerweile zu einer Reihe von Studien geführt, in denen nicht mehr nur die Berufseinstiegsphase (Referendariat, „Praxisschock“), sondern das gesamte Lehrerleben zum Thema wird. Was geschieht nach dem „Praxisschock“, welche Phasen/Entwicklungsmuster sind festzustellen, wie wird die eigene Entwicklung gedeutet und prognostiziert (vgl. allgemein MAYR 1994). Zu einigen Ergebnissen:

- Im Anschluß an die Turbulenzen des Einstiegs kommt es innerhalb von 3-5 Jahren zu einem ersten Etablierungspunkt, der jedoch nach einigen Jahren wieder in ein neues Aktivitätsmuster übergeht. Aufbruch- und Rückzug wechseln sich ab, sind biographisch miteinander verbunden; hierbei spielt das Ineinander-verwoben-sein von Berufs- und Privat-Biographie („doppelte Sozialisation") eine wichtige Rolle (HIRSCH u.a. 1990; SIKES u.a. 1991; PAJAK/BLASE 1989).

- Wichtig für die Art der Dynamik des berufsbiographischen Entwicklungsprozesses ist es, wie aus Erfahrungen gelernt wird: es existiert ein Muster, das sich in zunehmende Enttäuschung und schließlichen Zynismus hineinarbeitet – und daneben ein Muster, das auf enttäuschende Erfahrungen mit Gelassenheit und einer Konzentration auf Wesentliches reagiert. Und dieses Wesentliche ist dann: der selbst (noch) zu gestaltende, unmittelbare Handlungsbereich (HUBERMAN 1991).

- Lehrkräfte sehen sich im Laufe ihrer berufsbiographischen Entwicklung in einem zunehmend stabileren Muster, d.h. mit zunehmendem Alter äußern sie zunehmend „Stabilitätsmeldungen" hinsichtlich ihrer Situation im Beruf – mit a) der Ausnahme, daß sich in der Selbstdeutung die Belastbarkeit zunehmend verändert – und zwar zum schlechteren hin, d.h. sie sehen sich mit zunehmendem Alter immer weniger belastbar, und (b) der zweiten Ausnahme, daß in ihrer Selbstdeutung die berufliche Kompetenz durch den Erfahrungsprozeß zugenommen hat (TERHART u.a. 1994).

- Berufsbiographien von Lehrerinnen und Lehrern unterscheiden sich – sowohl objektiv wie subjektiv. Bei Lehrerinnen ist es häufiger ein variantenreicher, weniger einem standardisierten Muster entsprechender Verlauf, der generell stärker mit der Privat-Biographie verknüpft ist und der nicht selten neben der Konzentration auf den Lehrberuf auch noch andere Interessen aufrechterhält und pflegt. Das entgegengesetzte Muster findet sich eher bei männlichen Lehrkräften: ein geradlinigerer Weg in den Beruf, weithin einheitliches Verbleibemuster, stärkere Konzentration auf den Beruf und seine Möglichkeiten. Dieses erste Muster findet sich eher bei weiblichen, das zweite bei männlichen Lehrkräften. – Für die Frage der Verarbeitung beruflich bedingter Belastungen ist – so HUBERMAN (1991) – übrigens das erstgenannte Muster vorteilhafter und psychisch gesünder (vgl. hierzu auch HIRSCH 1990; FLAAKE 1989, 1990).

– Es gibt selbstverständlich nicht „die" Berufsbiographie im Lehrerbereich. Berufsbiographie ist sehr eng mit der Persönlichkeitsstruktur bzw. auch mit dem lebenslangen Prozeß der Identitätsbalance verknüpft (vgl. HIRSCH 1990). Neben lebenslauf- und persönlichkeitsspezifischen Besonderheiten spielt natürlich auch die Zugehörigkeit zu einer bestimmten Lehrergeneration (Kohorte) eine Rolle (z.B. die Generation der 68er; über den Mentalitätswandel innerhalb der Lehrerschaft hat FEND 1988 empirisches Material zusammengestellt). Das komplexe Verhältnis zwischen Lebensalter, Kohorten und Situationseffekten ist im Lehrerbereich derzeit noch nicht auf der Basis einer umfassenden und methodisch anspruchsvollen Untersuchung geklärt.

Abbildung 3: Modell der Abfolge zentraler Themen im Berufsleben von Lehrern

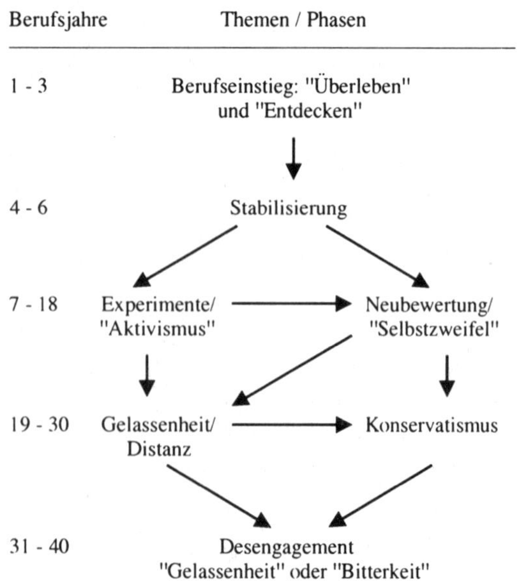

Quelle: Huberman 1991

2.3 Berufszufriedenheit

Innerhalb der beruflichen Sozialisationsforschung (nicht nur im Lehrerbereich) nimmt der Faktor Berufszufriedenheit einen breiten Raum ein. Insbesondere sind zahlreiche empirische Untersuchungen zum Zusammenhang von Alter und Berufszufriedenheit durchgeführt worden. Die Ergebnisse sind nicht eindeutig. Es gibt sowohl Hinweise für kontinuierlich steigende wie auch für kontinuierlich sinkende Berufszufriedenheit, aber auch Bestätigungen für einen U-förmigen Verlauf der Zufriedenheitskurve während der beruflichen Lebensspanne (für den Lehrerbereich vgl. zusammenfassend MERZ 1979; LITTIG 1980).

Die neueste Untersuchung im deutschsprachigen Raum ist von IPFLING u.a. (1995) vorgelegt worden. Es handelt sich hierbei um eine Befragung von Lehrkräften in Bayern (Veröffentlichung des Fragebogens in einer Auflage von 45.000 in der Verbandszeitschrift des BLLV, Rücklauf: 2129 verwertbare Fragebögen = 4,7%). Die Berufszufriedenheit wird – sicherlich problematisch! – anhand der Frage nach Wiederwahl des Lehrerberufs gemessen (Antwortalternative: nur ja oder nein). Demgemäß lehnen 26% eine Wiederwahl des Lehrerberufs ab (ebd., S. 65). TERHART u.a. (1994) kommen zu einem vergleichbaren Bild (Antwortalternative ja/nein/unentschieden, 61,7%/8,6%/29,6%). IPFLING u.a. stellen einen schwach U-förmigen Verlauf der Kurve fest, d.h. in den mittleren Berufsjahren sinkt die Neigung zur Wiederwahl, wohingegen TERHART u.a. eine höhere Wiederwahlneigung lediglich bei den jüngeren Lehrkräften feststellen konnten: 30-35: 67,7%; 40-45: 58,2%; 55-60: 59,8%).

Bei TERHART u.a. wird Berufszufriedenheit allerdings nicht nur anhand der Wiederwahlneigung, sondern auch direkt erfragt (vgl. ebd., S. 124ff). Hier zeigt sich, daß knapp 65% der Befragten zufrieden und sehr zufrieden sind, ca. 25% „weder noch" angeben und die restlichen gut 10% nicht oder gar nicht zufrieden sind. Als wichtigster Faktor für die Differenzen hinsichtlich der Zufriedenheit innerhalb der Lehrerschaft stellen TERHART u.a. den Altersfaktor heraus: Mit zunehmendem Alter sinkt der Anteil der Zufriedenen, nehmen Sorgen für die Zukunft zu, die Hoffnungen für die Zukunft ab, steigt der Anteil der mit nichts Zufriedenen. Dies alles spricht eher für einen negativ-linearen Zusammenhang zwischen Lebensalter und Berufszufriedenheit (zum Überalterungsproblem s. speziell Abs. 2.6).

Was macht demgegenüber inhaltlich Berufszufriedenheit aus, welche Faktoren lösen – in der Selbstdeutung – Berufszufriedenheit aus? IPFLING u.a. kommen zu dem Schluß, daß es die „pädagogischen Elemente" der Lehrerarbeit sind (Arbeit mit Kindern, unterrichtlicher Erfolg, erzieherische Wirkung etc., vgl. *Abb. 4)*. Dieses Ergebnis bestätigt die aus der Lehrerforschung bekannte These, daß die zentrale Gratifikation aus der erfolgreichen Arbeit mit den Schülern gezogen wird („Menschen" – „Erziehung" – „Pädagogik") –, daß nicht selten aber auch genau dieser Bereich, der Umgang mit den Schülern, umgekehrt zur Zentralquelle von Frustration wird. Das, was Befriedigung verschafft, muß naturgemäß – bei Nichtvorhandensein – auch dasjenige sein, was Enttäuschung und Verzweiflung hervorruft. Systemische Faktoren – Schulorganisation, Vorgesetzte etc. – werden demgegenüber generell und durchgängig als Negativ-Faktoren wahrgenommen. Hier scheinen sich die in der Lehrerkultur zweifellos vorhandenen, historisch, d.h. durch die langandauernde Abhängigkeitsposition bedingte und tiefverwurzelte anti-organisatorische Affekte durchzusetzen. Funktionieren von Verwaltung erscheint wie selbstverständlich – immer nur bei Schwierigkeiten kommt der Faktor „Verwaltung" in den Blick.

Abschließend sei vielleicht noch angemerkt, daß die Unzufriedenheitswerte keinesfalls nur negativ und als unzumutbare Bela-

Abbildung 4: Veränderungen im Berufsleben in der Selbstdeutung

Einstellungen zum und Erfahrungen im Berufsleben ändern sich in Abhängigkeit vom Lebensalter. Bitte kreuzen Sie an, wie sich die folgenden Faktoren Ihrer Meinung nach bei Ihnen geändert haben.

	gesunken	gleichgeblieben	gestiegen (%)
Belastbarkeit	57,5	32,7	9,8
Bereitschaft zu Neuem	17,1	59,9	23,0
Selbstwertgefühl	13,4	42,9	44,2
Zufriedenheit	26,3	53,6	20,0
Hoffnung auf päd. Wirkung	42,6	47,1	10,4
berufliche Kompetenz	3,9	24,1	72,0

Quelle: Terhart u.a. 1994, S. 81

Abbildung 5: Wiederwahl/Nicht-Wiederwahl des Berufs

Entscheidung	insgesamt	Geschlecht 1)		Schulart 2)		
		m	w	GS	HS	SO
ja[3)]	74	72	77	79	70	72
nein[3)]	26	28	23	21	30	28
total	100	100	100	100	100	100

1) n = 2.019; x2 = 7,3; df = 1; p 1
2) n = 1.954; x2 = 16,7; df = 2; p 1
3) Valide %
Anmerkung: Die statistischen Kennwerte wurden anhand der absoluten Häufigkeiten errechnet.

Quelle: Ipfling u.a. 1995, S. 65

stung gedeutet werden dürfen: Ein gewisses Maß an Unzufriedenheit ist nämlich auch die Voraussetzung für Wandel und Innovation. Entscheidend ist, wie man als einzelne Lehrkraft mit Unzufriedenheit umgeht bzw. wie – auf einer anderen Ebene – die Unzufriedenheit eines Kollegiums bzw. der Lehrerschaft insgesamt Energien für Schulentwicklung freizusetzen vermag[2].

2 Wie problematisch die Zufriedenheitsforschung in methodischer Hinsicht gelegentlich vorgegangen ist, zeigt LITTIG (1980, S. 236) unter Hinweis auf die Studie von BONGARD (1977): „Wertet man die von BONGARDT (1977) berichteten Ergebnisse zum gesellschaftlichen und politischen Bewußtsein von Grund- und Hauptschullehrern unter dem Aspekt der Berufszufriedenheit von Lehrern aus, z.B. Statement 39 (S. 192) „Die schlechten Arbeitsbedingungen in der Grund- und Hauptschule zeigen, daß dort die Lehrer ausgebeutet und unterdrückt werden", dann kann der „Typ des unzufriedenen Lehrers" wie folgt etikettiert werden: Jung, bis 8 Jahre im Schuldienst, Volksschullehrer, mehr als 40 Schüler, GEW-Mitglied, SPD-Mitglied, wissenschaftliche Tätigkeit, sozialistisch. Bongard charakterisiert die Personengruppe, welche Statement 39 (s.o.) ablehnt, folgendermaßen: Volksschulkonrektor, bis 30 Schüler, kein Berufsverband und (*muß wohl heißen: oder-E.T.*) VBE-Mitglied, keine Parteimitgliedschaft und (*s.o.*) CDU-Mitglied, Kunst und Kultur, Wandern und Sport, christlich."

Abbildung 6: Wiederwahl/Nichtwiederwahl (insgesamt, nach Alter, nach Schulform)

Wenn Sie heute noch einmal vor der Entscheidung für einen Beruf stünden - würden Sie noch einmal Lehrer bzw. Lehrerin werden?				
ja	61,7			
nein	8,6			
unentschieden	29,6			
Noch einmal Lehrer werden und Alter				
	30 - 35	40 - 45	55 - 60	
ja	67,7	58,2	59,8	
nein	3,7	8,8	13,0	
unentschieden	28,6	33,0	27,2	
Noch einmal Lehrer werden und Schulform				
	GS	HS	RE	GY
ja	64,3	55,6	61,2	63,9
nein	7,8	6,1	14,0	6,5
unentschieden	27,9	38,4	24,8	29,7

Quelle: Terhart u.a. 1994, S. 99f

Abbildung 7: Auslöser größter persönlicher Berufszufriedenheit

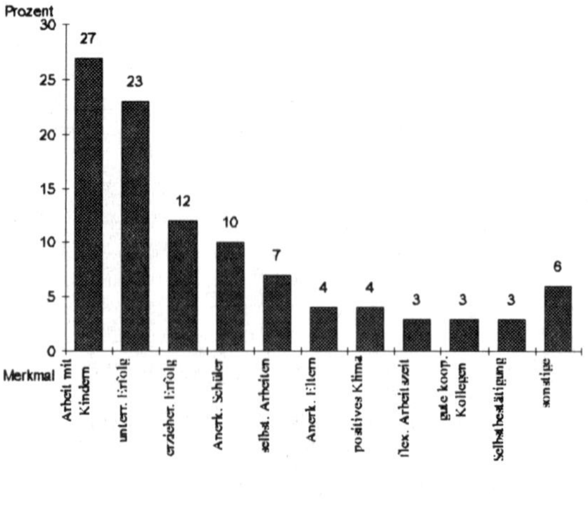

Quelle: Ipfling u.a. 1995, S. 83

2.4 Kollegiale Zusammenarbeit

Innerhalb der Diskussion um die Weiterentwicklung der Institution Schule (auf der Ebene der Einzelschule) wie auch der Weiterentwicklung der Professionalität in der Lehrerschaft spielt die Art und die Ausgestaltung der Kommunikation und Zusammenarbeit in Kollegien eine ganz entscheidende Rolle. Aus der amerikanischen Forschung zur „effektiven Schule" weiß man, daß eine sachbezogene Zusammenarbeit im Lehrkörper einer Schule der zentrale Faktor für Schulqualität darstellt (LITTLE 1991, vgl. auch LENZ 1991) – womit nicht einer schematischen Übertragung der rein effektivitätsorientierten Schulqualitätsforschung aus den USA das Wort geredet werden soll. Auch in deutschen Untersuchungen hat sich die zentrale Rolle sowie auch die Machbarkeit von Kooperation und Konsens im Kollegium bzw. innerhalb einer Schule bestätigt (vgl. AURIN 1993, 1994), wobei unter Konsens keineswegs verordneter Gleichklang, sondern eine koordinierte Verständigung über Probleme der jeweiligen Schule, über deren besonderes pädagogisches Profil etc. zu verstehen ist. Auf diese Weise, d.h. über das Ineinandergreifen von Unterschiedlichkeit der Auffassungen und Orientierung an Kooperation kann es zu einer größeren wechselseitigen Offenheit als zentralem Element einer professionellen Berufskultur von Lehrern und Lehrerinnen kommen. Als besonderes Problem hierbei stellt sich die Frage, ob durch schulinterne Kooperation und Konsensbildung womöglich allerdings die Autonomie des einzelnen Lehrers stärker eingeengt wird, als dies durch administrative Vorgaben von „außen" bzw. „oben" je möglich wäre. Für den Aufbau derart intensivierter kollegialer Kooperation spielen sowohl der Schulleiter und seine „Amtsführung" als auch (zeitweise eingesetzte) externe Moderatoren eine wichtige Rolle.

Derzeit werden in NRW, aber auch in anderen Bundesländern, Erfahrungen mit Organisationsentwicklung an Schulen, mit schulinterner Lehrerfortbildung, mit „Wandel durch Selbstorganisation" (ROLFF 1993) gesammelt. Eine umfassende, neutrale (z.B. nicht von den Entwicklern selbst, sondern von einer außenstehenden Instanz), nach wissenschaftlichen Standards durchgeführte Evaluation dieser Versuche liegt m.W. derzeit noch nicht vor. Erst wenn eine solche Überprüfung stattgefunden hat, läßt sich verläßlich bestimmen, ob die Strategie einer Schulreform durch Selbstwandel der Einzelschule tatsächlich eine vorteilhafte und nachhaltige Entwicklung der Schulerziehung mit sich bringt oder lediglich als eine Rückzugsposition nach dem Scheitern struktureller Reformansätze bewertet werden muß. Unabhängig von dieser Frage ist es jedoch auf der Basis vorliegender nationaler wie internationaler Ergebnisse eindeutig, daß die Verbesserung der Kooperation in Lehrerkollegien die Qualität der Arbeit an Schulen erhöht, daß Kooperation zu einem wichtigen Element bei der Bewältigung von beruflichen Belastungen wird und daß schließlich die kooperativ abgestimmte Profilierung der Einzelschule diese stärker als bisher mit bestimmten Zonen des außerschulischen Umfeldes verknüpft.

2.5 Innovationsbereitschaft

Die Untersuchung der Einstellungen zur Schulreform generell sowie zu deren speziellen Motiven und Vorhaben bildete in den späten 60er und frühen 70er Jahren den zentralen Schwerpunkt der empirischen Lehrerforschung. Damals zeigte sich vielfach, insbesondere im Gymnasialbereich, eine weitverbreitete innovationsskeptische bis -feindliche Haltung vieler Lehrer. Nach einem in den frühen 70er Jahren überaus breiten Zustrom junger, von einer eher reformfreundlich orientierten Lehrerausbildung geprägten Lehrerkräfte blicken genau diese mittlerweile kollektiv älter gewordenen Lehrer und Lehrerinnen auf ihre je individuelle berufsbiographische Entwicklung, auf die kollektive Entwicklung des Lehrerberufs sowie schließlich auf zwei bis drei Jahrzehnte Schulentwicklung zurück – mit Wehmut, Resignation, Verklärung, Realismus, Gelassenheit, Wut, Trotz, Trauer, Zynismus etc. Alle Reaktionen sind anzutreffen. Hinzu kommt die sehr kleine Gruppe der in den 80er und frühen 90er Jahren eingestellten Lehrer, die ganz andere Studienerfahrungen und Berufseinmündungsprobleme hatten und haben als ihre alt gewordenen Kolleginnen und Kollegen. Wie ist es heute, angesichts dieser Situation, um die Innovationsbereitschaft von Lehrern bestellt?

Bei den Befragungen von GEW-Mitgliedern (IPSO 1994; IFEP+S 1994) zeigt sich, daß der größere Teil der Befragten sich an einem neuen Anstoß für eine bildungspolitische Reformdebatte beteiligen würde. (Bemerkenswert ist, daß in der traditionell stark reformorientierten GEW *nur* ein Drittel sich beteiligen würde!) Der größte Teil derjenigen, die dies ablehnen, führen als Grund hierfür die Tatsache an, daß eine echte Reform nicht zugelassen wird. Insofern ist hinsichtlich der Innovationsneigung eine deutliche Ambivalenz festzustellen: „Einserseits sind die Ansprüche an inhaltliche Reformschritte bei vielen der befragten Lehrkräfte sehr konkret und ambitioniert, andererseits werden die Durchsetzungschancen umfassender bildungspolitischer Reformen aber eher skeptisch eingeschätzt“ (IFEP+S 1994, S. 12). Insofern ist es verständlich, daß der größte Teil derjenigen, die die GEW-Mitgliederbefragung beantwortet haben, der Verhinderung weiterer Arbeitsplatzverschlechterungen Priorität einräumen.

TERHART u.a.(1994, S. 135 f) stellten im Rahmen ihrer Untersuchung eine (offene) Frage nach den wichtigsten Zielen für die weitere Berufstätigkeit; dabei wurde keine Beantwortungsdimension o.ä. vorgegeben. 22% der insgesamt von den Befragten genannten Zielformulierungen ließen sich unter der Überschrift „Ziele für sich selbst“ zusammenfassen, und hier dominierte überaus eindeutig der immaterielle Bereich (Freude an der Arbeit, Zufriedenheit, Kooperation mit Kollegen und Eltern, Selbstverwirklichung). Materielle Ziele sowie auch Ziele im Bereich der Entwicklung didaktisch-methodischer Kompetenzen traten demgegenüber vollkommen zurück. Als Reaktion auf diese offene Frage nach den Zielen für das weitere Berufsleben machten schließlich solche Formulierungen, die auf gesellschaftspolitische und schulstrukturelle Entwicklung zielten, nur 2,7% aller genannten Zielformulierungen aus! Hieran läßt sich alles in allem eine geringe Reformbereitschaft *auf dieser Ebene* (Gesellschaftspolitik, Schulstruktur) ablesen.

HÜBNERs Berliner Studie (1994) zielte direkt auf die Ermittlung der Reformbereitschaft (Berliner Lehrkräfte) ab. Gut 42% beurteilen die gegenwärtige Schulstruktur als überholt – insbesondere die befragten Ostberliner Lehrkräfte meinten dies zu 62% im Blick auf den „neuen“ Schulaufbau nach der Wende. Hinsichtlich der Frage der zukünftigen Struktur besteht keine Einigkeit. Sehr viel wichtiger als „äußere“ scheinen den Befragten jedoch die „inneren“ Reformen zu sein – dies war auch das Ergebnis der IPSO und IFEP+S-Studien: Reformpädagogische Unterrichtsvorstellungen werden von ca. zwei Dritteln als positiv beurteilt bzw. deren Durchsetzung wird gefordert. Im bemerkenswerten Gegensatz hierzu steht andererseits die Tatsache, daß doch eine Skepsis gegenüber einer Änderung pädagogischer Methoden weit verbreitet ist *(vgl. Abb. 8)*, insbesondere bei Ostberliner Lehrern. „Gerade dadurch, daß die Rahmenbedingungen des Unterrichts (in Ostberlin-E.T.) sich so radikal geändert haben, daß durch den gesellschaftlichen und politischen Umbruch ihre gesamte Lebenslage wie die ihrer Schüler sich derartig dramatisch verändert hat, daß schließlich tendenziell eine Delegitimation ihrer beruflichen Praxis im pädagogischen Diskurs und damit eine Entwertung ihrer beruflichen Erfahrung verbunden ist, reagieren sie mit einer starken Neigung zur Selbststablisierung ihrer unterrichtlichen Orientierungen und erprobten Praktiken" (ebd., S. 19). Diese Formulierung trifft angesichts der schwierigen Lage des Lehrerberufs *strukturell* auch für die Lehrer im Westen zu, wenngleich hier die Veränderung der Rahmenbedingungen für Lehrerarbeit natürlich nicht dermaßen dramatisch ist wie im Osten.

Abbildung 8: Einstellung zur Änderung pädagogischer Methoden

	Einstellung zur Änderung pädagogischer Methoden (in Prozent)		
	(n=600) Alle Lehrer	(n=381) West-Lehrer	(n=279) Ost-Lehrer
bewährte Methode nicht ändern	59,3	55,2	77,1
bei Modernisierung Dinge bewahren	40,2	33,3	62,1
Methoden nicht einfach aufgeben, die brauchbar	59,6	53,8	82,9
besser unvollkommene Methoden beibehalten als ungewisse Veränderungen	14,6	13,5	17,9

Quelle: Hübner 1994, S. 18

2.6 Überalterung

Die Überalterung der Lehrerschaft ist ein seit Jahren von vielen Seiten diskutiertes bzw. bedauertes Phänomen. Bedingt durch die zyklischen Schwankungen der Lehrereinstellungszahlen und verstärkt durch die meist nur kurzatmig ansetzenden Kriseninterventionen von seiten der Politik hat sich der Lehrerzyklus immer weiter aufgeschaukelt (zur Geschichte: TITZE 1990). Das Hindurchwandern des in den späten 60er/frühen 70er Jahren aufgeschütteten Lehrerberges durch die Altersstruktur ist vielfach statistisch belegt worden (vgl. zur Veranschaulichung die Entwicklung in Niedersachsen *Abb. 9)* –, und ebenso ist klar, daß durch solche sicherlich notwendigen Analysen die Misere nicht beseitigt werden kann. Derzeit scheint die Einstellungspolitik der Länder darauf hinauszulaufen, nicht einmal den durch Pensionierungen bedingten biologischen Ersatzbedarf, geschweige denn den durch die wieder steigenden Schülerzahlen bedingten Erweiterungsbedarf zu decken. „Untertunneln" des anstehenden Schülerberges ist angesagt, um nicht in 15 Jahren, nach dem prognostizierten Zurückgehen der Schülerzahlen, (erneut) vor „zu vielen" (d.h. nicht mehr bezahlbaren) Lehrkräften zu stehen... „Schulanfänger, die den Weg bis zum Abitur gehen, werden – sofern untertunnelt wird – ihre gesamte Schulzeit im Tunnel verbringen" (KLEMM 1995, S. 12).

In schulpädagogischer Sicht ist Überalterung ein Problem sowohl für die Lehrkräfte bzw. Lehrerkollegien wie auch für die Schüler und Eltern. Insbesondere aufgrund des vielfach dokumentierten rapiden Wandels von Kindheit und Jugend in den letzten zwei Jahrzehnten wird die Generationenkluft zwischen Lehrerschaft und Schülern immer größer. In den Grundschulen sind die Lehrkräfte vielfach älter als die Großeltern der Kinder. Ein tatsächlicher kommunikativ-lebensweltlicher Anschluß zwischen den Lehrern und Schülern ist so gefährdet. *Sprachlosigkeit ist die Folge.* Das wechselseitige Unverständnis aufgrund der zunehmenden Altersdifferenz führt bei den Lehrkräften zu vielfältigen Belastungen und Frustrationen: Der Anteil derjenigen Lehrer, die mit Sorge in die Zukunft sehen bzw. für sich überhaupt keine Hoffnung mehr im Beruf sehen, ist in den höheren Altersgruppen sehr viel größer.

Leider jedoch sind bisher noch keine empirischen Untersuchungen (inclusive Lehrer-, Eltern- und Schülerbefragungen, Unterrichtsbeobachtungen, Studien im Lehrerzimmer etc.) in Deutschland durchgeführt worden (vgl. als Übersicht zur Diskussion um Überalterungsprobleme TERHART 1991). Insofern muß man realistisch sehen, daß von Seiten der Forschung *keine Auskunft über die spezifischen, alltäglichen, auf der Verhaltensebene liegenden (Inter)Aktionsprobleme als Folge des Überalterungsprozesses der Lehrerschaft zu bekommen ist* – sicherlich ein empfindliches Defizit. Gleichwohl aber lassen sich die empirisch gesicherten Zahlen über den zunehmenden Trend zur (immer früher einsetzenden) gesundheitsbedingten *Frühpensionierung von Lehrkräften (vgl. Abb. 10)* auch als ein Ausdruck der durch Überalterung bedingten Belastung werten – wobei allerdings anzumerken ist, daß nach der Untersuchung von TERHART u.a. (1994) sich insbesondere die mittlere Generation der Lehrkräfte in dieser Hinsicht „hervortut": 67,2% dieser Lehrkräfte können sich einen vorzeitigen Abschluß ihres Berufslebens als Lehrer vorstellen – in der Gruppe der älteren Lehrkräfte sinkt der Anteil derjenigen, die sich dies vorstellen können, wieder auf 51,2% *(vgl. Abb. 11)*. Diese „Frühpensionierungswelle" ist unbezweifelbar auch ein Problem für die öffentlichen Haushalte – m.E. muß man es aber auch als Indikator für das derzeitige Zusammentreffen mehrerer Krisenursachen werten: Auseinanderklaffen von öffentlicher, weithin hedonistischer Medien- und Konsumwelt einerseits und der hergebrachten Schulkultur andererseits, zunehmende Generationendifferenz zwischen Schülern und Lehrkräften, öffentliche Herabsetzung des Lehrerberufs bei gleichzeitig sich steigernden Erwartungen an die Lehrerschaft als Problemlöser gesellschaftlich erzeugter Probleme, Verunsicherungen durch die Beamten-/ Angestellten-Diskussion in Verbindung mit noch unklaren europäischen Perspektiven, generelle Verunsicherung hinsichtlich der Stabilität der Alterssicherungssysteme („Lieber unter heutigen Bedingungen gehen als dann, wenn diese Bedingungen – als Reaktion hierauf! – verschlechtert werden!") etc.

Keinesfall sollte man sich jedoch der Hoffnung hingeben, daß sich durch eine massenhafte Einstellung von jungen Lehrkräften die Situation schlagartig verbessern würde – abgesehen davon, daß dies die öffentlichen Haushalte nicht erlauben. Im Grunde fehlt dann eine ganze Lehrergeneration – die Kontinuität der Berufstradition und die Zusammenarbeit in den Kollegien wäre ebenso gefährdet. Außerdem würde durch eine solche sprunghafte Einstellungspolitik die Zyklenstruktur nur noch verstärkt. Angemessen ist also weder ein pro- noch ein anti-zyklisches Verhal-

Abbildung 9: Wandlungen in der Altersstruktur der Lehrerschaft Niedersachsens von 1955-1989

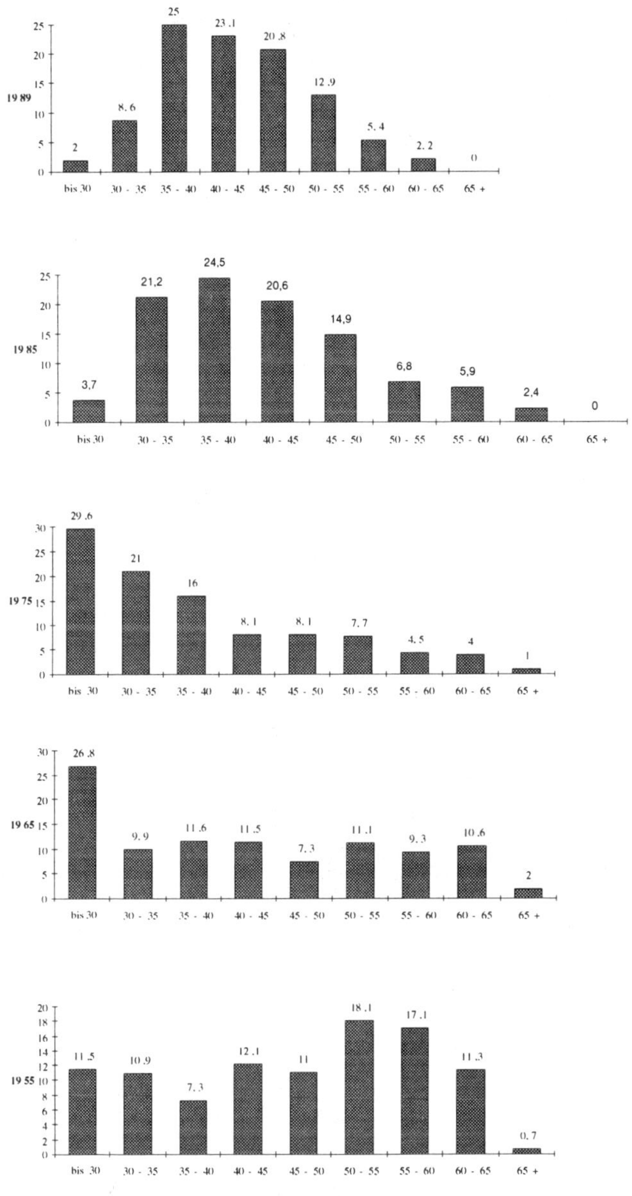

Abbildung 10: Daten zum Trend zur Frühpensionierung in der Lehrerschaft

Lebensalter bei Eintritt in den Ruhestand			
Lehrkräfte	bis 60 Jahre	61 - 62	63 - 65
(zum Vergleich) 1976	28 %	31 %	40 %
1988	42 %	34 %	22 %
1989	43 %	32 %	23 %
1990	46 %	30 %	23 %
1991	46 %	32 %	19 %
1992	48 %	31 %	18 %

Quelle: Die höhere Schule 7/8 (1993)

Abbildung 11: Vorstellungen zum vorzeitigen Berufsabschluß (nach Alter)

Vorstellungen zum vorzeitigen Berufsabschluß nach Alter (in %)

	30-35		40-45		55-60	
vorzeitiger Ruhestand		50,0		67,2		51,2
im „normalen" Rentenalter	17,9	} 50,0	23,7	} 32,8	42,8	} 48,8
darüber hinaus arbeiten	1,3		1,1		2,4	
noch keine Vorstellung	30,8		7,9		3,6	

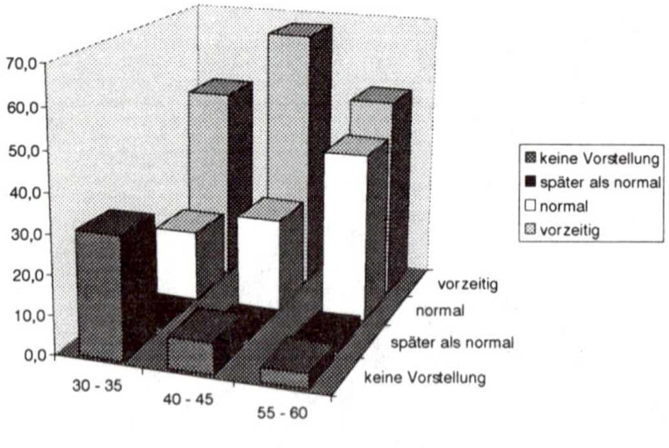

Quelle: Terhart u.a. 1994, S. 96

ten, sondern eine ausgleichende, altersdifferenzierte Einstellungspolitik, die die zerklüftete Altersstruktur zu normalisieren in der Lage ist.

3. Konsequenzen für die Lehrerausbildung und den Lehrerberuf

Obwohl die verschiedenen Einzelstudien sicherlich wichtige und zuverlässige Informationen liefern, ist es aufgrund des Fehlens eines einheitlichen, übergreifenden Rahmens der neueren Lehrerforschung nicht möglich, ein umfassendes, abgerundetes und intern differenziertes „Paket" von Konsequenzen abzuleiten. Insofern können in den folgenden Überlegungen nur erste Ansätze entwickelt werden. Aber auch wenn es tatsächlich möglich wäre, einen forschungsgestützten Katalog von Konsequenzen aufzustellen, ist natürlich äußerst fraglich, ob und inwieweit die im Denkhorizont von erziehungswissenschaftlicher Forschung formulierten Konsequenzen für die weitere Ausgestaltung des Lehrerberufs innerhalb des ja ganz anders gearteten Denk- und Entscheidungsraumes von Bildungspolitik und -verwaltung überhaupt auf Resonanz oder gar Akzeptanz stoßen und angesichts hier gegebener Möglichkeiten, Restriktionen und Rücksichtnahmen auch tatsächlich umgesetzt werden können. Gleichwohl seien vor dem Hintergrund der referierten Studien sowie einer langjährigen Beschäftigung mit Fragen des Lehrerberufs und der Lehrerausbildung einige Konsequenzen formuliert.

3.1 Rekrutierung

1. Die Rekrutierung künftiger Schul-Lehrer erfolgt weithin unsystematisch aufgrund einer Mischung aus persönlicher Entscheidung von Abiturienten zur Aufnahme des Lehramtsstudiums einerseits und der – Jahre später erfolgenden, vom Bedarf und den (finanziellen) Möglichkeiten abhängenden – Einstellungspolitik seitens der Schulverwaltung andererseits. Aufgrund des sattsam bekannten Wechsels von Überfüllungs- und Mangelsituationen („Lehrerzyklus") ist eine intergenerative Gerechtigkeit hinsichtlich der Einstellungschancen nicht gegeben. Die Abiturdurchschnitte von Lehramtsstudenten sind traditionell vergleichsweise niedrig, die Studiengänge unterliegen keinem NC, die Abbrecherquote ist hoch (allerdings in den geistes- und sozialwissenschaftlichen Magisterstudiengängen noch höher), die Aufnahme in die 2.Phase ist – mit evtl. Zeitverzögerungen –

zwar noch gesichert, die Übernahme in den Schuldienst aber nicht. Erfolgt sie nicht, ist die langjährige aufwendige Ausbildung in einem formellen Sinn zumindest stark entwertet.

2. Ich hielte ein gewisses Auswahlverfahren vor Aufnahme des Lehramtsstudiums für angemessen, ein Auswahlverfahren, in dessen Rahmen z.B. praktisch-pädagogische Erfahrungen als Kursleiter innerhalb der Jugendarbeit u.ä. oder auch eine abgeschlossene Berufsausbildung positiv berücksichtigt werden könnten. Auch für die Übernahme in die 2. Phase der Lehrerausbildung müßten solche Elemente in der Bildungsbiographie bzw. im Studienverlauf eines zukünftigen Lehrers sich positiv auswirken können. Das Beratungs- und Auswahlverfahren vor dem Eintritt in das Lehramtsstudium könnte in das an Universitäten perspektivisch womöglich unausweichliche System von kontrollierten und kontrollierenden Zugangsmodalitäten integriert werden.

3.2 Ausbildung

1. Innerhalb der 1. und 2. Phase der Ausbildung müßten immer wieder ganz „offiziell" Gelegenheiten geschaffen werden, die eigene Berufsmotivation zu überprüfen bzw. den eigenen Entwicklungsprozeß zum (späteren) Lehrerberuf hin kritisch zu reflektieren. Die Ausbildenden müssen hier ihrer Verantwortung stärker als bisher nachkommen. Es ist ja auffällig, daß trotz eines weit verbreiteten Wissens über die hohen Belastungen im Lehrerberuf die Einschreibezahlen in den Lehramtsstudiengängen konstant immer nur in Abhängigkeit von (eingeschätzten) Einstellungschancen schwanken. Die Attraktion des Berufes ist also weiterhin groß – für diejenigen, die ihn noch nicht innehaben. Für die Berufsinhaber dagegen ist – ausweislich der empirischen Untersuchungen – die Belastungserfahrung tatsächlich dominierend.

2. Die Ausbildungsformen und -inhalte der 1. Phase der Lehrerausbildung unterliegen traditionell einer ebenso ununterbrochenen wie heftigen Kritik. Eine Straffung und Systematisierung der Studienordnung im Sinne eines inhaltlich sinnvollen zeitlichen Aufbaus der Studienelemente ist zu wünschen. Der immer wieder zu vernehmende Ruf nach „mehr Praxisnähe" ist zwar einerseits verständlich, kann jedoch innerhalb des universitären Rahmens

– systembedingt – letztlich nie im erhofften Maße umgesetzt werden. Hier gilt es, sich von tradierten Selbstfixierungen und eingespielten Argumentationsmustern in der Lehrerbildungsdiskussion zu verabschieden. Die Vermittlung von Informationen über das Berufs- und Arbeitsfeld sowie theoriegestützte Einübung in Reflexionsprozesse muß (und *kann* hier nur!) realistischerweise das primäre Ziel bleiben. Trotz mancher Unzulänglichkeiten in der fachwissenschaftlichen, fachdidaktischen und pädagogischen Ausbildung in der 1. Phase ist eine solche universitäre Lehrerausbildung jedoch gleichwohl ohne Alternative; eine Verkürzung oder gar Auslagerung der pädagogischen Anteile würde die Qualität der Ausbildung und das Niveau des Lehrerberufs insgesamt absenken (s.u.). Auf inneruniversitärer Ebene wäre bereits viel gewonnen, wenn das traditionell fakultäts*übergreifende* Lehramtsstudium (zwei bzw. drei Fächer plus Erziehungswissenschaft und Praktika), das in den Fakultäten bzw. auch in der Universität nicht zuletzt deshalb kaum eine oder nur eine schwache Lobby hat, mit einem festen Anker auf der Ebene der zentralen Einrichtungen bzw. zentralen Gremien zu versehen. Dies würde sowohl den Studierenden wie den Lehrernden in diesem Bereich neben der koordinierten Interessenvertretung auch bessere Identifikationsmöglichkeiten verschaffen.

3. Das bisherige Prüfungssystem – insbesondere zum Abschluß der 1. Phase, und zwar sowohl bei den fachwissenschaftlichen wie bei den pädagogischen Prüfungen – ist unbefriedigend insofern, als es sich de facto stark auf eine ausschließlich wissen-prüfende Praxis eingespielt hat. Dies ist sicherlich wichtig und unverzichtbar, berücksichtigt aber den reflexionsbezogenen Aspekt des Studiums nicht genug. Der Einbau eines *kasuistischen Elementes* könnte hier die Perspektive erweitern, eines Elementes, in dem der Prüfling zeigen kann, inwieweit er über eine pädagogisch gerichtete Wahrnehmungsfähigkeit und Urteilskraft verfügt.

4. Das Verhältnis zwischen 1. und 2. Phase ist als arbeitsteilig-komplementär zu begreifen. Auf keine dieser Phasen kann verzichtet werden; gleichwohl sind Verbesserungen möglich und wünschenswert. Die universitäre Phase sichert nicht nur das hohe wissenschaftliche Niveau der Ausbildung in den Fächern, sondern auch das an Theorie und Reflektion orientierte Niveau der

pädagogischen Ausbildung. Im Gegensatz zur 1.Phase kann sich in der 2. Phase der berufspraktische Bezug voll entfalten.

Eine Auslagerung der pädagogischen Anteile aus der 1. Phase und die Hineinnahme dieser Anteile in die 2. Phase käme einer Abschaffung der universitären Lehrerausbildung gleich. Denn in diesem Fall würden Studierende lediglich bestimmte Fächer/Fächerkombinationen studieren (vergleichbar dem Magisterstudiengang) und im Anschluß hieran – nach Bedarf von den Institutionen der 2 .Phase rekrutiert – eine Lehrerausbildung als eine Art Zusatz- oder Ergänzungsausbildung durchlaufen (Modell der Nach-Professionalisierung). Auf diese Weise würde der Lehrerberuf nicht nur zurückgeführt auf den historisch längst überwundenen Status einer Zusatz-, Neben- oder Durchgangsbeschäftigung. Auch die für diesen Beruf spezifische Ausbildung würde auf das Niveau einer Schul- und Unterrichtskunde reduziert. Berufssoziologisch betrachtet bedeutet dies unter inhaltlich-qualifikatorischen und sozial-statusbezogenen Gesichtspunkten eine De-Professionalisierung; für die einzelnen Berufsinhaber werden die Möglichkeiten der tatsächlichen Identifikation mit dem Lehrer-Beruf geringer. Das im europäischen Vergleich in Deutschland recht anspruchsvolle Niveau des Lehrerberufs und der Lehrerausbildung würde auf breiter Front deutlich abgesenkt – und dies, nachdem im Zuge der Wiedervereinigung das niedrige Niveau der Grundschullehrerausbildung in der ehemaligen DDR so intensiv beklagt und sofort angehoben worden ist. Im übrigen sind die Institutionen der 2. Phase bei gegebenen Ressourcen überhaupt nicht dazu in der Lage, eine solche Umstellung der Lehrerausbildung auf eine (Pseudo)-„Einphasigkeit“ (sprich: *nur* 2. Phase) zu bewältigen.

3.3 Berufseinstieg

1. Der Einstieg in die volle Berufstätigkeit (nach Abschluß der 2. Phase) muß in mehrfacher Hinsicht gleitend-gestaffelt erfolgen:

(a) die „neuen“ Lehrkräfte (einer Region) müßten – institutionell initiiert – stärker als bisher in *Arbeitskreisen* zusammengeführt werden, um einen wechselseitigen Erfahrungsaustausch sowie auch Hilfestellung zu ermöglichen.

(b) Jeder „neue“ Lehrer müßte – institutionell initiiert – innerhalb des Kollegiums von einem erfahrenen Mentor Unterstützung erfahren können (*Tandem-System*).

(c) Der formal-rechtliche Einstieg in den Lehrerberuf müßte in Stufen vonstatten gehen und auch nach der 2. Phase mehr *Elemente der Bewährung* und (Selbst)überprüfung enthalten; die endgültige Übernahme bildet den letzten Abschluß dieses gestaffelten Prozesses. Hierbei wäre nicht primär an ein vertikales, administrationsgesteuertes Beurteilungsverfahren, sondern ein berufsinternes, horizontales System der Beratung und Supervision zu denken.

2. Insgesamt halte ich es im Interesse der den Lehrerberuf anstrebenden Personen wie auch im Interesse der anstellenden Institution für wünschenswert, *den Weg in den Lehrerberuf flexibler und gestaffelter zu gestalten* und so anzulegen, daß im Durchlaufen der einzelnen Entscheidungsstellen realistische Alternativen für diejenigen zur Verfügung stehen, die aufgrund eigener Erfahrung und Entscheidung und/oder aufgrund des Urteils der Ausbilder nicht den Beruf ergreifen wollen bzw. sollten. Das bisherige System der Rekrutierung und Lizensierung leidet zentral daran, daß die am Lehrerberuf Interessierten sich (a) vom Zeitpunkt der Aufnahme des Lehramtsstudiums an gewissermaßen in einem Kanal ohne realistische Ausstiegsmöglichkeiten befinden, an dessen Ende (b) nur *ein* Arbeitgeber (Schule) steht, der nicht zu jedem Zeitpunkt alle Ausgebildeten pauschal übernehmen *kann.* Insofern sind die Möglichkeiten der den Beruf anstrebenden Personen sehr stark eingeschränkt, da sie abhängig sind von nur diesem einen Arbeitgeber und seiner Einstellungspolitik. Umgekehrt ist aber auch dieser eine Arbeitgeber bei der Auswahl zukünftiger Lehrer (zunächst einmal) eben auch auf genau diese Gruppe eingeschränkt.

3.4 Berufslaufbahn

1. Die empirischen Untersuchungen über die Belastungen sowie über die Berufsbiographien von Lehrern und nicht zuletzt das sich zunehmend zeitlich „nach vorne“ verlagernde Pensionierungsalter deuten darauf hin, daß der Lehrerberuf von einem *kontinuierlichen Beratungs- und Stützsystem begleitet sein muß,* wenn er in

verantwortlicher Weise als ein lebenslanger Beruf ausgeübt werden soll. Dieses Stützsystem kann verhindern, daß der Lehrerberuf gewissermaßen schleichend zu einem Lebensabschnittsberuf bzw. zu einem Abwarte- und/oder Durchgangsberuf in andere Arbeitsverhältnisse wird. Durch die in den letzten Jahrzehnten möglichen und vielfach gewählten Möglichkeiten der Stundenreduktion bzw. der zeitweiligen Beurlaubung vom Dienst ist dieser tendenziell „nebenberufliche" Charakter de facto immer schon stark ausgeprägt; mit der Rücknahme dieser Möglichkeiten werden die Belastungen/vorzeitigen Pensionierungen ansteigen – sofern und solange nicht die rechtlichen und materiellen Bedingungen hierfür verschlechtert werden.

Man kann allerdings auch die These vertreten, daß aufgrund des allgemeinen Wandels im Berufssystem, aufgrund veränderter Verknüpfungsformen von Beruf und Biographie sowie schließlich zur Prävention von Dauer-Belastungen und -Deformationen der Lehrererberuf offensiv als Lebensabschnittsberuf strukturiert sein *sollte*. Möglicherweise sind (zeitlich/sachlich) unterschiedliche Formen der Anstellung von Lehrern denkbar, mit der Folge, daß der Lehrkraft wie auch dem Arbeitgeber eine höhere Flexibilität eröffnet wird. Dies hätte allerdings strukturelle Eingriffe in das Dienstrecht zur Voraussetzung. Aber auch bei einer solchen Neuschneidung des Lehrerberufs in Richtung auf zeitliche/rechtliche Flexibilisierung würde ein kontinuierliches Beratungs- und Stützsystem – das andere, v.a. „freie" Berufe im psychosozialen Bereich längst kennen – notwendig sein.

2. Zur Etablierung eines solchen Stützsystems reicht es nicht aus, die bisherige Form der institutionalisierten Lehrerfort- und -weiterbildung fortzuschreiben bzw. zu intensivieren. Die wechselseitige Beobachtung, Beratung und Stützung muß zu einem *selbstverständlichen Element in der Berufskultur der Lehrerschaft* werden – damit ist eine wichtige Bedingung für Professionalität im Lehrerberuf benannt. Lehrerfortbildung kann hier nur Impulse von außen setzen.

3. In diesen Kontext hinein gehören auch Überlegungen zur *Einführung einer tatsächlichen Berufslaufbahn* in den Lehrerberuf. Im Unterschied zu vielen anderen Berufen sind die Aufstiegs- und Bewährungsmöglichkeiten von Lehrern (insbes. Grund- und Hauptschullehrern) sehr gering. Durch Ausnutzung gegebener

bzw. Schaffung neuer Instrumente muß es möglich werden, die Art der Arbeit und die Entwicklung der eigenen beruflichen Kompetenzen in irgendeiner Weise *mit dem Aufstieg innerhalb der (allererst zu schaffenden tatsächlichen) Berufslaufbahn* zu verknüpfen. Das bisherige System der Lehrerbeurteilung ist nach Meinung aller Experten vollkommen unzureichend. Von Bedeutung ist in diesem Zusammenhang auch die Diskussion um die Neudefinition und -bemessung der Arbeitszeit von Lehrern: die reine Unterrichtszeit (Stundenzahl) erweist sich zunehmend als ungenaue und z.T. verzerrende Bemessungsgröße, die die tatsächliche Belastung, das Engagement sowie den Arbeitseinsatz und -erfolg von Lehrkräften nicht widerspiegelt.

4. Zur Flexibilisierung der Berufslaufbahn gehört es auch, daß *realistische Möglichkeiten des Berufsaustritts bzw. des Berufswechsels* geschaffen werden. Hierbei ist etwa an die Beschäftigung von Lehrern innerhalb anderer Bereiche des öffentlichen Dienstes zu denken. Aufgrund der gesellschaftlichen Bedeutung des Berufs, aber auch unter dem Gesichtspunkt der Fürsorge für Schüler wie für die betroffenen Lehrkräfte selbst ist es nicht akzeptabel, daß z.B. Lehrkräfte, die – aus welchen Gründen auch immer – den Beruf verlassen möchten, mangels realistischer Alternativen gleichsam zu Sklaven ihrer früheren Entscheidung werden.

4. Schlußbemerkung

Die vorangestellten Überlegungen zu einigen Elementen der zukünftigen Ausgestaltung von Lehrerausbildung und Lehrerberuf würden – konsequent realisiert – zu einigen gravierenden Änderungen im Zuschnitt des Lehrerberufs führen. Insbesondere die gestaffelte Hineinnahme in den Beruf bzw. die Eröffnung einer tatsächlichen Berufslaufbahn, die mit der Kompetenzentwicklung der einzelnen verknüpft ist, wird sicherlich und in Teilen zu Recht als Einschnitte in erworbene Besitzstände gewertet werden. Gut begründete Veränderungen im Zuschnitt des Lehrerberufs sollten aber nicht pauschal als Angriff auf die „Professionalität" bewertet werden, denn erstens hat Professionalität im Kern nicht primär etwas mit dem Niveau der *äußeren* Ausstattung eines Berufsstandes zu tun, und zweitens ist von den Lehrern selbst wie auch von den Berufsverbänden die Reformbedürftigkeit des Lehrerberufs unbestritten. Auf diesen Veränderungsbedarf muß reagiert werden – nicht zuletzt deshalb, um so den populistischen Ruf nach Radikal-Reduktionen (s.o.) abwehren zu können. Der Prüfstein für Professionalität ist die Qualität der Arbeit in den Klassenzimmern bzw. in der Schule – und die steigt *nicht notwendig* mit der äußeren Ausstattung und Absicherung. In einem Beruf, in dem sich – nach Meinung vieler Mitglieder – Anstrengung, Leistung und Bewährung objektiv und im Wortsinne „nicht lohnen", da das Gehalt und weithin auch die Karriere für Leistung unsensibel sind, ist es leider nur zu naheliegend, daß „Belohnung" nicht über Kompetenzentwicklung und Leistungssteigerung, sondern über Leistungsreduktion eingeholt wird.

Zu solchen strukturellen Veränderungen wird es jedoch vermutlich kurz- und auch mittelfristig nicht kommen. Denn es muß noch einmal an die bereits erwähnte *Differenz* zwischen der Perspektive der Erziehungswissenschaft (incl. Lehrerforschung) einerseits und der Bildungspolitik/-verwaltung anderseits auf den Lehrerberuf erinnert werden: Solange die angespannte und in den nächsten Jahren sich noch verschlechternde Haushaltslage der Länder einerseits sowie andererseits die Regulative des Öffentlichen Dienstes bzw. des Beamtenrechts die Basisfaktoren für die konkrete Ausgestaltung und Situation des Lehrerberufs bilden und die Politik dem Bildungsbereich wenig Beachtung schenkt, ist zu erwarten, daß die Lehrerfrage auch weiterhin nach dem quantitativen Muster des „Mehr oder Weniger vom Gleichen!" behandelt wird. Die einzigen Veränderungen werden dann die (in Abhängigkeit vom finanziellen Spielraum festgesetzten) jährlichen Einstellungen, die vergrößerte Pflichtstundenzahl der Lehrer bei vergrößerter Schülerzahl pro Klasse sein, wobei parallel dazu die Stundenzahl oder gar Schulzeit der Schüler und die Freistellungsstunden der Lehrer reduziert werden. Auf diese Weise soll bei der Bewirtschaftung des vorhandenen Lehrkörpers vermeintlich (!) ein höheres Effizienzniveau erreicht werden. Ohne in den in Pädagogenkreisen ebenso weit verbreiteten wie abgenutzten Alarmismus zu verfallen, wird man bei einer realistischen Sichtweise auf die Problematik zu dem Urteil kommen, daß diese kurzatmige und von der Finanzsituation bestimmte Politikform sich mittel- und langfristig in sozialer, kultureller und – nicht zuletzt – wirtschaftlicher Hinsicht bitter rächen wird.

Literatur

Aurin, K.: Gemeinsam Schule machen. Schüler, Lehrer, Eltern. Ist Konsens möglich? Stuttgart 1994.

Aurin, K. (Hrsg.): Auffassungen von Schule und pädagogischer Konsens. Stuttgart 1993.

Becker, G.E./Gonschorek, G.: Das Burnout-Syndrom. Ursachen – Interventionen – Konsequenzen. In: Gudjons, H. (Hrsg.): Entlastung im Lehrerberuf. Hamburg 1993, S. 69-80.

Fend, H.: Sozialer Wandel in Erziehungsbedingungen und Mentalitäten der Lehrerschaft von den 60er zu den 80er Jahren. In: Bastian, J. (Hrsg.): 1968-1988. Eine Pädagogen-Generation zieht Bilanz. Hamburg 1988.

Flaake, K.: Berufliche Orientierungen von Lehrerinnen und Lehrern. Eine empirische Untersuchung. Frankfurt 1989.

Flaake, K.: Geschlechterdifferenz und Institution Schule. Das unterschiedliche Verhältnis von Lehrerinnen und Lehrern zu ihrem Beruf. In: Mädchen und Jungen – Männer und Frauen in der Schule. 1. Beiheft der Zeitschrift „Die deutsche Schule“. Weinheim 1990, S. 160-171.

Gudjons, H. (Hrsg.): Entlastung im Lehrerberuf. Hamburg 1993.

Hirsch, G.: Biographie und Identität des Lehrers. Eine typologische Studie über den Zusammenhang von Berufserfahrungen und beruflichem Selbstverständnis. Weinheim 1990.

Hirsch, G. u.a.: Wege und Erfahrungen im Lehrerberuf. Eine lebensgeschichtliche Untersuchung über Einstellungen, Engagement und Belastung bei Züricher Oberstufenlehrern. Bern 1990.

Huberman, M.: Der berufliche Lebenszyklus von Lehrern: Ergebnisse einer empirischen Untersuchung. In: Terhart (1991b), S. 249-267.

Hübner, P.: Innovationsbereitschaft Berliner Lehrerinnen und Lehrer unter Berücksichtigung von Arbeitszeit und Arbeitsbelastung. (Vorbericht). Berlin 1994.

Institut für praktische Sozialforschung (IPSO): Bericht zur Befragung aller im Schuldienst tätigen Mitglieder der GEW (Landesverband NRW) zur Arbeitsbelastung und zur Arbeitssituation an den Schulen sowie zu den Schwerpunkten der Gewerkschaftsarbeit. Münster 1994.

Institut für empirische Psychologie und Sozialforschung (IFEP+S): „Vorrang für Bildung". Eine Initiative der GEW. Eine schriftliche Befragung unter gewerkschaftlich organisierten Lehrerinnen und Lehrern an allgemeinbildenden Schulen, durchgeführt von der GEW-Mitgliederzeitung E&W. Köln 1994.

Ipfling, H.J./Peetz, H./Gamsjäger, E.: Wie zufrieden sind die Lehrer? Empirische Untersuchungen zur Berufs(un)zufriedenheit von Lehrern/Lehrerinnen der Primar- und Sekundarstufe im deutschsprachigen Raum. Bad Heilbrunn 1995.

Jehle, P./Krause, P.: Berufsbezogene Angst von Lehrerinnen und Lehrern: eine epidemiologische Pilotstudie. Deutsches Institut für Internationale Pädagogische Forschung. Frankfurt 1994.

Klemm, K.: Arbeitsverdichtung im Westen und Durchwursteln im Osten. Die Zukunft der Lehrerbeschäftigung in Deutschland: Vorschläge zur Personalpolitik und zur Sicherung der Qualität von pädagogischer Arbeit. In: Frankfurter Rundschau vom 8. März 1995, S. 12.

Lenz, J.: Die Effective School Forschung in den USA – Ihre Bedeutung für die Führung und Lenkung von Schulen. Frankfurt 1991.

Littig, K.-E.: Berufszufriedenheit von Lehrern. Forschungsergebnisse und Forschungsschwerpunkte. In: Zeitschrift für Empirische Pädagogik 4 (1980), S. 225-243.

Little, J.W.: Kollegialität und Reformbereitschaft: Arbeitsbedingungen an guten Schulen. In: Terhart (1991a), S. 85-98.

Mayr, J.(Hrsg.): Lehrer/in werden. Innsbruck 1994.

Merz, J.: Berufszufriedenheit von Lehrern. Eine empirische Untersuchung. Weinheim 1979.

Pajak, E./Blase, J.J.: The Impact of Teachers" Personal Lives on Professional Role Enactement: A Qualitative Analysis. In:

American Educational Research Journal 26 (1989), S. 283-301.

Rolff, H.-G.: Wandel durch Selbstorganisation. Weinheim 1993.

Rudow, B.: Die Arbeit des Lehrers. Zur Psychologie der Lehrertätigkeit, Lehrerbelastung und Lehrergesundheit. Bern 1994.

Sikes, P.J. et al: Berufslaufbahn und Identität im Lehrerberuf. In: Terhart (1991b), S. 231-248.

Terhart, E.: Sozialwissenschaftliche Theorie- und Forschungsansätze zum Beruf des Lehrers: 1970-1990. In: Zeitschrift für Sozialisationsforschung und Erziehungssoziologie 10 (1990), S. 235-254.

Terhart, E.: Überaltertes Kollegium = schlechte Schule? Befunde und Überlegungen zu einem schulpädagogischen Problem. In: Die deutsche Schule 83 (1991a), S. 408-423.

Terhart, E.(Hrsg.): Unterrichten als Beruf. Neuere amerikanische und englische Arbeiten zur Berufskultur und berufsbiographie von Lehrern und Lehrerinnen. Köln 1991b.

Terhart, E.: Lehrerausbildung: Unangenehme Wahrheiten. In: Pädagogik 44 (1992), S. 32-35.

Terhart, E.: Lehrer/in werden – Lehrer/in bleiben: Berufsbiographische Perspektiven. In: Mayr, J. (Hrsg.): Lehrer/in werden. Innsbruck 1994, S. 17-46.

Terhart, E.: Zur Berufskultur der Lehrerschaft: Selbst und Fremddeutungen. In: Erziehungswissenschaft und Beruf 42 (1994), S. 134-144.

Terhart, E.: Lehrerbiographien. In: E.König/P.Zedler (Hrsg.): Bilanz qualitativer Forschung. Weinheim 1995a (in Druck).

Terhart, E.: Lehrerprofessionalität. In: H.-G. Rolff (Hrsg.): Zukunftsfelder von Schulforschung. Weinheim 1995b (in Druck).

Terhart, E./Czerwenka, K./Ehrich, K./Jordan, F./Schmidt, H.J.: Berufsbiographien von Lehrern und Lehrerinnen. Frankfurt 1994.

Peter Hübner

Die Vereinigung des Berliner Schulsystems und das Problem zweier pädagogischer Berufskulturen*

1. Problemstellung

Für die soziokulturelle wie für die politisch legitimatorische Integration der beiden Teile Deutschlands wird u.a. der Schule eine besonders bedeutsame Rolle zugeschrieben. Von ihrer Wirksamkeit soll es abhängen, ob das Zusammenwachsen im intergenerativen gesellschaftlichen Reproduktionsprozeß gelingt. Ob sie diese integrative Leistung wirklich zuwege bringen wird, wird seinerseits bestimmt durch die Entwicklung einer bei allen regionalen und länderspezifischen Differenzen doch einheitlichen basalen Schulkultur sowie einer einheitlichen Berufskultur der Lehrer und Lehrerinnen. Die Situation ist jedoch kompliziert. Während das Schulsystem in den neuen Ländern auf den verfassungsrechtlichen wie schulrechtlichen Grundlagen der alten Bundesrepublik durch politisch administrativ gesteuerte Prozesse umgebaut worden ist und damit zugleiche einige latente Widersprüche und Konflikte mit übertragen worden sind, vollzieht sich auch im Schulsystem der alten Bundesländer ein Struktur- und Funktionswandel, der bisher jedenfalls weder in schulpolitisch übergreifen-

* Die in diesem Aufsatz verwendeten Daten sind Teil einer bei Ost- und Westberliner Lehrern im Auftrag der Max-Traeger-Stiftung für die GEW Berlin durchgeführten empirischen Untersuchung zur Innovationsbereitschaft Berliner Lehrer und Lehrerinnen unter Berücksichtigung von Arbeitszeit und Arbeitsbelastung.

den Entscheidungen noch in der Veränderung der rechtlichen Grundlagen einen eindeutigen Niederschlag gefunden hat. So sind die Schulsysteme der neuen Länder gleichsam einem doppelten, in sich widersprüchlichen sozialen Wandel unterworfen. Einerseits hatte das Schulsystem der DDR eine auf die Eigenstaatlichkeit zielende Integrations- und Legitimationsfunktion, die als technisch-instrumentelle Aufgabe ihm politisch und administrativ zugeschrieben worden war und die durch das ideologische Deutungsmonopol der Partei- und Staatsführung inhaltlich festgelegt war. An dieser Aufgabe aber ist es letztlich gescheitert, weil ein endogen wie exogen induzierter Wert- und Orientierungswandel vor allem in der jungen Generation diese einheitsstiftende Funktion konterkariert hat (vgl. STOCK/TIEDTKE 1992). Unabhängig hiervon ist das Schulsystem der alten Bundesrepublik spätestens seit Mitte der 80er Jahre durch Prozesse der gesellschaftlichen und kulturellen Differenzierung und Individualisierung (vgl. BECK 1991) unter einen erneuten Modernisierungsdruck geraten, der zweifellos die Pluralisierung und Differenzierung, ja auch Polarisierung schulischer Bildungsangebote befördert hat. Dieser Modernisierungsdruck hat aber auch gleichzeitig nicht nur die alten bildungspolitischen Leitideen von Chancengleichheit und sozialer Integration obsolet gemacht (vgl. hierzu HÜBNER 1995), sondern er hat vielmehr die einheitsstiftende Funktion schulischer Bildungsprozesse überhaupt geschwächt. Beredter Ausdruck hierfür ist die neue Debatte um die Werterziehung, die mit Hinweis auf Gefahren der gesellschaftlichen Desintegration (vgl. HONNETH 1994) und des individuellen Orientierungsverlusts für eine „neue Werterziehung“ in der Schule optiert. Gleichzeitig, und durchaus im Widerspruch dazu, entwickelt sich eine Tendenz zu einer stärkeren Autonomisierung der Einzelschule, die diese zweifellos nachfrageabhängiger machen wird, die sie aber vor einer politisch-administrativen Engführung befreien soll. Ob sich dahinter lediglich Motive einer betrieblich-ökonomischen Effizienz- und Qualitätssteigerung verbergen, oder ob damit der Beginn eines Rückzugs von Politik und Staat auf dem Bildungssektor vermutet werden muß, der auch schulverfassungsrechtlich zu Umstellungsprozessen führen würde, mag im Augenblick noch unentscheidbar sein (vgl. RICHTER 1994, S. 5-16).

Schule heute steht unter einem hohen, in sich widersprüchlichen Anforderungsdruck, der von einer Vielzahl gesamtgesellschaftlicher, zum Teil dramatischer Veränderungen ausgeht. Diese gesellschaftlichen Veränderungen schlagen sich sowohl in den Voraussetzungen von Schule wie in deren innerer Verfassung und den Folgen des Schulehaltens nieder. Sozialökonomische wie soziokulturelle Prozesse der Pluralisierung und Differenzierung verändern nicht nur die Sozialisationsbedingungen in der Familie, ihre Tiefenwirkung verändert die gesamten Lebensumstände von Kindern und Jugendlichen, aber auch von Lehrerinnen und Lehrern. Die Schule hat es dabei nicht nur mit außerordentlich heterogenen Lern- und Erziehungsvoraussetzungen zu tun; immer häufiger muß sie bei Schülerinnen und Schülern überhaupt erst die Anschlußfähigkeit an schulisch organisierte Lern- und Erziehungsprozesse herzustellen suchen. Das aber kann sie nur in dem Maße, in dem sie nachholend familienerzieherische Aufgaben übernimmt. Gleichzeitig ist die Schule mit der Pluralisierung gesellschaftlicher Werthorizonte konfrontiert, die über Schüler und Lehrer tief in sie hinein reichen, und sie soll – paradox genug – diese doch wieder zu einer einheitlichen Werterziehung integrieren, um so der sozialen und kulturellen Desintegration der Gesellschaft durch schulische Erziehung zu begegnen.

Während ihr gesamtgesellschaftlich die Aufgaben kultureller und politischer Integration aufgetragen bleiben, soll sie gleichzeitig den individuellen Bildungsprozeß von Kindern und Jugendlichen auf ganz andere Weise fördern, als dies früher geschah. Während Schule als Lebensraum für Heranwachsende rekonstruiert werden soll, um den Lernprozessen bloß stellvertretender Erfahrung die Möglichkeit reflektierter eigener Erfahrungsbildung beizugeben, ohne die auch schulisches Lernen recht eigentlich nicht möglich ist, ist sie mit der hierzu widersprüchlichen, durchaus aber zweckrationalen Orientierung von Eltern konfrontiert, die für ihre Kinder vor allem die möglichst höchsten Schulabschlüsse suchen. Entsprechend dazu wird Schulzeit von den Schülern und Schülerinnen selbst eher als eine Zeit erlebt, die als Durchgangsphase im Lebenslauf die Voraussetzung für den Übertritt in das „eigentliche Leben“ bildet. Sie wird dabei als ein eher ungerechtes System von undurchsichtigen und nicht legitimierten Leistungs- und Verhaltensanforderungen begriffen, das zu wenig Raum für Eigeninitiave und die Entwicklung eines Eigeninteresses läßt.

Eigentümlich widersprüchlich ist bei alledem die Haltung von Politik und weiterer Öffentlichkeit gegenüber der Schule: Während beide die Neigung haben, viele gesellschaftliche Probleme, die an ihrem Ursprung nicht zu bewältigen sind, in pädagogische zu verwandeln und so als Aufgaben der Schule zu verordnen – und sie zugleich damit zu überlasten –, trauen sie der Pädagogik deren Bewältigung nicht wirklich zu. Mit dieser Verharmlosung von gesellschaftlichen Problemen zu pädagogischen Aufgaben korrespondiert die Auffassung, wonach es sich bei der pädagogischen Tätigkeit kaum um Arbeit handelt und beim Lehrerberuf kaum um einen wirklichen Beruf. Dessen soziale Achtung hat gerade in den letzten Jahren wieder außerordentlich abgenommen. Von einer doppelten Diskriminierung Ostberliner Lehrerinnen und Lehrer muß jedoch gesprochen werden, wenn die Politik nicht die Rahmenbedingungen schafft, unter denen die formale und materiale Gleichheit ihrer Berufsarbeit zu sichern ist, und die dabei noch von ihnen erwartet, sie könnten in der Schule die Gleichwertigkeit pädagogischer Arbeit leisten (TERHART u.a. 1994).

Schule als Institution verhält sich gegenüber den zunehmend komplexer und auch widersprüchlicher werdenden Anforderungen durchaus ambivalent. Einmal scheint es hier unmöglich, sich gegenüber den zuwachsenden gesellschaftlichen Anforderungen selbst selektiv zu verhalten: Es gelingt ihr nicht, Aufgaben abzuweisen. Andererseits übersetzt sie immer wieder die neu hinzutretenden Aufgaben „Arbeitsprogramme", die für sie mit ihrer Grundstruktur überhaupt nur bearbeitet werden kann: vornehmlich mit Unterricht. In dieser Weise bewahrt sie einerseits Autonomie, andererseits werden den Anforderungen zugrunde liegende Probleme nicht wirklich gelöst.

Es scheint diese ambivalente Grundfigur des Verhältnisses von Schule, Staat und Gesellschaft zu sein, die dem pädagogischen Personal in der Schule spezifische Belastungen auferlegt, die u.a. den Beruf zum eigentlich „unmöglichen" Beruf machen.

Ist diese allgemeine Grundkonstellation, in der die Schule in der heutigen Gesellschaft sich befindet, schon schwierig und widerspruchsvoll genug, so ist die Lage der Berliner Schule und ihrer Lehrerinnen und Lehrer noch sehr viel komplizierter und auch problematischer. Nicht nur handelt es sich hierbei um ein städtisches Schulsystem, es ist vielmehr auch nach wie vor ein in zwei Teile zertrenntes, deren jedes für sich aus je spezifischen gesellschaftlichen, kulturellen und staatlich politischen Konstellationen herstammt, und das nun zunächst nur durch den herrschaftlich administrativen Zusammenhang auch zusammengehalten wird. Dem Ostberliner Teil diese Schulsystems sind gleichsam über Nacht die rechtlichen Normierungen, der Schulaufbau, die Lehrpläne und die Erziehungskonzeption des Westberliner Teils „übergestülpt“ worden. In ihm finden sich nun Lehrer und Lehrerinnen wieder, deren berufliche Erfahrung und berufliche Sicherheit hierdurch zu einem nicht unbeträchtlichen Teil entwertet wurden. Damit zugleich zerriß für sie der gesamte staatliche und gesellschaftliche Erfahrungszusammenhang, in dem Lehrer und Schüler wie deren Eltern standen. Die Orientierungsleistung, die allen Beteiligten in einem solchen Prozeß abverlangt werden, können überhaupt nicht überschätzt werden, und doch ist die Vorstellung unrealistisch, daß sich mit den strukturellen, rechtlichen und curricularen Änderungen zugleich die für den neuen Typ von Schule auch typischen und funktionalen individuellen Motive, Bedürfnisse und Orientierungen sowie das soziale Beziehungsgeflecht gleichsam auf magische Weise gebildet hätten.

Ebenso wie es in den alten Strukturen Vorauseilendes gegeben hat, das die schiere Identität von Person und Struktur dementiert hatte, so gibt es in den neuen Strukturen auch alte Orientierungen, Bedürfnisse und Motive, die die Aneignung dieser neuen Strukturen überhaupt erst ermöglichen und gleichzeitig dafür sorgen, daß in diesem Aneignungsprozeß wiederum Neues entsteht. Die tiefgreifenden, hochkomplexen Änderungen des institutionellen Rahmens von Schule, das dadurch sich wandelnde Verhältnis der Schule zu den anderen gesellschaftlichen Teilbereichen, aber auch der strukturelle Umbau der Schulorganisation sowie die sich insgesamt wandelnde schulverfassungsrechtliche Situation erzeugen für die hiervon betroffenen Lehrer und Lehrerinnen eine Veränderung ihrer beruflichen Situation. Dieser institutionelle Umstellungsprozeß selbst erzeugt Probleme, die, wie deren Bewältigung, zugleich folgenreich für die Aneignung eines gewandelten Berufsverständnisses sein können und Auswirkungen auf das individuelle Engagement und Desengagement besitzen. Dabei folgen die Änderungen in der Selbstauslegung der eigenen Berufsrolle wider automatisch und ohne Zeitverzug den Änderungen im institutionellen Rahmen der Schule, noch sind sie möglicherweise überhaupt eindeutig. Sie hängen von den biographischen Vorerfahrungen ab und werden auch von der spezifischen Arbeitssituation bestimmt. Zum Teil läßt der institutionelle Rahmen aber auch sehr unterschiedliche Spielräume seiner Interpretation und der Selbstinterpretation der beruflichen Rolle zu. Die Balancierung von institutionellen Ansprüchen und spezifischen Selbstinterpretationen des beruflichen Handelns ist deshalb durch den institutionellen Rahmen nicht eindeutig determiniert. Sie ergibt sich erst aus der Verarbeitung der eigenen Erfahrung mit der „neuen Wirklichkeit". Ob es hierbei zu einem tiefgreifenden Umbau des beruflichen Selbstverständnisses überhaupt kommt, ob die Balancierung institutioneller Ansprüche und des beruflichen Selbstverständnisses gelingt oder mißlingt, ist eine durchaus offene Frage, weil die normativen Implikationen des Strukturwandels selbst nicht eindeutig sind.

Wie sich das Berufsverständnis Ostberliner Lehrerinnen und Lehrer unter diesen Bedingungen entwickeln wird, ist deshalb nur sehr schwer vorhersehbar. Daß aber auch berufliche Orientierungen und Einstellungen der Westberliner Kolleginnen und Kollegen einem Veränderungsdruck ausgesetzt sind, ist offensichtlich. Aus den empirischen Daten unserer Untersuchung lassen sich jedoch einige wichtige Indizien dafür gewinnen, daß zwischen den Berufskulturen beider Gruppen höchst bedeutsame Differenzen bestehen und es keineswegs sicher ist, daß diese Differenzen auch nur in mittlerer Sicht aufgelöst werden.

2. Identifikation mit dem Beruf und berufliche Zufriedenheit

Von zentraler Bedeutung für die Arbeitssituation der Lehrer sowie ihre Bereitschaft, sich den Problemen des schulischen Alltags zu stellen und aktiv auf Konflikte zu reagieren und sich mit diesen auseinanderzusetzen, ist zweifellos die Stärke der Identifikation mit dem Beruf selbst. Sie wird in den spezifischen Sozialisationsprozessen des Studiums und der praktischen Ausbildung erworben und bleibt im Berufsleben relativ stabil.

Es zeigt sich nun, daß das Ausmaß der Identifikation mit dem

Tabelle 1: Der Lehrerberuf entspricht meinen Fähigkeiten am besten (in %)

	östliche Bezirke			westliche Bezirke		
	GRS*	SEK*	insges.	GRS*	SEK*	insges.
unzutreffend	-	-	-	0,8	1,0	1,0
wenig zutreffend	-	4,8	2,9	3,1	4,5	4,0
teilweise zutreffend	9,0	22,4	17,0	34,4	27,3	29,8
überwiegend zutreffend	48,4	45,5	46,7	46,1	53,9	51,1
völlig zutreffend	42,6	27,2	33,4	15,6	13,3	14,1
N	65	98	163	152	276	428

*GRS: Grundschullehrer; SEK: Sekundarstufenlehrer (beide ohne Sonderschullehrer)

eigenen Beruf bei Ostberliner Lehrern deutlich höher ist als bei den in Westberlin arbeitenden Kollegen *(vgl. Tabelle 1).*

Dies gilt selbst dann, wenn Alter und Geschlecht als intervenierende Variablen kontrolliert werden. Bezeichnenderweise ist die Berufsidentifikation der Ostberliner Grundschullehrer mit 91% derer, die eine hohe und eindeutige Identifikation besitzen, besonders ausgeprägt. Unter den Ostberliner Sekundarschullehrern ist sie aber mit 72,7% immer noch höher als bei beiden Westberliner Lehrergruppen (Grundschullehrer: 61,7%; Sekundarschullehrer 67,2%). Dies erklärt sich einmal daher, daß die Ausbildung der Unterstufenlehrer eine sehr berufsfunktionale – gleichsam monofunktionale – Ausbildung gewesen ist, die bereits nach dem Schulabschluß mit Klasse 10 begonnen werden konnte. Sie war damit für Schulabgänger zugänglich, für die andere akademische Ausbildungsgänge nicht offen standen. Umgekehrt war für Westberliner Lehrer – nicht zuletzt wegen der größeren Durchlässigkeit zu anderen Studiengängen und anderen Lehramtsabschlüssen – die Ausbildung in den Lehramtsstudiengängen keineswegs derart monofunktional strukturiert. Daß in Westberlin arbeitende Grundschullehrer das niedrigste Ausmaß an beruflicher Identifikation besitzen, hängt nicht zuletzt damit zusammen, daß der Abschluß als Grundschullehrer häufig nur als „drittbeste Möglichkeit“ gesehen wird. Die berufliche Ausbildung und die ihr korrespondierenden beruflichen Orientierungen von Ostberliner Kollegen sind scheinbar eindeutiger und festgefügter institutionalisiert verglichen mit dem westdeutschen Berufs- und Berufsausbildungssystem. Es ist deshalb wenig erstaunlich, daß Ostberliner Grundschullehrer mit 59% eine hohe Zufriedenheit mit ihrer gegenwärtigen beruflichen Situation verbinden und sich damit in etwa den Westberliner Grundschullehrern (61,5%) wie auch den Sekundarstufenlehrern in Westberlin (57,2%) annähern. Die geringste Zufriedenheit mit ihrer aktuellen beruflichen Situation äußerten hingegen Ostberliner Sekundarstufenlehrer (35,5%). Diese Lehrergruppe zeigt zugleich auch die größte Unzufriedenheit mit ihrer gegenwärtigen Arbeitssituation (62,4%). Dies ist ganz offensichtlich zwei Umständen geschuldet: Als Diplomlehrer sind sie von der Gleichstellungsproblematik mit ihren Westberliner Kollegen betroffen. Daß vor allem in ihren Fächern eine Nachqualifikation erwartet wird, erleben sie als Diskriminierung. Zum anderen – und das mag gewichtig auf die Einschätzung ihrer gegenwärtigen Arbeitssituation durchgeschlagen haben – haben sie durch die Strukturänderung im Schulaufbau die gravierendsten Folgeprobleme zu verarbeiten. Daß die Berufszufriedenheit bei den Ostberliner Grundschullehrern am höchsten ist und noch die aller Westberliner Lehrergruppen übertrifft, mag damit zusammenhängen, daß sie weder von einer gravierenden Änderung in der Schulorganisation noch von Veränderungen der Schülerzusammensetzung in dem gleichen Ausmaß betroffen sind. Die Gruppe der Lehrer, die in Ostberliner Sekundarstufen arbeiten – hier vor allem jene in Gesamtschulen – befinden sich hinsichtlich ihrer Arbeitsituation in einer höchst konfliktreichen Lage, die sich u.a. auch auf ihre psychosoziale Befindlichkeit auswirkt.

3. Aufgaben des Lehrers – Wissensvermittlung und Persönlichkeitsbildung

Hinsichtlich der Aufgaben des Lehrers sind sich alle Lehrer – unabhängig von der Schulstufe und ihrem Arbeitsort – einig, daß sie neben der Wissensvermittlung auch pädagogische Aufgaben zu erfüllen haben. Nicht nur die fachwissenschaftlichen Kenntnisse, sondern auch pädagogische Fähigkeiten sind bedeutsam. Gleichwohl bestehen hinsichtlich der Bedeutung der Wissensvermittlung bzw. der Persönlichkeitsbildung der Schüler zwischen Ost- und Westberliner Lehrern sowie zwischen Lehrern der verschiedenen Schulstufen erhebliche Unterschiede, die pointiert in der Gegenüberstellung des Lehrerurteils über die Bedeutung fachwissenschaftlich orientierten Unterrichts und der Förderung der Persönlichkeitsbildung zum Ausdruck kommen *(vgl. Tab. 2)*. Erstaunlich ist, daß die Ostberliner Grundschullehrer der Wissensvermittlung einen noch höheren Wert zumessen (37,9%), als das bei ihren Ostberliner Kollegen in der Sekundarstufe der Fall ist (30,5%). Daß das fachliche Wissen eine so große Rolle bei den Unterstufenlehrern spielt, hängt möglicherweise nicht nur mit einer generell höheren Bedeutung der Wissensvermittlung in der DDR-Schule zusammen, sondern ist zugleich dem Umstand zu danken, daß in der polytechnischen Oberschule eine Organisationseinheit zwischen Unterstufe und Mittelstufe bestand und die Abstimmungen wie auch die Kontrollprozesse hinsichtlich der von der Mittelstufe erwarteten Schülerleistungen unmittelbarer und direkter erfolgen konnten, als das in einer schulorganisatorisch verselbständigten Grundschule der Fall ist. Daß sich dieses Verhältnis zwischen Grundschule und Sekundarstufe in der Westberliner Schule nicht reproduziert, bei Grundschullehrern in Westberlin der Vermittlung von Fachwissen gegenüber den von

Tabelle 2: Vermittlung von Fachwissen und Persönlichkeitsbildung

	östliche Bezirke			westliche Bezirke		
	GRS	SEK	insges.	GRS	SEK	insges.
a) ... vor allem ...; den Schülern Fachwissen vermitteln						
unzutreffend	1,4	3,6	2,7	9,3	7,8	8,3
wenig zutreffend	7,6	19,8	15,0	31,8	25,4	27,7
teilweise zutreffend	53,1	46,1	48,9	48,1	53,1	51,3
überwiegend zutreffend	33,3	25,8	28,8	10,1	13,0	12,0
völlig zutreffend	4,6	4,7	4,7	0,8	0,7	0,7
N	65	100	165	154	273	427
b) ... nicht ... Wissen vermitteln, sondern ... Persönlichkeit bilden						
unzutreffend	12,2	4,7	7,7	-	1,5	0,9
wenig zutreffend	27,1	23,9	25,2	13,3	12,0	12,5
teilweise zutreffend	39,7	47,3	44,3	43,0	37,4	39,4
überwiegend zutreffend	16,5	16,9	16,8	28,1	37,8	34,3
völlig zutreffend	4,6	7,1	6,1	15,6	11,3	12,8
N	65	99	164	152	270	423

Sekundarschullehrern zugemessenen Bedeutung eine noch geringere Rolle spielte, stützt diese These.

Gegenüber der Vermittlung von Fachwissen wird nun umgekehrt die Persönlichkeitsbildung von Schülern von beiden Lehrergruppen an Westberliner Schulen doppelt so hoch bewertet. Sie war bei Sekundarschullehrern beider Stadthälften größer als bei Grundschullehrern. Gerade in Gesamtschulen ohne gymnasiale Oberstufe, aber auch in den Hauptschulen Westberlins, stößt der Fachunterricht und die mit ihm verbundene Wissensvermittlungsfunktion, dies nicht zuletzt wegen der – zum Teil hoch negativ – ausgelesenen Schülerpopulation, an Grenzen innerhalb des einen, zwischen allen Schulformen harmonisierten Lehrplans. Die eher sozialerzieherische Akzentuierung der schulischen Aufgaben läßt vor allem bei Hauptschullehrern die Bedeutung des Fachwissens in den Hintergrund treten.

Folgerichtig sind verglichen mit ihren Ostberliner Kolleginnen und Kollegen (27%) für Westberliner Lehrer und Lehrerinnen pädagogische Fähigkeiten bedeutsamer als fundiertes Fachwissen (40%).

4. Das Bild vom Schüler und die Erziehungseinstellungen der Lehrer

Die Vorstellungen, die sich die Lehrer von den Schülern, deren Leistungsbereitschaft und generellen Interessenlage machen, sowie ihre Erziehungseinstellungen differieren erheblich unter den beiden Lehrergruppen. Ein besonders negatives Bild von den Interessen ihrer Schüler machen sich Ostberliner Sekundarschullehrer. Insgesamt sind Ostberliner Lehrer und Lehrerinnen zu 41% davon überzeugt, daß die Schüler sich für nichts so recht interessieren und daß, wenn man die Zensuren abschaffte, die Schüler bald gar nichts mehr täten (63,6%) und sie deshalb beaufsichtigt und kontrolliert werden müßten (61,0%). Es ist deshalb folgerichtig, wenn sie auch die These, daß Strafe kein Erziehungsmittel sei, nur zu 17,9% bestätigen. Sehr viel weniger Westberliner Lehrerinnen und Lehrer hingegen nehmen eine so negative Einschätzung der Schülerinteressen vor (26,7%). Deshalb sind auch nur etwa 32% davon überzeugt, daß der Verzicht

Tabelle 3: Konservative Gesamteinstellung gegenüber Schülern						
	östliche Bezirke			westliche Bezirke		
	GRS	SEK	insges.	GRS	SEK	insges.
unzutreffend	1,4	3,0	2,4	8,5	4,7	6,0
wenig zutreffend	12,1	9,7	10,6	39,2	29,3	32,9
teilweise zutreffend	41,0	30,2	34,5	33,1	40,9	38,1
überwiegend zutreffend	31,9	45,8	40,3	15,4	20,8	18,8
völlig zutreffend	13,6	11,4	12,4	3,8	4,3	4,1
N	65	100	165	154	273	427

auf Noten dazu führen würde, daß die Schüler dann nichts mehr tun würden. Ihre Überzeugung, daß Strafen kein Erziehungsmittel sei, drücken 40% von ihnen aus. Sie sind wesentlich häufiger der Meinung, daß ein lebendig gestalteter Unterricht die Kontrolle überflüssig macht (Westberliner Lehrer 44,6%) und bei rechter Anleitung die Schüler schon allein die Form ihres Arbeitens und Zusammenlebens finden. Von beidem sind die Ostberliner Lehrer und Lehrerinnen nur zu 32 bzw. zu 36% überzeugt. Ostberliner Lehrer und Lehrerinnen setzen nach wie vor auf einen stärker steuernden und kontrollierenden Unterricht. Dabei haben sie eine eher skeptische Einschätzung, was die Selbststeuerungfähigkeit der Schüler angeht, und insgesamt eine eher machtorientierte Einstellung in ihrem unterrichtlichen Handeln. In alledem drükken sich erhebliche Unterschiede der pädagogischen Philosophie und der schulischen Unterrichts- und Erziehungskultur aus, die ganz offensichtlich beide Teile des Schulsystems voneinander trennen.

Das Bild, das sich Ostberliner Lehrer von ihren Schülern machen, sowie ihre Erziehungshaltung sind insgesamt eher „konservativ-traditional", während die der Westberliner Lehrer eher „progressiv-liberal" genannt werden können. Hinsichtlich der Erziehungshaltung von Lehrern ergibt sich ein mit den oben referierten Ergebnissen übereinstimmende Bild. Etwa 50% Zustimmung finden die entsprechenden Items einer eher konservativen Einstellung gegenüber Schülern bei Ostberliner Lehrern, weniger als 25% Zustimmung bei ihren Westberliner Kollegen.

5. Kritik am Schulsystem und Reformbereitschaft von Lehrerinnen und Lehrern

Zunächst einmal schätzen 42,4% aller Lehrerinnen und Lehrer die gegenwärtige Schulstruktur als überholt ein und finden, daß sie geändert werden muß. Vor allem Ostberliner Lehrerinnen und Lehrer sind der Überzeugung, daß der neue Schulaufbau sich nicht bewährt hat (62,3%). Es besteht aber weder unter den Ostberliner noch zwischen Ost- und Westberliner Kollegen ein Konsens darüber, wie der Schulaufbau zukünftig aussehen soll. Die einen scheinen immerhin zu 34,4% integrative Schulstrukturen zu bevorzugen, 27,4% aller Befragten halten die Einführung einer Schule für Hochbegabte für außerordentlich wichtig, 22,9% die Verkürzung der Schulzeit bis zum Abitur auf 12 Jahre. Die Abschaffung der Hauptschule befürworten nur 14%. Die Integration behinderter Schüler wird von 59,3% aller Lehrerinnen und Lehrer für wichtig gehalten. Wichtiger jedoch als die Änderungen der äußeren Schulstruktur sind allen Lehrern die inneren Reformen. 68% wünschen sich die stärkere Verbindung von schulischem und außerschulischem Lernen, und einen stärkeren lebensweltlichen Bezug halten 59% von ihnen für wichtig bzw. sehr wichtig. 65% treten für einen stärker projektorientierten Unterricht ein, und 57% finden überfachlichen Unterricht wichtig und sehr wichtig.

Die Öffnung des Schulsystems und die dramatische Expansion der gymnasialen Bildungsgänge wurde von allen Ostberliner Lehrern, im besonderen aber von den Sekundarschullehrern, für außerordentlich problematisch gehalten. Es ist deshalb nicht verwunderlich, daß die Sekundarschullehrer mit 58% in besonderem Maße davon überzeugt waren, daß, wenn immer mehr Schüler das Abitur machen, die Zahl der Ungeeigneten zunehmen würde. Diese Einschätzung teilten unter den Westberliner Kollegen nur 34,3% *(vgl. Tab. 4).*

Nicht nur ergeben sich für die Sekundarschullehrer durch die tiefgreifend veränderte Schulstruktur in allen ihren Tätigkeitsfeldern besondere Belastungen; für sie ist die Umstellung des institutionalisierten Selektionsmechanismus auf ein durchlässigeres System wie dessen verfassungsrechtliche Begründung und die gleichzeitige Verabschiedung eines hochselektiven Systems, das

Tabelle 4: Wenn mehr ... das Abitur machen, steigt die Zahl der Ungeeigneten						
	östliche Bezirke			westliche Bezirke		
	GRS	SEK	insges.	GRS	SEK	insges.
unzutreffend	6,0	5,8	5,9	17,2	15,7	16,3
wenig zutreffend	6,3	4,1	5,0	23,3	23,1	23,2
teilweise zutreffend	33,0	32,1	32,5	31,0	23,7	26,2
überwiegend zutreffend	26,6	33,4	30,7	19,0	22,5	21,3
völlig zutreffend	28,0	24,6	25,9	9,5	14,9	13,0
N	63	98	162	138	256	394

sich mit einer vorgeblichen Harmonisierung von gesellschaftlichem Bedarf und individueller Befähigung rechtfertigte, besonders schwierig, weil eine entsprechende Selektionspraxis in der Unterrichtstätigkeit, die zu dieser neuen Legitimation paßte, überhaupt erst erworben werden muß. Benotung und Leistungsorientierung werden scheinbar entwertet, wenn der Zugang zu hohen Schulabschlüssen liberalisiert wird.

6. Innovationsbereitschaft

Ob Lehrer und Lehrerinnen sich eher gegenüber einer veränderten Praxis öffnen und sie gegebenenfalls unterstützen, sollte mit einer Reihe von Behauptungen geprüft werden, ebenso das Ausmaß einer eher traditionaleren Einstellung, die gegenüber der Einführung neuer pädagogischen Methoden eher skeptisch bleibt. In bezug auf diese Einstellungen bekamen wir eine Reihe interessanter Ergebnisse. Diese differenzieren zwischen Lehrern und Lehrerinnen aus Ost- und Westberliner Schulen. Zunächst zeigt sich, daß die Mehrheit aller Lehrer und Lehrerinnen gegenüber offenen und experimentellen Formen der Veränderung der pädagogischen Praxis eher skeptisch und zurückhaltend reagieren und sich an tradierten Formen ihrer erzieherischen und unterrichtlichen Praxis orientieren. Das ist auch nicht weiter erstaunlich, wenn man bedenkt, daß dem alltäglichen Anforderungsdruck, der ohnehin hohen Problembelastung und zeitlichen Inanspruchnahme Unterricht nur zu bewältigen ist mit zum Teil hochroutinisierten unterrichtlichen Verhaltensweisen. Man kann sogar sagen, daß unter gewissen Umständen hoher Problemdruck und ein ausgeprägtes Konfliktniveau in unterrichtlichen

Situationen eher mit Selbststabilisierung durch Festhalten an einem einmal erprobten und als geeignet erlebten Handlungsschema beantwortet wird. Es ist deshalb auch nicht besonders erstaunlich, wenn Lehrer und Lehrerinnen an Ostberliner Schulen in noch ausgeprägterer Weise, als das die Westberliner Kollegen tun, an einmal erworbenen unterrichtlichen Praktiken festhalten. Gerade dadurch, daß die Rahmenbedingungen des Unterrichts sich so radikal geändert haben, daß durch den gesellschaftlichen und politischen Umbruch ihre gesamte Lebenslage wie die ihrer Schüler sich derart dramatisch verändert hat, daß schließlich tendenziell eine Delegitimation ihrer beruflichen Praxis im pädagogischen Diskurs und damit eine Entwertung ihrer beruflichen Erfahrungen verbunden ist, reagieren sie mit einer starken Neigung zur Selbststabilisierung ihrer unterrichtlichen Orientierungen und erprobten unterrichtlichen Praktiken. Die Veränderungsbereitschaft der Lehrer in Ostberlin mit der von Westberliner Lehrern zu vergleichen, ist deshalb auch problematisch, weil deren Anpassungsfähigkeit in einem vor allem administrativ gesteuerten, tiefgreifenden und hochkomplexen Umbau des Schulsystems, in dem sie arbeiten, außerordentlich strapaziert wird. Die Änderung in der Schulorganisation, die daraus resultierenden Rahmenbedingungen ihrer Arbeit sowie das System administrativer Regelungen stellen ein neues Institutionsgefüge dar, für das die habituellen Routinen sich überhaupt erst ausbilden müssen, um Handlungssicherheit zu gewährleisten. Dieser Prozeß ist noch längst nicht abgeschlossen. Es ist deshalb nicht besonders erstaunlich, wenn Ostberliner hieraus mit selbststabilisierenden alten Routinen reagieren, um die Problemkomplexität, unter der sie handeln müssen, zu reduzieren. Ihre Veränderungsbereitschaft scheint überlastet, und es ist deshalb kein Wunder, wenn sie mit bis zu 80% (Grundschullehrer) gegenüber ihren Westberliner Kollegen (Grundschullehrer 33,1%) Innovationen gegenüber zurückhaltende bis ablehnende Positionen einnehmen *(vgl. Tab. 5)*.

Gleichwohl können diese Ergebnisse darauf hindeuten, daß bei einer Überstrapazierung und Überbeanspruchung der Veränderungsbereitschaft durch hochkomplexe, die Handlungsfähigkeit der Beteiligten überfordernde Änderungen der Handlungsrahmen, die Herstellung eines Gleichgewichts von Ansprüchen der neuen Institution mit den Handlungsmotiven der Beteiligten nicht

Tabelle 5: Gebremste Innovationsneigung

	östliche Bezirke			westliche Bezirke		
	GRS	SEK	insges.	GRS	SEK	insges.
unzutreffend	-	-	-	3,1	3,7	3,5
wenig zutreffend	2,9	8,3	6,1	19,2	14,5	16,2
teilweise zutreffend	16,5	24,8	21,5	44,6	38,1	40,4
überwiegend zutreffend	41,0	46,8	44,5	20,8	31,6	27,7
völlig zutreffend	39,5	20,1	27,8	12,3	12,2	12,2
N	65	99	164	155	274	429

Tabelle 6: Ich fühle mich häufig überlastet

	östliche Bezirke			westliche Bezirke		
	GRS	SEK	insges.	GRS	SEK	insges.
unzutreffend	7,5	4,7	5,8	1,5	2,2	2,0
wenig zutreffend	24,1	9,6	15,3	20,8	22,9	22,1
teilweise zutreffend	51,6	48,7	49,8	46,2	50,5	48,9
überwiegend zutreffend	15,3	27,3	22,5	23,8	16,3	19,0
völlig zutreffend	1,5	9,7	6,5	7,7	8,2	8,0
N	65	100	165	155	278	432

gelingt und nicht Identifikation, sondern innere Abstandnahme das Ergebnis sein kann.

7. Schlußfolgerung

Die hier aufgezeigten, zum Teil erheblichen Differenzen, die sich in den berufskulturellen Orientierungen der West- und Ostberliner Lehrer zeigen, deuten auf eine relative Stabilität und Kontinuität zweier unterschiedlicher Schulkulturen hin, mit denen deshalb auch mittelfristig gerechnet werden muß. Sie drohen das innere Zusammenwachsen des Berliner Schulsystems dauerhaft zu behindern.

Dabei implizieren beide berufskulturelle Orientierungen besondere Schwierigkeiten und Belastungen in der beruflichen Alltagsarbeit. Besonders belastet scheinen vor allem Lehrer und Lehrerinnen an Ostberliner Gesamtschulen ohne gymnasiale Oberstufe, in gleicher Weise aber auch Westberliner Grundschullehrer und

-lehrerinnen. Wohingegen Ostberliner Grundschullehrer und -lehrerinnen die geringsten Belastungssymptome aufweisen.

Die Belastungen und Schwierigkeiten bei den Ostberliner Gesamtschullehrern hängen vor allem damit zusammen, daß Umfang und Ausmaß schulstruktureller Veränderungen hier am größten sind und die Schülerzusammensetzung wie deren Leistungs- und Lernbereitschaft sich am deutlichsten verändert haben. Dieser neuen Situation gegenüber scheint es besonders schwierig, eine berufskulturelle Orientierung durchzuhalten, in der die berufliche Identität vor allem mit der fachunterrichtlichen Aufgabe verbunden wird. Anders bei den Westberliner Grundschullehrern und -lehrerinnen: Nicht nur ist die Identität mit ihrer beruflichen Aufgabe im Vergleich zu allen anderen Lehrergruppen am schwächsten ausgebildet und daher ihre berufliche Zufriedenheit relativ niedrig. Da sie vorwiegend ihre Berufsrolle pädagogisch-erzieherisch auslegen, zugleich ein relativ enttäuschungsfestes positives Schülerbild besitzen und offen gegenüber überlastenden neuen Ansprüchen und Selbstansprüchen reagieren, sind sie in einer außerordentlich komplizierten Lage.

Neben Persönlichkeitsfaktoren, die die Verarbeitung von Überlastungstendenzen bestimmen, spielen eine Reihe von Faktoren der sozialen Umwelt, insbesondere am Arbeitsplatz, eine Rolle, die sich sowohl positiv wie negativ auf den Umfang der Belastung und die Stärke der Erfahrung von Überforderung in der Berufsarbeit auswirken. Zu den bestimmenden Faktoren gehören vor allem Art und Weise, mit welcher Lehrer und Lehrerinnen auf Überforderungssituationen reagieren. Manche Lehrer reagieren ja aktiv, indem sie die Situation zu kontrollieren trachten. Dabei passen sie auch die unmittelbar angestrebten pädagogischen Ziele der Situation im Unterricht an. Andere Lehrer wiederum reagieren passiv auf Situationen der Überforderung und suchen belastenden Situationen eher auszuweichen. Zwischen dem Gefühl häufiger Überforderung und einer eher passiv ausweichenden Haltung besteht ein ursächlicher Zusammenhang. Lehrer und Lehrerinnen, die eher aktiv kontrollierend auf ihre Arbeitssituation reagieren, haben auch viel seltener das Gefühl der Überlastung als jene, die eher die Tendenz haben, auf Überforderungslagen passiv ausweichend zu reagieren. Die Situation ist für jene Lehrerinnen und Lehrer besonders problematisch, die sich an sehr idealistischen pädagogischen Zielen orientieren, gleichzeitig aber auf Überlastungstendenzen in der Arbeitssituation eher passiv und ausweichend reagieren und die sich deshalb in einem starken Konflikt zwischen ihren pädagogischen Zielen und dem, was sie tatsächlich leisten können, befinden. Diese Pädagogen haben in aller Regel das Gefühl, zu wenig Zeit für die ihnen wichtigen Aufgaben zu besitzen, und sie haben unter allen Lehrern und Lehrerinnen das stärkste Empfinden, eigentlich mit ihrer Arbeit nie fertig zu werden. Überforderungserfahrungen und Konflikte zwischen pädagogischen Zielen und ihren Realisationsmöglichkeiten sind dort besonders ausgeprägt, wo Lehrer und Lehrerinnen zugleich einen besonders hohen Wert auf die Autonomiespielräume ihres Berufs legen. Zwischen Autonomieansprüchen und einem hohen Ausmaß an Konflikten besteht ein statistisch gesicherter Zusammenhang. Lehrer und Lehrerinnen, die über gute Kooperationsbeziehungen zu ihren Kollegen und Kolleginnen verfügen, die sich sowohl auf pädagogische wie auf fachliche Dinge beziehen, berichten seltener von Überforderungen, und auch das Ausmaß der Konflikte zwischen dem, was sie pädagogisch anstreben und dem, was sich realisieren läßt, ist bedeutend geringer.

Lehrer und Lehrerinnen, die als sehr isoliert gelten müssen (etwa 7,5%), weil sie entweder intensive Kooperation von sich aus ablehnen, oder wo sie solche wünschen, ihre Lage gleichwohl relativ isoliert bleibt, sind häufig außerordentlich überfordert, und das Ausmaß der Diskrepanz zwischen pädagogischem Anspruch und schulischer Wirklichkeit ist hier besonders groß.

Zusammenfassend läßt sich folgendes sagen: Für die Bewältigung hoher und dauerhafter Belastungen durch stetig überfordernde Situationen im Schulalltag sowie der konflikthaften Diskrepanz von pädagogischen Selbstansprüchen und der wahrgenommenen Schulwirklichkeit ist die Fähigkeit besonders wichtig, wenn Lehrer von sich aus aktiv kontrollierend mit den Problemen umgehen können. Weiterhin ist bedeutsam, daß die Eigenverantwortlichkeit realistisch eingeschätzt wird. Außerordentlich wichtig sind hierbei gute fachliche und pädagogische Kooperationsbeziehungen unter den Kollegen. Hohe pädagogische Selbstansprüchlichkeit ist, wenn sie mit eher passiv ausweichenden Haltungen verbunden ist, besonders problematisch. Gesteigert wird der Überforderungsdruck dann vor allem auch, wenn Kolleginnen und Kollegen eher isoliert sind und sich doch gleichzeitig gute Kooperationsbeziehungen und ein vertrauensvolles Verhältnis zu den Kollegen wünschen.

Erkennbar implizieren soziotechnische oder gar bürokratische Interpretationen der eigenen beruflichen Tätigkeit weniger Anpassungsprobleme und bleiben im Wandlungsprozeß eher unangefochten, als dies bei einem eher kommunikativ-interaktionistischen Selbstverständnis der Fall ist. So werden bei einer eher soziotechnischen Ausprägung des Berufsverständnisses häufig zwar die sich im institutionellen Wandlungsprozeß ebenfalls wandelnden gesellschaftlichen Werte als problematisch erlebt und als neue Werte im Kontext einer stabil bleibenden Berufsauffassung reformuliert. Die Beziehung des Lehrers zwischen der Institution einerseits und seinen Schülern andererseits bleibt dabei aber weitgehend unangefochten. Eine eher soziotechnische Interpretation der Berufsarbeit erlaubt zwar die Auseinandersetzung mit den neuen Inhalten und den neuen Methoden des Unterrichts unter dem Gesichtspunkt ihrer instrumentellen Rationalität, die in sie eingelassenen normativen Implikationen aber, die für die Beziehungsdefinition zwischen Lehrern und Schülern einerseits und Lehrern und der Institution Schule andererseits bedeutsam sind, bleiben hiervon unberührt. Nicht wenigen Lehrern dient die Auseinandersetzung um die neuen Methoden geradezu zur Vermeidung bzw. der Verdrängung von Wertkonflikten, die die moralisch ethischen Grundlagen ihres Berufshandelns problematisch machen können. Lehrer mit einer eher kommunikativ-interaktionistischen Selbstinterpretation jedenfalls problematisieren häufiger auch gerade die normativ-ethisch-moralischen Grundlagen ihrer Berufstätigkeit. Sie sind häufiger zu einer Reformulierung der Berufsauffassung bereit. Insgesamt scheint die Bereitschaft zu einer Reformulierung der Berufsrolle dort größer zu sein, wo die damit einhergehenden Probleme rational kontrollierbar erscheinen als in solchen, die eher grundlegende persönliche und berufliche Werthaltungen und Verhaltensweisen betreffen.

Literatur

Beck, U.: Risikogesellschaft. Frankfurt 1991.

Honneth, A.: Desintegration. Frankfurt 1994.

Hübner, P.: Schule im gesellschaftlichen Wandel. MS. Berlin FU 1995.

Richter, I.: Theorien der Schulautonomie. In: Recht der Jugend und des Bildungswesens 42 (1994).

Stock, M./Tiedtke, U. M.: Schüler erfahren die Wende. Schul-Jugendliche in Ostdeutschland im gesellschaftlichen Transformationsprozeß. Weinheim-München 1992.

Terhart, E. u.a.: Berufsbiographien von Lehrern und Lehrerinnen. Frankfurt 1994.

Frauke Gützkow, Steffen Welzel

Reformen möglich machen – Bildung geht alle an!

Ergebnisse der E&W-Mitgliederbefragung

„Wenn wir könnten, wie wir wollten“ – unter dieser Devise startete Erziehung und Wissenschaft (E&W, die Mitgliederzeitung der GEW) im April eine Folge von Mitgliederbefragungen. In allen bildungspolitischen Bereichen – vom Kindergarten über die Schulen und Hochschulen bis zur Weiterbildung – wachsen die Probleme. In Zeiten der Haushaltskrisen scheinen die Lösungen in immer weitere Ferne zu rücken. Abgesehen von hehren gewerkschaftlichen Beschlußlagen wollten wir wissen, wo die Mitglieder der Schuh tatsächlich am meisten drückt, wo der Reformbedarf am größten ist.

Die Befragungen stehen in Zusammenhang mit der *Initiative Bildung* der GEW, mit der der Versuch gemacht werden soll, einen erneuten Anstoß für eine breite gesellschaftliche Reformbewegung im Bildungsbereich zu geben.

In der Zeit von April bis Oktober 1994 wurden die Beschäftigten aus Schulen, Kindergärten und Jugendhilfeeinrichtungen, Hochschule und Forschung – hier waren auch die Studierenden einbezogen – und Weiterbildungseinrichtungen befragt. Tausende Fragebogen kamen zurück.

Das Kölner Institut für Empirische Psychologie und Sozialforschung (IFEP+S) hat daraus nach repräsentativen Gesichtspunkten Stichproben ausgewählt – 1.188 Fragebögen aus den Bereichen Schule, 1.003 aus Jugendhilfe, 464 aus Hochschule und Forschung, 772 aus Weiterbildung – und Ergebnisse ermittelt. Bei aller notwendigen Skepsis gegenüber derartigen Befragungen ist damit durchaus eine hohe Aussagekraft der Zahlen gewährleistet.

Die GEW ist eine Frauengewerkschaft, das zeigt sich auch im Rücklauf der Fragebögen – wobei es Organisationsbereichs spezifische Unterschiede gibt: Die Antworten auf E&W-Mitgliederbefragungen kamen in der Jugendhilfe zu 92% von Frauen, in der Schule zu 58%, in der Weiterbildung zu 45%, in Hochschule und Forschung zu 50% bei den Studierenden und nur zu 25% bei den Beschäftigten.

Diejenigen, die geantwortet haben, arbeiteten an 22 Institutionen der Weiterbildung, 18 Einrichtungen der Jugendhilfe, 12 Schularten und 5 verschiedenen Hochschularten. Vielfältig sind auch die Beschäftigungsverhältnisse. Das „normale" Arbeitsverhältnis, also der unbefristete Vollzeitvertrag ist in der Weiterbildung und beim sogenannten Mittelbau in Hochschule und Forschung die Ausnahme (39 bzw. 35%). In diesen beiden Säulen des Bildungssystems wird daher verständlicherweise ein spezifischer Tarifvertrag zur Regelung der Arbeitsbedingungen eingefordert.

1. Schule – Hoffnung auf Reform

Ein Ergebnis der Befragung bei Lehrerinnen und Lehrern lautet: Schule, Unterricht und Erziehung sind nach dem Dafürhalten einer recht großen Gruppe nicht so organisiert, daß vernünftig mit Kindern und Jugendlichen gearbeitet werden kann. Eine grundlegende Änderung ist nötig. So die Meinung vieler Lehrerinnen und Lehrer. Die Befragten arbeiten an folgenden Schultypen: Grundschulen (27% der Befragten), Gymnasien (17%), Gesamtschulen (12%), Sonder-/Förderschulen und Sonstiges (12%), Hauptschulen (10%), Berufsschulen (9%), Realschulen (7%), Differenzierte Mittelschule/Sekundarschule/Regelschule/Regionalschule (6%).

Der Leidensdruck scheint groß zu sein. Immerhin sind zwei Drittel der Befragten bereit, sich an einer neuen Reformdebatte zu beteiligen wegen der „Notwendigkeit bildungspolitischer Reformen" (39% West, 46% Ost), der „großen Bedeutung von

Mitbestimmung" (25% West, 26% Ost) und der „gesellschaftlichen Relevanz des Bildungsbereichs" (23% in West und Ost). Aber immerhin ein Drittel lehnt eine solche Beteiligung ab. Begründung: 46% im Westen und 71% im Osten antworten auf die entsprechende Frage mit nein, weil sie der Überzeugung sind: „Eine echte Reform wird nicht zugelassen!"

Auf die Frage „Was kostet dich am meisten Kraft im Schulalltag?" *(vgl. Tab. 1)* nennen die Lehrkräfte in Ost- und Westdeutschland als Belastungsfaktor Nummer eins: „Problembeladene, verhaltensauffällige Kinder und unsoziales Schülerverhalten" (13%). An zweiter Stelle rangieren die zu großen Klassen und Lerngruppen (10%). Auf Rang drei werden im Westen „Lärm oder Unruhe in der Klasse", im Osten „zuviele Pflichtstunden" und „schlechte materielle und räumliche Ausstattung" (6%) genannt.

Aus diesem Untersuchungsergebnis nun zu witzeln, daß Lehrer schon immer an der Schule Spaß gehabt hätten, wenn's die Schüler nicht gäbe, geht deutlich an der Sache vorbei. Ganz im Gegensatz zum oft kritisierten Lehrerlamento gehen diese gerne ihrer pädagogischen Arbeit nach. Trotz aller Schwierigkeiten im Beruf gefällt ihnen der Umgang mit Menschen (73% im Westen, 36% im Osten), die (äußeren) Arbeitsbedingungen (60% im Westen, 18% im Osten), die Komplexität und Vielfältigkeit der Arbeit (38% im Westen) und die Lernerfolgserlebnisse (19% im Osten). Aber genau an dieser Stelle hapert´s. Die allgemeinen Arbeitsbedingungen stehen dem Wunsch nach guter pädagogischer Arbeit im Wege. Auf die Frage, welche pädagogischen Aufgaben zu kurz kommen, nennen die Befragten in Ost und West gleichermaßen an erster Stelle „ Erziehungs- und Sozialarbeit/Erziehungsziele" (39%) sowie „persönliche Kontakte und persönliche Gespräche" (31%) mit Schülerinnen und Schülern.

Entsprechend antworten Lehrerinnen und Lehrer in Ost- und Westdeutschland auf die Frage, ob ihre Arbeit den Erwartungen entspräche „ja", aber „nur unter dem Teilaspekt der reinen Wissensvermittlung" bzw. „nein" – „es bleibt keine Zeit, pädagogisch auf die Schüler einzuwirken".

Bei den erforderlichen Änderungen in Schule und im Bildungssystem *(vgl. Tab. 2 und 2.1)* setzen Pädagoginnen und Pädagogen aus Ost- und Westdeutschland teilweise unterschiedliche Akzen-

Tabelle 1: Schule: „Was kostet Dich am meisten Kraft im Schulalltag?“ (gewichtet nach Problemen)

(Angaben in Prozent)	Gesamt	Geschlecht		Schulart								Landesverband	
		Männlich	Weiblich	Grundschule	Hauptschule	Realschule	Differ. Mittelschule	Gymnasium	Gesamtschule	Sonderschule	Berufsschule	Ost	West
Absolute Fallzahl	1.215	506	709	322	121	80	73	211	140	147	105	335	853
Problembeladene verhaltensauffällige Kinder/unsoziales Schülerverhalten	13	11	14	14	18	13	16	6	15	12	12	13	13
Mein Alter, bin ausgebrannt	2	2	3	3	3	2	2	1	2	3	2	2	3
Lärm oder Unruhe in der Klasse oder Lerngruppe	8	7	8	7	9	9	8	6	11	6	7	6	8
Permanenter Zeitdruck	7	6	7	6	4	5	5	11	7	4	7	6	7
Zuviel Organisation, technische Verwaltung und Bürokratie	4	3	4	4	3	2	4	4	5	3	4	6	3
Schlechte materielle und räumliche Ausstattung	6	4	7	6	5	5	7	4	6	6	6	10	4
Zu große Klassen und Lerngruppen	10	11	10	10	10	15	10	13	10	7	10	12	10
Zu viel Pflichtstunden	8	8	7	8	9	8	10	9	6	7	5	10	7
Zu viel außerunterrichtliche Verpflichtungen	1	1	1	2	1	2	-	1	1	1	1	-	2
Anspruchsdenken der Eltern/Schüler/innen	3	2	3	4	3	2	1	4	1	2	1	1	3
Desinteressierte Eltern	2	2	3	3	3	1	5	-	3	4	1	4	2
Unzeitgemäße Schulorganisation	3	4	3	3	3	4	3	2	3	3	5	2	3
Mangelnde methodische Kompetenz angesichts neuer Herausforderungen	3	3	3	2	3	3	3	2	3	2	3	1	3

Fortsetzung von Tabelle 1

(Angaben in Prozent)	Gesamt	Geschlecht		Schulart								Landesverband	
		Männlich	Weiblich	Grundschule	Hauptschule	Realschule	Differ. Mittelschule	Gymnasium	Gesamtschule	Sonderschule	Berufsschule	Ost	West
Absolute Fallzahl	1.215	506	709	322	121	80	73	211	140	147	105	335	853
Lustlose, desillusionierte Kolleginnen und Kollegen	4	5	3	2	4	2	3	4	4	6	5	2	4
Mangelnde Kooperation im Kollegium	3	3	3	3	3	2	3	3	2	5	3	2	3
Inkompetente Schulleitung	3	3	3	3	3	3	4	2	3	4	3	3	3
Ineffiziente, aufwendige Konferenzen	2	2	2	2	1	3	1	2	3	3	2	2	2
Zu große Heterogenität in den Klassen und Gruppen	2	2	2	2	3	1	2	2	2	1	4	1	2
Zu wenig pädagogische Freiheit	1	1	1	1	1	2	-	2	-	1	1	1	1
Häufiger Vertretungsunterricht	1	1	1	2	1	1	1	1	1	1	1	2	1
Zuviel Korrigieren/Zensieren	4	5	3	2	2	4	2	11	3	2	4	2	4
Undemokratische Strukturen in den Schulen	2	3	2	3	1	1	2	2	1	2	5	1	3
Zu wenig Fortbildung	2	2	1	1	1	3	1	14	1	2	3	2	2
Fernsehgeschädigte Schüler/innen	3	3	3	4	4	4	5	2	2	4	2	4	3
Zu viele Schüler-/Elternrechte	1	1	1	1	1	-	1	1	-	-	-	1	-
Computergeschädigte Schüler/innen	-	-	-	-	-	-	-	-	-	-	-	-	-
Sonstiges	2	3	2	2	2	2	3	2	2	4	2	3	2

Tabelle 2: Schule: „Was müßte sich ändern, um den Bedürfnissen der Schülerinnen und Schüler von heute besser zu entsprechen? – speziell an Deiner Schule – “

(Angaben in Prozent) Mehrfachnennungen		Geschlecht		Schulart								Landesverband	
	Gesamt	Männlich	Weiblich	Grundschule	Hauptschule	Realschule	Differ. Mittelschule	Gymnasium	Gesamtschule	Sonderschule	Berufsschule	Ost	West
Absolute Fallzahl	1.215	506	709	322	121	80	73	211	140	147	105	335	853
Mehr handlungsorientierter und Projektunterricht	22	23	22	19	26	29	12	23	19	28	22	11	26
Lerngruppen verkleinern	20	17	22	20	20	26	18	20	20	12	20	12	23
Mehr Menschlichkeit und Wärme im Unterricht	18	22	16	22	16	19	10	15	19	18	23	6	22
Mehr Ganztagsangebote	17	14	19	22	22	13	14	10	19	21	5	11	19
Verbesserung der räumlichen Situation	15	13	16	17	15	23	11	12	8	11	22	11	16
Bessere materielle Ausstattung	15	16	14	18	14	10	10	14	15	14	14	14	15
Mehr und jüngere Lehrer	11	10	11	12	15	9	1	9	15	12	7	1	14
Mehr Zeit für den einzelnen Schüler	11	12	10	11	11	11	7	7	14	9	14	7	12
Mehr Kooperation im Kollegium	12	15	10	12	12	11	4	13	11	9	22	2	15
Mehr soziale und psychologische Betreuung	11	9	12	8	21	8	1	9	16	10	10	4	13
Aktive Mitgestaltung des Schullebens seitens der Schüler	8	9	7	4	10	8	4	9	15	5	11	4	9
Desinteressierte Eltern	2	2	3	3	3	1	5	-	3	4	1	4	2
Mehr Fortbildung	3	3	3	4	4	3	-	3	3	1	3	-	4
Längere Pausenzeiten	2	3	1	2	5	3	4	1	1	1	1	1	2
Mehr fächerübergreifender Unterricht	2	1	2	1	-	5	-	3	-	2	3	-	2
Sonstiges	-	-	-	-	1	1	-	-	-	-	-	-	-
k A.	25	20	28	26	12	29	59	30	19	20	14	61	11

te. Aus der Sicht westdeutscher Lehrkräfte müsse es vorrangig mehr „handlungsorientierten und Projektunterricht“ (26%), „kleinere Lerngruppen“ (23%) und „mehr Menschlichkeit und Wärme im Unterricht“ (22%) geben, um den Bedürfnissen von Schülerinnen und Schülern besser zu entsprechen und elementare soziale Kompetenzen zu vermitteln. Lehrkräfte aus Ostdeutschland fordern an erster Stelle eine „bessere materielle Ausstattung“ (14%), dann „kleinere Lerngruppen“ (12%) und „handlungsorientierten Unterricht“, „Verbesserung der räumlichen Situation“ und schließlich „mehr Ganztagsangebote“ (jeweils 11%).

Diese Forderung wird auch unterstrichen durch die Antwort auf die Frage „Gesetzt den Fall, du könntest die Dinge an deiner Schule ändern wie du wolltest“. Die meisten Kolleginnen und Kollegen würden als erstes kleine Klassen bilden (17% im Osten, 14% im Westen) und an zweiter Stelle mehr sozialpädagogische Fachkräfte und psychologische Beratungsdienste einrichten (9% im Westen). Die Lehrkräfte in Ostdeutschland würden vorrangig die „Pflichtstundenzahl senken“ (12%). Auf den dritten Rang mit je 9% der Nennungen liegen im Osten eine bessere technische Ausstattung der Schulen und im Westen die Einstellung neuer, junger Kolleginnen und Kollegen.

Auch bei der Frage „was gute Schule“ ausmacht, gibt es kaum nennenswerte Unterschiede zwischen Pädagoginnen und Pädagogen in Ost- und Westdeutschland. An vorderster Stelle rangieren „soziales Lernen“ (81% im Westen, 57% im Osten), „kleinere Klassen“ (66% im Westen, 71% im Osten). Lediglich bei der „Wissensvermittlung“ gibt es deutlichere Unterschiede. Sie ist den Lehrern in den neuen Bundesländern mit 56% deutlich wichtiger als ihren westdeutschen Kollegen (24%).

Auch ein erweiterter Entscheidungsspielraum wird als Voraussetzung für gute Schule genannt. Bei der Frage nach den konkreten Entscheidungsspielräumen für die Schule gibt es jedoch einen bemerkenswerten Unterschied. Die Befragten aus Ostdeutschland meinen, die Schule müsse auch über die Einstellung (63%) und Entlassung (65%) von Lehrkräften entscheiden dürfen. In diesem Punkt haben westdeutsche Lehrerinnen und Lehrer mehr Vorbehalte. Nur 54% wollen der Schule Entscheidungsspielraum bei Einstellungen und nur 39% bei Entlassungen einräumen.

Tabelle 2.1: Schule: „Was müßte sich ändern, um den Bedürfnissen der Schülerinnen und Schüler von heute besser zu entsprechen? – in unserem Bildungssystem allgemein –“

(Angaben in Prozent) Mehrfachnennungen	Gesamt	Geschlecht		Schulart								Landesverband	
		Männlich	Weiblich	Grundschule	Hauptschule	Realschule	Differ. Mittelschule	Gymnasium	Gesamtschule	Sonderschule	Berufsschule	Ost	West
Absolute Fallzahl	1.215	506	709	322	121	80	73	211	140	147	105	335	853
Modernisierung der Lehrpläne	27	35	22	22	31	25	21	31	36	20	35	22	29
Kleinere Lerngruppen	17	16	18	18	12	26	5	17	24	14	15	10	20
Verringerung der Belastungen von Lehrern	15	15	15	19	12	14	10	18	7	17	11	11	17
Ganztagsangebote erhöhe	12	10	14	12	17	14	7	9	18	18	6	7	15
Mehr handlungsorientierter und Projektunterricht	11	11	10	8	12	13	7	12	9	10	17	6	12
Stärkere pädagogische Arbeit	10	11	9	9	18	11	7	8	10	9	9	5	12
Keine Überbewertung der kognitiven Lerninhalte	10	12	9	7	7	15	3	12	12	11	16	5	12
Mehr Lehrkräfte	9	8	9	9	13	15	3	7	11	10	1	2	11
Bildungsetat erhöhen	9	11	8	11	12	8	4	7	13	9	10	7	11
Mehr Lehrerfortbildung ermöglichen	8	9	8	7	11	6	-	8	7	11	15	-	11
Einstellung von Spezialisten	7	8	7	8	11	10	3	4	6	5	8	1	9
Änderung des Bewertungssystems	7	5	8	8	3	8	1	9	7	5	8	5	7
Verlängerung der Grundschulzeit	5	4	6	9	6	3	4	4	1	1	3	7	4
Abschaffung des 45-Minutentakts	3	2	3	3	2	8	3	4	1	1	4	1	3
Verstärkte Zusammenarbeit m. öffentl. Jugendeinrichtungen	2	2	2	2	3	1	1	-	2	3	2	-	2
Sonstiges	2	2	2	2	-	3	4	1	4	2	5	1	3
k.A.	26	20	30	27	13	26	58	26	26	29	15	60	13

Das deutsche Schulsystem muß den Anschluß an den soziokulturellen Wandel der Gesellschaft wieder finden, Reformen sind überfällig. Als Themen für die *Initiative Bildung* der GEW werden genannt: Die Bedeutung von affektiven Lernzielen (29% im Westen, 11% im Osten) und Bildung als Zukunftsinvestition für den Staat (je 8%).

Für diese bildungspolitischen Ziele müssen die Lern- und Arbeitsbedingungen an den Schulen verbessert werden. Die Erwartungen der Mitglieder an die GEW *(vgl. Tab. 3)* unterscheiden sich in Ost und West.

Im Osten soll die GEW kämpfen
- für die „Gleichstellung der Lehrer in Ost und West“ (18%),
- für „Arbeitszeitverkürzung“ (16%),
- für „kleine Klassen“ (10%).

Im Westen
- für „Arbeitszeitverkürzung“ (35%),
- für „kleinere Klassen“ (33%),
- für „mehr Neueinstellungen“ (21%).

Von der GEW wird also sowohl der Einsatz für bildungspolitische, bildungsreformerische und pädagogische Neuerungen erwartet als auch der Einsatz für klassische gewerkschaftliche Themen.

2. Jugendhilfe – Zufrieden mit der Arbeit, unzufrieden mit den Bedingungen

Fast ein Spiegelbild zur Befragung der Lehrkräfte liefern die Ergebnisse bei den Erzieherinnen und Erziehern. Auch hier sind die „zu großen Gruppen“ (41%), die „zunehmende Zahl verhaltensauffälliger Kinder“ (32%), die „mangelnde räumliche und materielle Ausstattung“ (32 bzw. 41%), der „Personalmangel“ sowie die „unzureichende Vor- und Nachbereitungszeit“ (28%) die Hauptursachen für den Frust im Beruf *(vgl. Tab. 4)*.

Die Mehrzahl der Befragten arbeiteten in Kindergärten und Kin-

Tabelle 3: Schule: „Durch die Haushaltsschwierigkeiten der Länder drohen überall auch Verschlechterungen für die Arbeitsbedingungen der Lehrerinnen und Lehrer. Welche Position sollte die GEW in Verhandlungen einnehmen? Die GEW sollte kämpfen für ...“

Angaben in Prozent (Mehrfachnennungen)	Gesamt	Geschlecht		Schulart								Landesverband	
		Männlich	Weiblich	Grundschule	Hauptschule	Realschule	Differ. Mittelschule	Gymnasium	Gesamthule	Sÿÿÿe	Berufsschule	Ost	West
Absolute Fallzahl	1.215	506	709	322	121	80	73	211	140	147	105	335	853
Arbeitszeitverkürzung	30	34	26	27	26	29	26	34	36	28	33	16	35
Kleinere Klassen	26	22	29	31	36	25	14	26	26	20	19	10	33
Mehr Neueinstellungen	15	21	12	16	13	13	3	18	14	20	17	1	21
Mehr Junglehrer	11	10	12	7	12	18	5	17	14	10	10	1	16
Erhöhung der Bildungsetats	10	13	7	6	10	16	5	11	10	13	9	5	12
Gleichstellung der Lehrer in Ost und West	8	6	9	8	6	9	10	8	14	3	5	18	4
Bessere Möglichkeiten der Lehrerfortbildung	7	6	7	7	7	3	5	3	6	13	5	4	8
Altersermäßigung	6	6	7	5	4	11	8	3	9	8	7	5	7
Verbesserung der Teilzeit-Arbeit	6	5	6	7	6	10	1	7	5	5	3	4	7
Gleiche Arbeitszeit und Besoldung für alle Lehrer	6	7	5	5	3	8	1	6	15	3	6	10	4
Sicherung der Arbeitsplätze	3	2	4	4	1	-	5	3	1	5	3	7	2
Sabbatjahr	2	2	2	1	2	1	-	-	-	6	2	1	2
Sonstiges	9	8	9	9	10	10	10	9	8	6	13	5	10
k.A.	24	18	29	26	19	24	55	23	21	22	13	60	10

Tabelle 4: Jugendhilfe: „Mich belasten besonders .../Mich haben an meinem letzten Arbeitsplatz besonders belastet ...“

(Angaben in Prozent) Mehrfachnennungen		Geschlecht		Landesverband		Tätigkeit					
	Gesamt	Männ-lich	Weiblich	Ost	West	Ausbil-dung/ Studium	Erzieher/ Erzieherin	Leiterin/ Leiter	Sozial-arbeiter/in	Lehrerin/ Lehrer	Sonstige
Absolute Fallzahl	1.003	80	923	554	328	16	731	109	33	65	21
Die Gruppenstärke	41	39	41	35	48	13	40	51	39	34	48
Zu kleine Räume	32	11	34	34	27	56	34	32	24	12	29
Schlechte/unzureichende Ausstattung	41	44	41	52	28	31	43	28	24	51	52
Arbeitszeitregelungen	14	26	13	16	14	-	14	7	18	15	-
Keine Vor- und Nachbereitungszeit	28	18	29	29	23	-	31	24	9	17	48
Große Anzahl der schwierigen Kinder	32	46	31	23	48	50	29	40	39	51	33
Hohe Ansprüche der Eltern	10	15	10	2	21	38	9	13	6	9	-
Probleme mit Vorgesetzten	18	18	18	19	17	19	16	22	24	20	29
Probleme mit Kollegen/innen	10	20	10	6	14	6	12	8	9	5	-
Sonstiges	17	15	17	18	18	13	16	25	24	17	-
k.A.	1	1	1	1	1	-	-	3	6	2	10

Tabelle 5: Jugendhilfe: „Ich wünsche mir folgende Verbesserungen/Ich habe mir folgende Verbesserungen gewünscht: ...“

Angaben in Prozent (Mehrfachnennungen)	Gesamt	Geschlecht		Tätigkeit						Landesverband	
		Männlich	Weiblich	Ausbildung/ Studium	Erzieherin/ Erzieher	Leiterin/ Leiter	Sozial- arbeiter/in	Lehrerin/ Lehrer	Sonstiges	Ost	West
Absolute Fallzahl	1.003	80	923	16	731	109	33	65	21	554	328
Große Räume	29	14	30	56	30	30	39	9	10	27	28
Bessere Ausstattung	49	50	49	31	51	42	30	55	62	62	31
Mehr Erzieher/innen	28	38	27	31	28	28	33	18	5	18	44
Kleinere Gruppen	51	43	52	38	52	61	36	35	57	46	58
Andere pädagogische Konzepte	18	35	16	-	16	18	42	25	24	17	20
Weniger Vorschriften des Trägers	14	23	13	13	14	17	9	8	19	16	11
Mehr Unterstützung durch Träger	39	20	41	50	37	37	55	58	33	45	29
Mehr Unterstützung durch Eltern	20	28	19	19	20	21	18	18	24	18	23
Sonstiges	12	10	13	13	12	17	12	9	-	10	18
k.A.	-	1	-	-	-	-	-	2	10	-	2

dertagesstätten (22 bzw. 23%), an Schulhorten (14%), in Grundschulen/Schulen (11%) und Kinderhorten (7%).

Die „Wunschliste" der Verbesserungen bezieht sich auf die genannten Arbeitsbelastungen *(vgl. Tab. 5)*. Erzieherinnen und Erzieher fordern zur Verbesserung ihrer Arbeitsbedingungen kleinere Gruppen (51%), eine bessere Ausstattung der Einrichtung (49%) und mehr Unterstützung durch den Träger der Kinderbetreuungseinrichtung (39%) sowie mehr Personal (28%). Lediglich 18% der Befragten erwarten eine Verbesserung ihrer Arbeitsplatzsituation durch andere pädagogische Konzepte. Insgesamt ist eindeutig: Die Gruppengrößen, die zunehmende Zahl verhaltensauffälliger Kinder sowie personelle Unterbesetzung führen zu massiven Problemen im Kindergartenalltag. Hier besteht akuter Handlungsbedarf.

Als wichtigste Erziehungsziele bezeichnen die Erzieherinnen und Erzieher aus den alten und den neuen Bundesländern mit 91% die Vermittlung sozialer Kompetenzen. Es folgen die Erziehung zur Selbständigkeit (61%), Phantasie und Kreativität (22%), Spaß am Leben (38%) und zu Toleranz (23%).

Den Sinn ihrer Arbeit sehen die Befragten in erster Linie darin, daß Kinder die Möglichkeit erhalten, sich in der Gemeinschaft mit anderen Kindern zu entwickeln (91%). Kinder sollen die Möglichkeit haben, sich außerhalb der Familie zu entfalten (69%). Besonders in den ostdeutschen Bundesländern soll dadurch auch Eltern die Berufstätigkeit ermöglicht werden (71%), in Westdeutschland spielt dieser Gedanke nur bei 33% der Befragten eine Rolle. Die Vorbereitung der Kinder auf die Schule ist nur für 25% der Befragten eine wichtige Motivation.

Rund drei Viertel der Erzieherinnen und Erzieher geben an, trotz einiger Probleme mit ihrer allgemeinen Arbeitssituation zufrieden zu sein. Diese Aussage bezieht sich vor allem auf die Zufriedenheit der Kinder (70%), Zusammenarbeit mit den KollegInnen (37%) und das gute Arbeitsklima (31%). Die Möglichkeit, am Arbeitsplatz eigene Ziele zu verwirklichen, ist für 52% wichtig.

Die vielleicht in dieser Höhe nicht erwartete Berufszufriedenheit der Erzieherinnen und Erzieher kann jedoch nicht überdecken, daß im Durchschnitt 21% – im Westen sogar ein Drittel der Befragten – mit ihrer Arbeitszeit unzufrieden sind. Jede achte

Erzieherin empfindet die Belastungen am Arbeitsplatz so stark, daß sie sich mit dem Gedanken trägt, den erlernten Beruf aufzugeben. Dies gilt insbesondere für jüngere Erzieherinnen im Alter bis zu 35 Jahren.

Als wichtigste Defizite in der Qualität der pädagogischen Arbeit werden genannt die „Betreuung einzelner Kinder" (71%) und „zu wenig Kleingruppenarbeit" (42%). Angesichts der Tatsache, daß die Motivation, diesen Beruf auszuüben, in erster Linie aus der „Zufriedenheit der betreuten Kinder" (70%) und aus der Möglichkeit, am Arbeitsplatz „eigene Ziele zu verwirklichen" (52%) kommt, ist die Arbeitsunzufriedenheit bei vielen Erzieherinnen und Erziehern vor dem Hintergrund der genannten Defizite leicht nachzuvollziehen.

Im Bereich der Kinderbetreuungseinrichtungen ist es also „Fünf vor Zwölf", um eine weitere Abwanderung von Erzieherinnen und Erziehern zu verhindern – gerade angesichts der dringend erforderlichen Ausweitung der Betreuungsangebote. Der akute Mangel an ausgebildeten Fachkräften ist ganz offensichtlich nicht auf Probleme in der Ausbildung zurückzuführen. Rund drei Viertel der Befragten bewerten die Qualität ihrer Ausbildung mit Noten zwischen Eins und Drei. Das Problem besteht vielmehr in der mangelnden öffentlichen Wertschätzung der Erziehungsberufe und der extrem belastenden Arbeitssituation. Nur gut die Hälfte der Befragten im Westen wollen ihren Beruf in Zukunft weiter ausüben. Im Osten sind es dagegen „noch" 84%, der Druck der Massenerwerbslosigkeit wird hier eine gewichtige Rolle spielen. Die wichtigsten Aspekte, die die Erzieherinnen und Erzieher längerfristig für den Verbleib im Beruf motivieren würden, sind „Spaß an der Arbeit" (79%), „Arbeitsplatzsicherheit" (insgesamt 57%, im Osten 77%, im Westen 25%) und die „Anerkennung der Arbeit" (54%). Ohne eine deutliche Aufwertung des Berufs-Images und ohne eine drastische Verbesserung der Rahmenbedingungen in den Jugendhilfeeinrichtuneng lassen sich die inhaltlichen Ansprüche an den Beruf aus Sicht einer Mehrheit der Befragten nicht verwirklichen.

3. Hochschule – Schlüsselproblem Überlast

Bei den eingegangenen und ausgewerteten Fragebögen aus Hochschule und Forschung liegt das Verhältnis zwischen Beschäftigten und Studierenden bei ca. 3:1. Bemerkenswert hoch liegt dabei die Beteiligung von Professorinnen und Professoren (22%) gegenüber dem sog. Mittelbau (48%) und dem technischen und Verwaltungspersonal. Der Mittelbau mit seinem hohen Anteil an befristeten (65%) und Teilzeitstellen (24%) ist die flexible Verfügungsmasse an den Hochschulen. Die Angaben der Studierenden zu den angestrebten Studienabschlüssen korrigieren das Bild von der „Lehrergewerkschaft" GEW im Bereich der jungen Mitglieder (Diplom 33%, Magister 12%, Promotion 8%, Staatsexamen Lehramt 47%). Drei Viertel der zurückgesandten Fragebögen kamen von Beschäftigten und Studierenden an einer Universität, 11% von Fachhochschulen, je 5% von Gesamthochschulen und Pädagogischen Hochschulen und nur 2% von Forschungsinstituten.

Das Schlüsselproblem in den Hochschulen ist die trotz der mit dem Öffnungsbeschluß von 1977 versprochenen „Überlastprogramme" ständig krasser werdende materielle wie personelle Unterausstattung. Heute studieren fast doppelt so viele Studentinnen und Studenten, ohne daß zusätzliches Personal eingestellt wurde.

Für insgesamt 49% der Beschäftigten sind die Mängel bei der räumlichen und materiellen Ausstattung die größte Belastung am Arbeitsplatz *(vgl. Tab. 6)*. Es fehlt an Zeit für die Forschung (43%) und an wissenschaftlichem Personal (34%).

Belastend für die Studierenden *(vgl. Tab. 7)* sind sowohl die räumlich-materiellen Probleme als auch überfüllte Lehrveranstaltungen (54%) sowie Defizite beim Bibliotheksangebot (45%). Studierende betonen qualitative Mängel wie fehlender Praxisbezug im Studium (50%), unsichere Berufsaussichten (44%) und mangelnde Chancen zur Mitbestimmung (43%). Lösungen für zentrale Probleme in Hochschule und Forschung erwarten beide Befragtengruppen durch eine staatlich garantierte ausreichende finanzielle und materielle Grundausstattung. Restriktive Maßnahmen wie die Kontrolle von Regelstudienzeiten oder zusätzli-

Tabelle 6: Hochschule und Forschung (Beschäftigte): „Welches sind die größten Belastungen an Deinem Arbeitsplatz?"

(Angaben in Prozent) Mehrfachnennungen	Gesamt	Geschlecht		Beruf							
		Männlich	Weiblich	Professor	Akademischer Rat/Rätin	Wissenschaftliche/r Mitarbeiter/in	Lehrkraft für bes. Aufgaben/Lektor/in	Wissenschaftl. Hilfskraft (mit Abschluß)	Wissenschaftl. Hilfskraft (ohne Abschluß)	Techn. und Verwaltungspersonal	Sonstiges
Absolute Fallzahl	464	156	308	104	39	139	25	18	28	16	21
Die Lehrverpflichtung ist zu hoch	18	19	18	29	28	9	48	-	-	—	10
Zu wenig Zeit für die Studierenden	20	18	21	28	31	12	48	6	11	6	10
Zu heterogene Studienbefähigungen	11	7	13	15	15	9	32	-	-	-	10
Zu wenig Zeit zum Forschen	42	35	46	54	51	42	24	44	21	6	38
Zu viele Vorschriften und Gesetze	14	13	15	18	18	10	16	11	14	31	10
Zu viele Klausuren und Prüfungen	14	12	15	26	28	8	4	6	7	-	10
Unzureichende Nachwuchsförderung	27	27	28	36	26	27	20	56	21	6	19
Keine hochschuldidaktische (Fort-)Bildung f. Lehrende	20	23	19	17	23	19	32	17	21	19	24
Unzureichende Frauenförderung	12	30	4	10	8	14	12	11	14	25	5
Schlechte räumliche und materielle Ausstattung	49	48	49	50	51	46	48	67	46	44	29
Zu wenig wissenschaftliches Personal	34	28	37	47	31	36	32	33	11	13	19
Zu viel Hierarchie und Weisungsabhängigkeit	23	23	22	9	18	33	20	28	14	44	38
Zu viele ineffiziente Gremiensitzungen	23	15	25	28	26	17	32	11	18	25	19
Zu wenig interdisziplinäre Zusammenarbeit	31	33	30	32	31	33	24	11	21	44	29
Hochschulselbstverwaltung arbeitet unprofessionell	30	26	32	37	23	27	28	28	36	50	24
Drohende Arbeitslosigkeit	31	44	26	9	5	53	20	67	36	13	33
k.A.	4	6	4	2	3	2	-	6	18	13	19

Tabelle 7:
Hochschule und Forschung (Studierende): „Welches sind die größten Belastungen in Deinem Studium?“

(Angaben in Prozent) Mehrfachnennungen	Gesamt	Geschlecht		angestrebter Abschluß	
		Männlich	Weiblich	Mag./Dipl./ Prom.	Staatsex./ Lehramt
Absolute Fallzahl	464	156	308		
Die Lehrveranstaltungen sind überfüllt	54	60	47	38	75
Keine Chance, Fragen vortragen zu können	4	3	5	2	7
Anforderungen sind zu hoch	3	2	5	0	7
Zu viele Klausuren und Prüfungen	12	12	13	8	18
Zu wenig selbstbestimmtes Lernen	36	40	31	37	39
Zu wenig Arbeit in Kleingruppen	35	37	33	38	36
Keine Kinderbetreuung	4	5	4	2	7
Mensa-Essen schmeckt nicht	10	7	13	12	9
Zu viel Zeitverlust bei der Wohnungssuche	10	7	13	15	5
Zu wenig Studienberatung	27	28	25	31	27
BAföG reicht nich aus	27	27	27	29	29
Unsichere Berufsperspektiven	42	40	44	56	34
Zu wenig Praxisbezug	49	53	44	37	66
Keine faire Chance zur Mitbestimmung	42	42	42	42	46
Schlechte räumliche Ausstattung	34	37	31	31	41
Bibliotheksangebot reicht nicht	44	43	45	38	55
k.A.	3	2	4		

che Leistungsnachweise zu Lasten der Studierenden werden abgelehnt (11 bzw. 13%).

Drei von vier Befragten plädieren dafür, an der „Politik der Öffnung der Hochschulen“ festzuhalten und begründen dies zu 84% mit dem Recht auf Bildung. Sie fordern allerdings, daß nicht nur die Hochschulen immer neue Belastungen übernehmen, sondern auch der Staat seinen Beitrag leistet.

Unter den Vorschlägen zur Überwindung der chronischen Finanzmisere in Hochschule und Forschung rangiert sowohl bei den Beschäftigten (94%) wie bei den Studierenden (99%) die „Erhöhung staatlicher Zuschüsse" unangefochten an erster Stelle. Aber: rund drei Viertel der Befragten wollen auch mehr Drittmittel einwerben. Diese neue Position wird an die Erwartung geknüpft, daß die Annahme und Durchführung der Drittmittelprojekte an Regeln gebunden wird, die die Eigenständigkeit der wissenschaftlichen Arbeit sichern sollen.

Immerhin 63% der Beschäftigten sowie mehr als die Hälfte der Studierenden sprechen sich auch für gezielte Sparmaßnahmen aus, die in gemeinsamen Beratungen ausgehandelt werden sollen. Vorschläge für die Erhebung von Studiengebühren oder eine Akademikersteuer finden lediglich bei jeweils gut 20% Prozent der Professorinnen und Professoren Anklang.

„Dringender Änderungsbedarf" zur Verbesserung der Qualität von Lehre und Studium rangiert bei den Beschäftigten (70%) wie bei den Studierenden (86%) auf vordersten Plätzen *(vgl. Tab. 8).* Es folgen mit etwa gleicher Unterstützung die Forderung nach Neueinstellung von mehr wissenschaftlichem Personal (58%) und nach einer Verbesserung der Nachwuchsförderung (54%). Studierende plädieren außerdem für gezielte Maßnahmen zur Frauenförderung. Insgesamt wird festgestellt, daß die zunehmende Differenzierung und Flexibilisierung der Beschäftigungsverhältnisse kontraproduktiv ist und die notwendigen Innovationen verhindert.

Eine Verbesserung der Qualität von Lehre und Studium versprechen sich die Beschäftigten in erster Linie (73%) von einer stärkeren Bewertung der Lehre bei Berufungen sowie von hochschuldidaktischen Fortbildungen für Lehrende (63% bzw. 78%).

Darüber hinaus werden neue Dialogformen – Tutorien und Kleingruppenarbeit (70% bzw. 77%) – gefordert. Die Diskussion der Ziele und Inhalte des Studiums soll intensiviert (50%), die studentische Lehrveranstaltungskritik ausgebaut werden (48%).

Hinsichtlich des Ausbaus der Selbstverwaltungsrechte an den Hochschulen plädieren überwältigende Mehrheiten von jeweils 90% bei den Beschäftigten und nahezu 100% der Studierenden sowohl für eine Umverteilung von Kompetenzen von der Wissenschaftsverwaltung an die Hochschulen als auch für eine Neu-

Tabelle 8: Hochschule und Forschung: „Welche Probleme sollten Deiner Meinung nach vorrangig angegangen werden?“

(Angaben in Prozent) Mehrfachnennungen	Gesamt	Geschlecht		Beruf								
		Weib-lich	Männ-lich	Pro-fessor	Akade-mische(r) Rat/Rätin	Wissen-schaft-liche(r) Mitarbei-ter(in)	Lehrkraft f. bes. Aufgaben/Lektor(in)	Wissen-schaft-liche Hilfskraft (mit Abschluß)	Studenti-sche Hilfskraft (ohne Abschluß)	Techn. und Verwaltungs-personal	Sonstiges	Studie-rende
Absolute Fallzahl	464	156	308	104	39	139	25	18	28	16	21	115
Verbesserung d. Qualität von Lehre u. Studium	73	76	72	72	72	68	80	61	79	56	71	86
Aufbau von Weiterbildungsangeboten	27	34	24	30	33	27	28	11	11	19	24	23
Verbesserung der Löhne und Gehälter	19	20	19	7	18	24	40	44	18	38	43	14
Einstell. v. mehr wissenschaftlichem Personal	60	57	61	59	67	59	36	72	68	25	52	70
Der Ausbau der Mitbestimmung mit dem Ziel, daß keine Personengruppe alle anderen überstimmen kann	55	62	52	31	64	58	64	50	64	75	67	70
Tarifverträge f. alle Beschäftigten im Wissenschaftsbereich	37	33	39	21	38	42	56	78	46	50	48	37
Eine bessere Nachwuchsförderung	52	51	52	54	59	55	20	72	71	19	57	51
Gezielte Maßnahmen zur Frauenförderung	32	56	20	26	23	27	36	28	46	38	33	46
Einstell. v. mehr techn. u. Verwaltungspersonal	17	13	19	21	31	14	16	-	11	25	19	10
Gleichstellung v. Fachhochschulen u. Universitäten	16	13	125	25	8	9	16	6	7	25	5	18
Die Sicherung der Kontinuität der Forschungsarbeit												
Die Verbesserung der Hochschulzugangsmöglichkeiten für Berufstätige	20	19	21	24	5	9	12	-	14	31	33	32
k.A.	-	1	-	1	-	1	-	-	-	-	-	-

Tabelle 9: Hochschule und Forschung: „Was erwartest Du von der GEW vorrangig?“

Angaben in Prozent (Mehrfachnennungen)	Gesamt	Geschlecht: Männlich	Geschlecht: Weiblich	Beruf: Professor	Beruf: Akademische(r) Rat/Rätin	Beruf: Wissenschaftliche(r) Mitarbeiter(in)	Beruf: Lehrkraft f. bes. Aufgaben/ Lektor(in)	Beruf: Wissenschaftliche Hilfskraft (mit Abschluß)	Beruf: Studentische Hilfskraft (ohne Abschluß)	Beruf: Techn. und Verwaltungspersonal	Beruf: Sonstiges	Beruf: Studierende
Absolute Fallzahl	464	156	308	104	39	139	25	18	28	16	21	115
Einsatz für Verbesserung der Arbeitsbedingungen	22	24	22	17	13	25	12	44	29	19	24	27
Mehr Engagement für alle Hochschulmitglieder	8	9	8	11	3	6	8	-	11	13	10	11
Mehr Einsatz für Interessen des akademischen Mittelbaus	6	7	6	2	3	10	16	-	-	-	14	3
Demokratisierung der Hochschulen	5	5	5	5	8	4	-	-	14	19	14	7
Aktive Beteiligung an Diskussionen um Studien- und Hochschulreform	18	15	20	31	15	20	8	17	21	6		14
Gesellschaftspolitisches Engagement	6	6	6	7	5	4	-	6	11		10	10
Weg von der reinen Lehrergewerkschaft	5	4	5	5	3	4	4	11	11	6	5	4
Rechtsbeistand für alle Hochschulmitglieder	3	5	3	1	-	7	4	-	-	-	-	3
Absolute Fallzahl	464	156	308	104	39	139	25	18	28	16	21	115
Mehr Engagement bei Frauenförderung	1	3		1	-	3	4	-	-	-	-	-
Klare Hochschulpolitik	2	3	2	1	8	1	4	-	7	-	-	3
Sonstiges	-	-	-	1	-	-	-	-	-	-	-	-
k.A.	41	42	41	38	46	39	48	39	32	44	43	40

regelung der Mitbestimmung nach dem Grundsatz „Keine Personengruppe kann alle anderen überstimmen“. Zur Mitbestimmungsförderung gibt es charakteristische Unterschiede: Sie wird von 31% der Professorinnen und Professoren und von 60% des Mittelbaus getragen. In Verbindung mit neuen Formen der Partizipation sprechen sich viele für eine Professionalisierung der Hochschulselbstverwaltung aus. Beschäftigte wie Studierende lehnen in diesem Zusammenhang eine Stärkung der Position der Dekane klar ab.

Die Möglichkeiten für die Interessenvertretung der Beschäftigten soll durch die Ausweitung der Personalvertretungsgesetze auf das gesamte wissenschaftliche Personal verbessert werden.

Die große Mehrheit der Befragten kann sich trotz der als untragbar empfundenen Bedingungen die Zukunft der Hochschulen nur als Fortsetzung des Prozesses der Öffnung, Auseinandersetzung mit der Qualität von Lehre und Studium und der Demokratisierung der Entscheidungsprozesse vorstellen. Sie erwarten von der GEW als gewerkschaftlicher Interessenvertretung sowohl den Einsatz für die komplexe Verbesserung der Arbeitsbedingungen (insgesamt 36% – West 30%, Ost 50%) und die aktive Beteiligung an den Auseinandersetzungen um die Studien- und Hochschulreform (33%, *vgl. Tab. 9)*.

4. Weiterbildung – Unsichere Arbeitsplätze und schlechte Bezahlung

Die Negativliste, die die teilweise katastrophale Situation im Weiterbildungsbereich beschreibt, ist lang. Die wesentlichen Punkte sind: verschiedenste Träger, diverse Beschäftigungsverhältnisse, Unsicherheit der Arbeitsplätze, mangelnde soziale Absicherung, schlechte Bezahlung, fehlende Weiterbildungsmöglichkeiten, unzureichende Mitbestimmungsmöglichkeiten. Initiativen im Weiterbildungsbereich müssen an diesen strukturellen Mängeln ansetzen, umfassende Reformen sind erforderlich *(vgl. Tab. 10)*.

Der wichtigste Arbeitgeber im Weiterbildungsbereich sind die

Tabelle 10:
Weiterbildung: „An meinem Arbeitsplatz belasten mich besonders (haben mich besonders belastet) ..."

(Angaben in Prozent) Mehrfachnennungen	Gesamt	Geschlecht Männlich	Weiblich	Bist Du GEW-Mitglied? Ja	Nein
Absolute Fallzahl	627	342	281	492	130
Arbeitsplatzunsicherheit	57	62	51	54	65
Schlechte Bezahlung	44	50	38	44	45
Fehlende soziale Absicherung	40	49	29	40	40
Schlechte/unzureichende Ausstattung (Technik/Unterrichtsmittel)	40	42	37	38	45
Unklare Perspektiven des Weiterbildungsbereichs insgesamt	40	39	41	39	41
Planungschaos	33	33	32	33	32
Reduzierung staatlicher Finanzierung	32	27	37	31	35
Mangelnde Fortbildungsmöglichkeiten	31	32	29	33	23
Keine bzw. mangelnde Vor- und Nachbereitungszeit	27	29	26	28	25
Fehlende Mitbestimmungsmöglichkeiten	25	27	23	27	19
Rückgang der AFG-Förderung	24	22	25	24	22
Probleme mit Vorgesetzten	22	21	24	23	20
Die Gruppenstärke	19	17	21	18	22
Marketingprobleme	16	13	20	18	9
Unklarheiten über den tatsächlichen Weiterbildungsbedarf	14	10	18	14	15
Rekrutierung von qualifizierten Lehrkräften	12	9	15	13	9
Zu hohe Ansprüche der Teilnehmer(innen)	4	4	4	4	4
Sonstiges	14	15	12	15	12
k.A.	1	1	1	1	-

Volkshochschulen. Hier arbeitet beinahe die Hälfte der Befragten (48%). Rund ein Viertel arbeitet bei nichtkommerziellen privaten Trägern, je 11% bei privaten Trägern des freien Marktes und Privatschulen, weitere 10% in Sprachschulen. Weitere 57%

der Nennungen beziehen sich auf eine Vielzahl weiterer Einrichtungen. Ein Job bei einem Arbeitgeber reicht also für einen großen Teil der Beschäftigten im Weiterbildungsbereich nicht aus (Mehrfachnennungen von 161%). Unsichere Arbeitsplätze kennzeichnen die Arbeitsbedingungen im Weiterbildungsbereich, 41% der Befragten arbeiten als freie Mitarbeiterinnen und Mitarbeiter auf Honorarbasis, nur ein Drittel hat einen unbefristeten Vollzeitvertrag. Die „normalen“ Arbeitsverhältnisse sind ungleich zwischen Männern und Frauen verteilt: nur 26% der Frauen haben einen vollen, unbefristeten Vertrag, hingegen 41% der männlichen Stelleninhaber. Bei den Honorarkräften ist das Verhältnis umgekehrt (Frauen 47%, Männer 43%). Unter den Belastungsfaktoren am Arbeitsplatz rangieren Arbeitsplatzunsicherheit (57%), schlechte Bezahlung (44%) und fehlende soziale Absicherung (40%) ganz oben auf der Liste. Unklare Perspektiven des Weiterbildungsbereichs insgesamt (40%) und das Planungschaos (33%) setzen die Liste fort. Den Rückzug des Staates aus der öffentlichen Verantwortung für den Weiterbildungsbereich bekommen die Beschäftigten durch eine Reduzierung der staatlichen Finanzierung und den Rückgang der AFP-Mittel zu spüren (32 bzw. 24%).

Dennoch: die Motivation der Beschäftigten ist hoch. Trotz vieler Probleme sind mehr als zwei Drittel der Befragten mit ihrer Arbeit insgesamt zufrieden. Mehr oder weniger frustriert sind 29%, hier vor allem die jüngeren bis 35 Jahre (38%). Der Druck durch die unbefriedigenden Arbeitsbedingungen ist für die einzelnen immerhin so groß, daß jeder sechste Beschäftigte daran denkt, den Job „an den Nagel zu hängen“, von den Jüngeren sogar jeder fünfte Befragte. Dabei sind die Beschäftigten im Weiterbildungsbereich hochmotiviert: 68% der Befragten unterrichten gerne Erwachsene, für 63% ist die Weiterbildung ein interessantes Arbeitsfeld.

Der Weg in die Weiterbildung führte für die Hälfte der Befragten (53%) über ein Lehramtsstudium. Entsprechend groß ist die Anzahl derer, die in der Weiterbildung arbeiten, weil sie entweder keine Planstelle als Lehrerin oder Lehrer bekommen haben (32%) oder keine andere Stelle finden konnten (17%). Die Forderung nach einem allgemeinverbindlichen Tarifvertrag (71%) und verstärkten Mitbestimmungsmöglichkeiten nach dem Betriebsver-

Tabelle 11:
Weiterbildung: „Wie beurteilst Du folgende Initiativen, die zur Entwicklung des Weiterbildungssystems momentan diskutiert werden?“

	Sehr wichtig 1	Eher wichtig 2	Keine Angabe 3	Keine Angabe 4	Keine Angabe
Schaffung von Weiterbildungsberatungsstellen	34	42	16	1	6
Vermehrte und verbesserte Angebote zur Fortbildung von Dozenten	42	42	9	1	5
Übergreifende Regelung zur Sicherung von Qualitätsstandards	35	40	17	2	7
Verbesserung der Integration von allgemeiner und politischer Bildung	22	41	27	4	7
Öffentliche Förderung von Weiterbildungsbanken	20	31	27	5	17
Etablierung von Landesinstituten für Weiterbildung	23	33	28	8	8
Schaffung von Weiterbildungsbeiräten in den Kreisen und Regionen	12	31	38	8	10
Verstärkung der Mitbestimmung in den regionalen Gremien und Verbesserung der Mitbestimmungsmöglichkeiten nach dem Betriebsverfassungsgesetz	31	39	18	2	10
Erhöhung öffentlicher Fördermittel	72	20	3		5
Mehr Kontinuität in der Finanzierung der Weiterbildung	76	18	1		4
Stärkere Finanzierung der Weiterbildungsangebote über individuelle Entscheidungen der Erwachsenen (z.B. Gutscheine) statt Förderung der Weiterbildungsträger durch den Staat	13	27	33	13	14
Öffentliche Förderung der Kooperationen von Weiterbildungsträgern zur gemeinsamen Ressourcennutzung durch staatliche „Prämien"	10	36	30	8	16
Stärkere Sicherung von Arbeitsverhältnissen für Mitarbeiter von Weiterbildungseinrichtungen	77	16	2	1	4
Feste Bezahlung über einen allgemeinverbindlichen Tarifvertrag	71	19	4	1	5
Förderung des Ausbaus der Weiterbildung durch ein Bundesrahmengesetz	43	31	14	2	9

fassungsgesetz (31%) wird besonders im Vergleich mit den Beschäftigungsbedingungen der Kolleginnen und Kollegen im öffentlichen Schuldienst verständlich.

Der Mangel an Fortbildungsmaßnahmen ist angesichts der Viel-

Tabelle 12:
Weiterbildung: „Was erwartest Du in erster Linie von der GEW, wenn sie sich für Weiterbildung engagiert?"

Angaben in Prozent (Mehrfachnennungen)	Gesamt	Geschlecht		Bist Du GEW-Mitglied	
		Weiblich	Männlich	Ja	Nein
Absolute Fallzahl	627	342	281	492	130
Mehr Aktivitäten für die Verbesserung der Arbeitsbedingungen und Beschäftigungsverhältnisse	62	63	59	62	59
Mehr Repräsentanz der Weiterbildung in den GEW-Medien	36	33	39	40	18
Verstärkte Aktivitäten für die Verbesserung der Arbeitsbedingungen und Beschäftigungsverhältnisse, vor allem für					
... soziale Absicherung von Mitarbeiter(innen) die auf Honorarbasis beschäftigt sind	44	48	41	43	50
... allgemein verbindlichen Branchentarifvertrag für Lehrkräfte an privaten Bildungseinrichtungen	32	35	27	33	26
... Festanstellung als Regel in den AFG-geförderten Bildungsmaßnahmen	23	23	25	22	29
... die verstärkte Einstellung von angestellten Weiterbildungslehrer(innen)	21	22	19	22	17
Verbesserte Information der Beschäftigten	25	23	26	25	24
Einrichtung von Referaten für Weiterbildung in den Landesverbänden der GEW zur besseren Vertretung der Mitglieder	21	21	22	24	12
Mehr Betriebsräteschulungen	4	4	5	5	3
Weitere Vorschläge	5	4	6	5	5
k.A.	2	2	2	1	8

falt der Einsatzgebiete und der Zugangswege zur Weiterbildung besonders problematisch. 42% der Befragten fordern vermehrte und verbesserte Angebote zur Fortbildung von Dozentinnen und Dozenten, 23% wollen die Fortbildungsangebote in Form von Landesinstituten für Weiterbildung etablieren *(vgl. Tab. 11)*.

Was ist zu tun angesichts der wachsenden gesellschaftlichen Bedeutung der Weiterbildung einerseits und der Notwendigkeit, den vielfach unterwertigen Beschäftigungsverhältnissen entgegenzusteuern andererseits? Vordringlich ist die stärkere Sicherung von Arbeitsverhältnissen für Mitarbeiterinnen und Mitarbeiter von Weiterbildungseinrichtungen und die feste Bezahlung über einen allgemeinverbindlichen Tarifvertrag. Diese Forderungen sind für 77% bzw. 71% der Befragten sehr wichtig und nur für 3 bzw. 5% unwichtig. Unerläßlich sind mehr Kontinuität in der Finanzierung der Weiterbildung (sehr wichtig 76%, unwichtig 1%) und die Erhöhung der öffentlichen Förderungsmittel (sehr wichtig 72%, unwichtig 3%). Die Befragten erwarten von der GEW, daß sie sich für diese Ziele einsetzt und die Mitgliederbetreuung im Bereich Weiterbildung verbessert *(vgl. Tab. 12).*

Etablierung der Weiterbildung als gleichwertigen vierten Teil des Bildungswesens lautet das Ziel, eine umfassende Modernisierung und Reform des Weiterbildungsbereichs sind überfällig. Ohne eine planvolle Neuorganisation und eine stärkere öffentliche Verantwortung sind diese Ziele nicht zu erreichen. Weiterbildung muß mehr Priorität erhalten – in der gesellschaftlichen Wertschätzung ebenso wie in den öffentlichen Etats.

5. Positionen überprüfen – neue Initiativen vorbereiten

Die Befragungen sind Teil einer umfangreichen Analysephase zur Vorbereitung der *Initiative Bildung.* Ausgehend von den Befragungsergebnissen wurden für die verschiedenen Organisationsbereiche der Bildungsgewerkschaft GEW Leitfragen formuliert. Sie benennen die bildungspolitischen Handlungsfelder, fragen nach den Bildungszielen und den Verantwortlichkeiten des einzelnen, der Einrichtungen und des Staates. Es wird deutlich, daß nicht Kinder, Jugendliche und (junge) Erwachsene das Problem sind, sondern die Art und Weise, wie die Bildungseinrichtungen organisiert sind. Das Bildungssystem ist in die Jahre gekommen. Lernziele und -bedingungen hinken den veränderten Aufgaben und Lebensbedingungen von Kindern und jungen Menschen hinterher.

Die Leitfragen als Ergebnisse der Mitgliederbefragung sind Grundlage für die weitere Arbeit im Rahmen der *Initiative Bildung:* Anhand dieser Texte wurde zuerst in einer zweitägigen Arbeitskonferenz in Bielefeld Ende Oktober 1994 die Konzeption einer Initiative Bildung der GEW mit den Vertretern der

Landesverbände und Fach- und Personengruppen diskutiert (BÖTTCHER/EIBECK 1995). Die zentralen Gedanken der Leitfragen wurden zu Themen für die Projektausschreibung der Initiative Bildung verdichtet:

- mittellos,
- Raum geben,
- Zeitfragen,
- jenseits von „Kasten“,
- Kultur-Stätten,
- Über Leben Lernen,
- Fort-Bilden,
- Welt-Blick,
- Geld her.

Die Projekte sind aufgefordert, die Leitfragen bei ihrer Arbeit zu berücksichtigen und Antworten zu finden. Die Initiative Bildung der GEW setzt auf praktische Initiative statt resignativer Routine. Die Initiative Bildung will engagierten Menschen – lokal und überregional – ein Forum schaffen, um vorhandenes Engagement sichtbar zu machen und neue Aktivitäten anzuregen. Dabei setzt sie auf die Meinung der GEW-Mitglieder.

Literatur

Böttcher, W./Eibeck, B. (Hrsg.): Vorrang für Bildung. München und Weinheim 1995.